厦门市卓越教师培育项目成果
西南大学教育学"双一流"学科建设实践成果

总主编 陈 珍 朱德全

生活语文
——追求深度理解的语文教学

陈茜茜 著

西南大学出版社
SWUP 国家一级出版社 全国百佳图书出版单位

· 重庆 ·

图书在版编目(CIP)数据

生活·语文:追求深度理解的语文教学/陈茜茜著.
重庆:西南大学出版社,2024.10. -- (卓越教师教学
主张丛书). -- ISBN 978-7-5697-2650-3
Ⅰ.H19
中国国家版本馆CIP数据核字第2024Y7F529号

生活·语文——追求深度理解的语文教学
SHENGHUO·YUWEN——ZHUIQIU SHENDU LIJIE DE YUWEN JIAOXUE

陈茜茜　著

责任编辑:文佳馨
责任校对:陈铎夫
封面设计:闰江文化
版式设计:散点设计
排　　版:夏　洁
出版发行:西南大学出版社(原西南师范大学出版社)
　　　　　地址:重庆市北碚区天生路2号
　　　　　邮编:400715
　　　　　市场营销部电话:023-68868624
印　　刷:重庆亘鑫印务有限公司
成品尺寸:170mm×240mm
印　　张:14.5
字　　数:250千字
版　　次:2024年10月　第1版
印　　次:2024年10月　第1次印刷
书　　号:ISBN 978-7-5697-2650-3
定　　价:43.00元

编委会

总主编
陈 珍　朱德全

副总主编
洪 军　刘伟玲　庄小荣　潘世锋　罗生全　周文全

执行主编
范涌峰　魏登尖

编委（以姓氏笔画为序）
王天平　王正青　牛卫红　艾 兴　叶小波　朱德全
庄小荣　刘伟玲　陈 珍　陈 婷　范涌峰　罗生全
周文全　郑 鑫　赵 斌　侯玉娜　洪 军　唐华玲
韩仁友　潘世锋　魏登尖

总序

习近平总书记在2024年全国教育大会上指出,要实施教育家精神铸魂强师行动,加强师德师风建设,提高教师培养培训质量,培养造就新时代高水平教师队伍。《中共中央 国务院关于弘扬教育家精神加强新时代高素质专业化教师队伍建设的意见》指出,要加强中小学学科领军教师培训,培育一批引领基础教育学科教学改革的骨干。强化中小学名师名校长培养。

厦门市历来重视名师队伍的培育培养工作,根据教师专业成长规律,经二十年探索,逐步形成了"骨干教师—学科带头人—专家型教师—卓越教师"的金字塔式名师阶梯成长体系。自2021年起,厦门市教育局与西南大学开展战略合作,共同推进厦门教育高质量发展和教师队伍建设。"厦门市首期卓越教师培育项目"是由厦门市教育局与西南大学教育学部联合倾力打造的精品培训项目,也是厦门市迄今为止最高层次的教师培训项目。该项目旨在打造一支具有教育情怀、高尚师德,富有创新精神,具有鲜明教育教学思想和教学主张,在教育教学和教育科研上发挥领军作用的高层次教育人才队伍。项目以产出导向为理念,坚持任务驱动,通过个人自学、高端访学、课题研究、讲学辐射、挂钩帮扶、发表论文、出版专著、提炼教育思想、推广教学主张等方式优化培育过程。

三年琢磨,美玉渐成。通过三年的探索,围绕成为"有实践的思想者"这一核心目标,每一位卓越教师培育对象形成了特色鲜明、理念前沿的教学主张,并以教学主张为中心形成了一本专著,从而汇集成目前呈现在大家面前的"卓越教师教学主张丛书"。本丛书,既是"厦门市首期卓越教师培育项目"三年实施成果的沉淀,是每一位卓越教师培育对象思想的结晶,也是西南大学教育学"双一流"学科建设的实践成果。

仔细阅读本丛书,可以欣喜地看到,卓越教师培育对象们不仅能敏锐地捕捉到教育教学领域的难点、热点问题,揭示其中的本质规律,还能结合本地教学实际智慧地提出解决方案。总体来说,本丛书有以下三个方面的特点。

一是有较浓厚的学术气息。29位培育对象中有获得国家、省级基础教育教学成果奖的教师,有正高级教师,有省特级教师,但他们还在不断突破,追寻对教育教学本质的理解,追寻从实践到思想的蝶变,追寻高水平的专业表达。他们从实践中提炼出主张,再用主张引领实践,他们在书稿中融入了理论的阐释,学会了建构模型,并借助模型简洁地表述自己的教育教学思想,读起来不生涩也不单调。

二是有较强的系列探索味道。《义务教育课程方案(2022年版)》提出,应做好学段间的教育教学衔接。29位培育对象中,既有教育科研专职人员和学校的管理者,也有班主任、一线教师等,研究成果覆盖了小学、初中和高中的大部分学科,最终形成了29本培育对象教学主张的专著和1本全景式呈现卓越教师培育的经验和初步成效的论著。因此,本丛书既有基于教育者几十年教学实践的思想提炼,又有深入课堂的案例剖析,可以"用眼睛来读",作为教师专业发展的自读文选;也可以"用行动去做",作为教学范例直接进入课堂实践,在行动研究中孵化、创生;也适合专门研究者或管理人员参阅,从中窥探从小学到高中的教育教学重点与发展脉络。

三是有鲜明的课程育人特色。本丛书的撰写以学科课程为载体,以学科课程核心素养为目标,积极探索新时代背景下的育人方式变革,寻求育人最佳路径,以德施教,立德树人。因此,单看每本专著,已能感受到其中鲜明的课程育人特色,综合丛书来看,这一特色更加明显。

期盼厦门市首批卓越教师培育对象大力弘扬践行教育家精神,追求卓越的步伐永不停留,不断完善、应用和推广自己的教学主张和教学成果,为厦门教育做出更多更大的贡献。也期盼本丛书能为广大中小学教师深化教学改革提供参考,为教育学"双一流"学科服务教育实践提供借鉴。

是为序。

陈　珍

(中共厦门市委教育工委书记、厦门市教育局局长)

朱德全

(西南大学教育学部部长、西南大学教育学一流学科建设"首席责任专家"、国家重大人才工程特聘教授、国务院学位委员会学科评议组成员)

前言

在现代化的进程中,人们往往停留在后现代主义所批评的宏大叙事之中,而把构成我们每个人生存之文化根基的日常生活世界置于身外。这影响了人们的生活和教育生态,体现为现代教育的非生活化和生活世界的非教育化。究其原因,是现代教育还没有将人的品质的培育始终置于人的生活世界之中,还没有让社会所期待的品质、知识结构、思维能力、动作技能、体格体能等都成为人的真实的生活智慧与生活精神,去增进人的活力,改善人的生活状态。

胡塞尔在《欧洲科学的危机与先验现象学》中提出了"生活世界"的概念,称之为"原则上可直观到的事物的总体",它是具体的、现实的和历史的,因而也是丰富的。好生活才是教育的根本目的,培育人的品质只是教育过程中的目标,教育力求面向生活的完整性,建构人的完整的生活经验,为个人获得走向好生活的真正全面的"力量"奠定了基础。正如怀特海所言:"教育只有一种教材,那就是生活的一切方面。"由于教育与人的生活世界的重合,由教育者、受教育者和教育影响所构成的环路不再是一个封闭结构,而是时刻保持着对生活世界的开放性,一方面不断接受生活世界对教育可能产生的影响和响应其对教育的需求,另一方面又不断丰富生活世界的内涵,把人引向与世界的交流中,拓展人的生活世界的空间,引导人积极理解人与世界的关系,在此关系中获得生活的智慧。在回归生活的教育中,人不仅仅是在学习知识、提高技能,还是在充盈、完善他当下的生活,获得全面的生活的力量,是在真正地走向全面发展。教育应成为一种探索方式,使人理解人生的意义和目的,找到正确的生活方式。

《普通高中语文课程标准(2017年版2020年修订)》明确指出,"语文学科核心素养是学生在积极的语言实践活动中积累和建构起来,并在真实的语言运用情境中表现出来的语言能力及其品质"。"生活"是现实、经验世界,"语文"是学科、知识世界。"生活·语文"教学范式就是要让语文扎根生活世界,在育人目标的统领下较好地整合生活与学科、经验与知识、知与行,强调知识学习的逻辑,从学科到生活,从理解到应用,知行合一,匹配语文学科核心素养所具有的具身性、整体性、协同性等多维度诉求。"生活·语文"强调要将培养思维力、情感力和行动力的时代新人作为语文教育的根本目的;构建开放和有活力的课程体系,不仅包括对课程资源、知识内容的整合,还包括对学校教育与现实生活的整合;重视学生在生活世界中的"语言建构与运用",把"思维发展与提升""审美鉴赏与创造""文化传承与理解"放在生活真实场域中去认识、体验、运用,进而培养学生在真实生活中自主解决问题的能力;要聚焦学生全面而个性化的发展,强化读写策略,落实高阶思维的培养,将对学生核心素养的培育落实到生活实践中。

"生活·语文"教学范式旨在培养具有思维力、情感力和行动力的时代新人。思维力,即经合组织所倡导的核心素养中的认知能力,包括好奇心、想象力、语言、批判性思维等;情感力,即与他人交流互动的同理心、共情力和幸福感;行动力,即主动学习、主动生活、主动实践的意识和能力。在教学实践方面,知识技能掌握与人力开发是当代教育的核心,当我们要转换主知教育时,并不是排斥知识技能掌握与智力、体力、心力的开发,而是在此基础上引导学生去"理解"生活,去"体验"生活,使生活自然地整合教育的影响,使教育及时而有效地充盈生活与人生,把人力的开发转换成意义的生发,把知识教育提升为生活的教育。"生活·语文"的生生不息,一方面在于面向未来的发展,让学生拥有充分的应对未来可能发生的危机的能力;另一方面在于回归生活,从实践场域出发进行教学,促进学生全面和个性化的发展。

目录

第一章 "生活·语文"的教学价值

第一节 现实:原生动力 ……………………………003

第二节 传统:汲取力量 ……………………………011

第三节 未来:激发活力 ……………………………021

第二章 "生活·语文"的教学意蕴

第一节 "生活·语文"的教学内涵 ……………………031

第二节 "生活·语文"的教学特征 ……………………037

第三节 "生活·语文"的教学类型 ……………………045

第三章 "生活·语文"的教学范式

第一节 "生活·语文"的教学背景 ……………………053

第二节 "生活·语文"的系统要素 ……………………060

第三节 "生活·语文"的教学模型 ……………………068

第四章　实践生活的知行一体教学

第一节　汉语言文化探究的语言课·······075
第二节　实用性阅读交流的书信课·······085
第三节　具身认知视域下的写作课·······094

第五章　智性生活的综合一体教学

第一节　科学与文化论著阅读与研讨·······105
第二节　基于素养测评的读写一体化·······114
第三节　跨学科互文读写的专题研讨·······124

第六章　审美生活的生长一体教学

第一节　诗、乐、舞融合的传唱诗文·······139
第二节　诗、书、画融合的文人意趣·······148
第三节　文、史、哲融合的文学传统·······155

第七章　"生活·语文"的活动单元

第一节　"文学短评"创意与表达·······165
第二节　"多元媒介"创意与表达·······175
第三节　"文化参与"创意与表达·······188

第八章　"生活·语文"的教学实践应用和评价

第一节　"生活·语文"教学实践应用·······199
第二节　"生活·语文"教学评一体化·······209

参考文献·······215

后记·······216

第一章

"生活·语文"的教学价值

杜威在其实用主义教育理论中,提出"教育即生活"的观点,主张教育要从学生的生活出发,反对传统的割裂学生生活的教育教学方式。人民教育家陶行知先生在结合中国国情的基础上形成了与中国教育现实紧密结合的生活教育理论,提出"生活即教育"的观点,言明生活含有教育的意义,实际生活应是教育的中心。从言语交际活动的视角关注生活世界中交往主体的共生关系,阐述生活与语文的关系,这开辟了"生活·语文"探索研究的新路径。

第一节 现实：原生动力

近年来，国家鼓励强化语文，培养学生的科学技术、音乐、美术等方面的综合素养。因为语文是培养好人才的重要基础，同时，现代科技发展迅速，未来人们需要不断地学习新科技来调整自身工作状态，所以理解能力尤为重要。强化语文的本质，其实就是强化大家终身学习的能力，一个人理解能力强、逻辑清晰，适应力、判断力才会强。因此，要实现统整育人的目的，就需要创造性地组织探究学习活动，并创设真实的问题情境，使学生在解决问题的过程中，激活归纳、分析、推理、批判等高级思维，从而将理性知识有机转化为实践素养，最终实现高质量发展。

指向未来社会生活的教育变革

2021年11月10日，联合国教科文组织在第41届大会上面向全球发布报告《一起重新构想我们的未来：为教育打造新的社会契约》，探讨和展望面向未来的教育。"如果有什么东西将我们聚集起来的话，那就是我们当下的脆弱感和对未来的不确定感。"联合国教科文组织总干事阿祖莱在报告全球发布仪式上如此表示。报告强调，教育将我们与世界联系起来，为我们带来新的可能性，增强了我们对话和行动的能力，但要塑造真正和平、公正和可持续的未来，教育本身亟须转型。基于此，报告提出了3个关于教育的基本问题："当我们展望2050年，我们应该继续做什么？我们应该抛弃什么？我们需要创新什么？"

国际上，经济合作与发展组织（简称"经合组织"）作为由38个国家组成的政府间组织，致力于为成员国及伙伴国或地区提供服务于教育政策制定的公共产品（例如：国际基准、政策概览、国别及区域研究），以提升其在全球教育治理中的话语权和影响力。在新冠疫情蔓延的时期，经合组织在疫情发展的不同阶段多次组织跨国性的调研，集中收集了38个成员国对未来教育发展的政策诉求，以及时调整用以监测各国及地区教育发展的工具，从而更好地提升教育系统对社会、经济发展变化的响应能力。新冠疫情揭示了一个问题：经合组织成员国的学校教育系统在应对突发性公共事件时缺乏足够的准备和适应不确定性的能力，他们需要把对未来的前瞻性思考体现和落实到学生培养和教师专业发展的政策之中。

纵观20世纪70年代以来，联合国教科文组织在教育领域陆续发布的《学会生存——教育世界的今天和明天》（又称《富尔报告》）、《教育——财富蕴藏其中》（又称《德洛尔报告》）、《反思教育：向"全球共同利益"的理念转变？》等报告，可以明显地感受到教育功能从个体发展转变到公共利益。1972年，联合国教科文组织发布了第一份国际性教育报告《学会生存——教育世界的今天和明天》。报告提出的"终身教育""学会生存"成为世界教育的发展方向，具有里程碑意义。1996年，新世纪来临前，联合国教科文组织发布报告《教育——财富蕴藏其中》，该报告提出，21世纪的教育不仅要承担起为全球带来和平的重任，要在全球经济增长中扮演重要角色，还必须担负起促进人的发展的根本职能。为此，受教育者应学会认知、学会做事、学会生存、学会共同生活，"四个学会"也成为21世纪世界各国教育的"四大支柱"，建成终身教育体系则是实现"四个学会"目标的根本保障和工作原则。进入21世纪后，经济与社会财富的增长虽然降低了全球的贫困率，但国家间、社会内部的不平等现象并未消除。在此背景下，2015年，联合国教科文组织发布报告《反思教育：向"全球共同利益"的理念转变？》，提出人类应该反思教育的目的和学习的组织方式，号召以人文主义的教育观和发展观，将教育和知识视为全球共同利益。2021年，联合国教科文组织发布报告《一起重新构想我们的未来：为教育打造新的社会契约》，秉承教育应成为"全球公共利益"的理念，进一步倡导构建新的"社会契约"，希望将国家政府、社会组织、学校和教师、青年与儿童、家长与社区等教育的相关利益方全部纳入契约范围，通过共同努力，实现教育作为"全球共同利益"的愿景，以应对不确定的未来。

进入新时代，中国社会的发展转向关注物质层面的丰富与关注精神层面的升华两者并重的新阶段。在该阶段，人们的生活节奏和生活方式已经发生了变化，文化生活的丰富、精神需求的提升等一系列表征内心感受的软性因素对幸福感的影响越来越大。美好生活是人们的奋斗目标，对获得精神层面充实感的强烈需求，也体现出了人们更为看重能否将生活过得更有价值，更富德性，并以此作为评判美好生活的标准。鉴于这种判断，教育的内涵必须提升，我们必须加快从以关注外延为主走向以关注内涵发展为主的步伐,从依靠分数指标、工具价值来判断教育效益的路径依赖中走出来,走到追求学生全面发展、学校内涵建设和教育育人价值的道路上来,这样才能使教育对人的幸福追求起到应有的基础性作用。对于学生个体,学习不仅要重视知识和认知技能的发展,还应重视"全人视域"下情绪的健康发展、驾驭不确定性所需的理性、乐观的成长型思维的养成,以及积极参与全球事务的合格公民素养的培养。教育政策应切实将上述学生面向未来应具备的关键品格、情感和价值观纳入课程、教学和评价的一体化设计之中。

身心健康是学生全面发展的基本要求,是学校一切工作的出发点和落脚点。多项调查数据表明,当前中小学生的身心健康不容乐观,建设高质量教育体系不仅要关注分数等学习指标,更要关注人的身体、心理、精神和灵魂。促进学生身心健康,从教育培养的目标来看,应该包括自然生命、社会生命和精神生命的完整,即身、心、灵的完整;从教育的主体来看,应该包括家庭、学校和社会的完整;但其最本质的特征,是帮助学生成为一个完整的人——一个德智体美劳全面发展的人。

马克思曾说过,人是社会关系的总和。学生的全面发展,一方面体现为自主发展,强调学生能有效管理自己的学习和生活,既能健康生活,又能学会学习,认识和发现自我价值,发掘自身潜力,有效应对复杂多变的环境,成为有明确人生方向、有生活品质的人。另一个方面体现为社会参与,强调学生能处理好自我与社会的关系,遵守现代公民应有的道德准则和行为规范,增强社会责任感,提升创新精神和实践能力,促进个人价值的实现,推动社会发展进步,成为有理想信念、敢于担当的人。

二 推进育人方式变革的全人教育

2019年,中共中央、国务院发布《中国教育现代化2035》,明确提出要更加注重学生全面发展,大力发展素质教育,促进德育、智育、体育、美育和劳动教育的有机融合。2019年,中共中央、国务院印发《关于深化教育教学改革全面提高义务教育质量的意见》,也明确指出,"坚持'五育'并举,全面发展素质教育",强调"五育"的全面性、平等性与相对独立性,尤其是要克服以往工作中只抓智育,虚化德育,忽视体育、美育,缺失劳动教育的问题。

"五育"并不是一个全新的概念,早在1912年,蔡元培在《对于新教育之意见》中就提出了"五育"的全人教育观,即军国民主义教育、实利主义教育、德育主义教育、世界观教育、美育主义教育,强调"五者,皆今日之教育所不可偏废者也"。不过,他这里讲的"五育"与我们今天讲的"五育"并不能一一对应,两者之间也没有直接的继承关系。我们现在所说的"五育"最早应该来源于毛泽东1957年在最高国务会议第十一次扩大会议上提出的"德育、智育、体育"这"三育"的观点。他认为,"我们的教育方针,应该使受教育者在德育、智育、体育几个方面都得到发展,成为有社会主义觉悟的有文化的劳动者"。此后,"三育"成为党的教育方针中有关全面发展教育的基本组成部分。20世纪初,王国维提出:"教育之宗旨何在？在使人为完全之人物而已。何谓完全之人物？谓人之能力无不发达且调和是也。人之能力分为内外二者:一曰身体之能力,一曰精神之能力。……完全之人物,精神与身体必不可不为调和之发达。而精神之中又分为三部:知力、感情及意志是也。"[①]他认为人是知、情、义的综合体,教育就是要把人培养成德、智、体、美全面发展的"全人"。1999年,中共中央、国务院下发《关于深化教育改革全面推进素质教育的决定》,明确指出要"造就'有理想、有道德、有文化、有纪律'的、德智体美等全面发展的社会主义事业建设者和接班人"。自此,美育成为我国全面发展教育的组成部分,全面发展教育的组成部分从"三育"扩展为"四育"。近20年后,习近平总书记在2018年全国教育大会上指出,要"培养德智体美劳全面发展的社会主义建设者和接班人",明确将"劳动教育"纳入全面发展教育中,将"四育"扩展为"五育",确立了新时代教育所要培养的人才的素质结构的一般表述和普遍性要求,规定了人才培养的具体目标领域。

从上述分析来看,首先,全面发展教育的"五育"融合确实已经不仅是一种学术主张了,还是一种国家政策的任务要求。其次,从学术逻辑来看,"五育"融合是遵循青少年身心发展规律和教育规律的客观要求。人本身是一个有机体,人的发展的各个领域之间存在着显著的关联性、互动性和整体性。人的发展虽然可以划分为不同的领域,如品德、智力、体质、审美和劳动素养等,但是在人的实际发展过程中,各个领域的发展并不是割裂的,一个领域的发展总会对其他

---

① 王国维《论教育之宗旨》,见俞玉滋,张援.中国近现代美育论文选(1840—1949)[M].上海:上海教育出版社,1999:10.

领域产生影响,并以其他领域的发展为条件。如2020年,中共中央办公厅、国务院办公厅发布《关于全面加强和改进新时代学校体育工作的意见》,提出学校体育要"培养学生爱国主义、集体主义、社会主义精神和奋发向上、顽强拼搏的意志品质,实现以体育智、以体育心具有独特功能",明确指出体育在智育、德育、美育乃至心理健康教育等方面的功能。2020年,中共中央、国务院发布《关于全面加强新时代大中小学劳动教育的意见》,指出劳动教育"具有树德、增智、强体、育美的综合育人价值"。显然,劳动教育的这些价值目标也涉及德育、智育、体育、美育目标的实现。由此可知,指向人的全面发展的"五育"之间,不是完全相互独立的,更不是各行其是和彼此割裂的,而是具有一种关联性、互动性的,"五育"应构成一个有机的整体。

我们应该如何理解学生的全面发展?拿手来比喻,全面发展不是指手伸出来五根手指都要一样长,而是指要把每一根手指都伸展开来,就算每根手指都不一样长,也没关系,这才是真正的全面发展。共同基础是最基本的,在这个基础之上,我们还要关注学生的个性和兴趣。人的发展是一个连续的动态过程,在一开始有一些共同性的东西,但发展下去,不一样的东西就会渐渐显现出来,世上没有两片一样的树叶,人也是如此。《孙子兵法》中有言:"故备前则后寡,备后则前寡,备左则右寡,备右则左寡,无所不备,则无所不寡。"尽管讲的是军事上的排兵布阵,但其哲理对我们理解人的发展问题也颇有启发。有所得必有所失,人的发展也是有"机会成本"的,有不同侧重点的发展目标对各种素质有不同的偏重,也必然会产生相应的素质偏移,甚至产生素质上的盲点和盲区。所谓全面发展,就是个性的全面发展;所谓个性发展,就是全面发展的个性。因此,全面发展的个人,同时也应该是有个性的人。如果无视人的个体差异,强求一律化和平均化的发展,我们培养的就只能是碌碌无为、毫无个性特点和创造性的庸才。

小原国芳的全人教育理论是特定社会文化背景的产物,"全人教育"是他的教育理论的精髓,他认为人类文化有六个方面,即学问、道德、艺术、宗教、身体和生活,人的教育也应该包含这六个方面。"学问的理想是真,道德的理想是善,艺术的理想是美,宗教的理想是圣,身体的理想是健,生活的理想是富。教育的理想就是创造真、善、美、圣、健、富这六种价值。"[①]

[①] 小原国芳.小原国芳教育论著选:下卷[M].刘剑乔,由其民,吴光威,译.北京:人民教育出版社,1993:2.

20世纪70年代,隆·米勒作为全人教育的主要提倡者,正式提出"全人教育"的概念。1988年,隆·米勒在美国佛蒙特州布兰顿市创办第一份以全人教育为宗旨的专业期刊《全人教育评论》。1990年6月,80位支持全人教育的学者在芝加哥签署《教育2000:全人教育的观点》,提出全人教育的十大原则:①为人类的发展而教;②将学习者视为独立的"个体";③经验的关键作用;④整全的教育;⑤教育者的新角色;⑥选择的自由;⑦为参与式民主社会而教;⑧为培养地球公民而教;⑨为地球的人文关怀而教;⑩精神和教育。[1]通过对各个时期不同国家教育学家思想的梳理,可以发现他们的教育理念偏向于培养全面发展、和谐发展的人,也可以说,全人教育的思想不仅关注人的全面发展,而且注重培养整体的人。

三 聚焦学生全面发展的核心素养

基于核心素养的教育改革是当前全球基础教育领域最为重要、最具共识的教育改革,是世界各国为应对社会变化、经济发展、技术变革和全球竞争对人才培养提出的新要求而推动的教育改革。核心素养是超越基本学科知识的高阶思维能力和社会情感能力的综合,是对21世纪公民素养的一种高度概括,凸显了对正确价值观、必备品格和关键能力的描述。核心素养的培育是进入21世纪之后国际教育的潮流,也是我国课程发展的必然追求。我国新实施的普通高中课程方案和义务教育课程方案都鲜明地凸显了核心素养培养的要求。

教育部于2014年印发《教育部关于全面深化课程改革 落实立德树人根本任务的意见》,提出要研制学生发展核心素养体系。2017年,教育部印发基于核心素养框架的《普通高中课程方案和语文等学科课程标准(2017年版)》,并于2020年再次进行了修订。2022年,教育部印发基于核心素养发展要求的《义务教育课程方案和课程标准(2022年版)》。中国基于核心素养的教育改革采取的是自上而下的路径,主要通过教育部颁布的国家课程方案与课程标准来实施,实行国家、地方和学校三级课程管理制度和国家、省两级课程实施监测制度。核心素养被整合进课程标准中,并被进一步转化为学科核心素养。教育部先后修订了普通高中(10—12年级)和义务教育学段(1—9年级)的课程目标和标

---

[1] 刘宝存.全人教育思潮的兴起与教育目标的转变[J].比较教育研究,2004(9):18-20.

准。普通高中课程标准围绕核心素养的落实,精选、重组了课程内容,明确了内容要求,提出了考试评价和教材编写建议;义务教育课程标准基于核心素养的发展要求,优化了课程内容结构,根据核心素养发展水平,研制了学业质量标准。

语文新课程建设的标志性成果是教育部发布的8个课程文件——2000年的高中、初中、小学语文教学大纲,2001年、2011年的义务教育语文课程标准,2003年、2017年的普通高中语文课程标准,2022年的义务教育语文课程标准,这8个文件一脉相承,不断完善。在理清课程改革思路的基础上,教育部决定先修订各科教学大纲,尽早改变中小学的教学现状。三个语文教学新大纲与以前的教学大纲相比,有五个方面的突破:一是重视发展学生的语文基本素养和基础学力,改变繁、难、偏、旧的状况;二是突出人文性,重视语文的熏陶感染作用,全面提升学生包括思想道德、思维能力和思维品质、文化品位、审美情趣等在内的人文素养;三是注重时代性,引进新的教育理念和教学方法,重视略读、浏览、口语交际、搜集处理信息等现代社会需要的语文能力的培养,重视创新精神和学习能力的培养;四是重视感性,重视积累、感悟,重视语文运用能力和语感的培养,提倡多读多写;五是加强整合,调整结构,合并知识点和能力点,提出致力于学生语文素养的整体提高。三个语文教学新大纲体现了课程改革的总体思想,颁布之后,受到广泛好评,在一定程度上改变了社会对中小学语文教学的看法,新大纲为语文课程标准的研制确定了方向,奠定了基础。核心素养作为学生发展的目标,其落实的关键在于把"以知识为本的教学"转变成"以学生发展为本的教学",这也正是我国基础教育课程改革所追求的目标。因此,建立和完善以培养学生核心素养为目标的课程体系是关键。

考试招生制度改革是教育领域"牵一发而动全身"的重大改革。对此,党中央、国务院高度重视,习近平总书记做出了一系列重要指示批示。2014年,国务院印发《关于深化考试招生制度改革的实施意见》,启动了考试招生制度改革,以改革高考考试科目和评价方式,引领高中育人方式变革。新的制度主张依据考生的统一高考成绩和高中学业水平考试成绩,参考综合素质评价进行录取,既引导学生全面发展,又注重培养学生的兴趣特长;改革考试内容和形式,实现从"考知识"向"考能力素养"的转变。一是在高考命题中落实立德树人根本任务,将习近平新时代中国特色社会主义思想融入试题,构建德智体美劳全面考查的内容体系。二是突出关键能力和核心素养考查,增强试题的应用性、探究性、开放性,引导学生在独立思考、解决实际问题的过程中建构知识体系,培养能力,提升素养。三是加强考教衔接,依据高中课程标准命题,降低机械刷题收益,引导教学回归课标、回归课堂。

学科知识都有其内在结构,都具有三个紧密联系的组成部分:一是符号表征,是知识的外在表达形式,没有符号,人就无法产生和理解知识;二是逻辑形式,它是知识系统化、结构化的纽带;三是意义,意义是知识的内核,是隐藏于符号背后的规律系统和价值系统。教师只有把握住符号表征、逻辑形式、意义之间的内在关联,才能从整体上理解和掌握知识。传统的应试导向的考试评价,往往会让学科教学陷入对纯知识点的追求中,学科内容被碎片化、断点化;有些教学内容既不反映学科内容的逻辑完整性,也不反映知识体系的要素关联性;学生仅仅关心知识点的局部结论和考试的要求,忽略了许多属于学科知识意义的内容。我们期望的学科教学,不仅要为学生带来学科知识解释性意义的认知结果,还应增强学生对知识学习的持续兴趣,并在教学中逐步实现学生知识的结构化,使其学会知识的迁移和应用。学生在具体学科知识的学习过程中,应不断丰富情感体验,从而逐步形成正确的人生态度和价值观。通过这一过程,体现知识学习之于全人发展的意义,体现学科教学的育人价值和方向,这就是我们要持续追求的高质量教育。

"深度学习"一词最初出现于人工智能领域,作为一种算法思维,多指计算机通过对人脑认知过程的模拟,以实现对复杂任务的计算及优化。教育学视域中的深度学习概念于20世纪70年代提出,始于瑞典学者马顿对深度学习与表层学习两者区别的论述。深度学习本身强调的便是学生学习经历的完整性,是一种统摄知与行,并强调学生生活经验、批判反思和迁移应用的学习;是一种注重学生情感等非认知因素参与的学习;是一种学科内与学科间知识相整合的学习;是一种凸显育人目标价值引领的学习。指向核心素养的深度学习应当是基于真实情境的学习。这里的"真实",不仅是指学习的课程与真实的生活有关,也是指学生应用知识和评价是否形成核心素养是在真实的生活情境中进行的。学科核心素养关注学生的关键能力、必备品格与价值观念,超越了纯粹的、孤立的知识与技能,也超越了忽视或轻视知识的经验,强调面向未来不确定情境的真实问题解决能力。

第二节 传统：汲取力量

福柯在人生最后的时间里，将研究重心转向了伦理问题，转向了基督教和古代，为什么转向古代？福柯的一切研究只是为了探讨现在——这一点，他在康德关于启蒙的论述中找到了共鸣——他对过去的强烈兴趣，只是因为过去是现在的源头。他试图从现在一点点地往前逆推，现在的这些经验是怎样从过去转化而来的？回顾教育的发展历史，我们也同样能从源头上找到生活与教育之间的本源联系，可以说，正是借助生活，教育在历史中建构和塑造了自身，这也是研究教育的谱系学方法论。

一、斯宾塞：教育为未来生活做准备

英国哲学家斯宾塞把人看作自然的一部分，人们在向着进化的目标不断前进，这个目标就是每一个人的"完满生活"或幸福。人类的主要活动可分为五类，即直接保全自己的活动，获得生活必需品而间接保全自己的活动，目的在于抚养教育子女的活动，与维持正常社会政治关系有关的活动，在生活中的闲暇时间满足爱好和情感需求的各种活动。教育为完满生活做准备，因此就需要准备直接保全自己的教育，准备做父母的教育，准备做公民的教育，以及准备生活中各项文化活动的教育。[①]

"教育为未来生活做准备"是斯宾塞提出的一种教育理念，而博比特几乎是不折不扣地接受了这种理念，他的课程理念，其一，体现为社会取向，他认为，"人类生活，无论种类多么复杂，其组成部分都是各项专门活动的完成"。课程专家需要对这些专门活动进行抽丝剥茧的分析，从而确定"这就会显现出一个人所需的能力、态度、习惯、鉴赏力和知识。那就是课程的目的"。其二，体现为经验本位，"课程……这个词意味着孩子和年青人必须完成和经历的一系列事

[①] 斯宾塞. 斯宾塞教育论著选[M]. 胡毅，王承绪，译. 2版. 北京：人民教育出版社，2005：导言45.

情"。①换言之,能与课程直接等同的概念是"经验"。博比特认为,知识是从人类丰富的经验中提炼出来的。对于学生而言,倘若没有切实的经验作为基础,一味地用教科书来学习知识,他们终究只能从字面上来理解这些知识,然后在考试中通过背诵重复这种字面上的理解。这并不构成真正意义上的教育和学习。真正的课程不能只指向知识,还必须指向学生的经验。

"课程"(curriculum)一词,在拉丁语中是"跑道"(race-course)或"赛跑"(race)的意思,应用到教育中,这个词意味着孩子和年青人都必须完成和经历的一系列事情,而完成的方式则在于提升自己的能力,漂亮地完成成人生活的事务,以及在各个方面成为一个成人应有的样子。这套发展的经验有两个阶段,第一阶段,是一种社会生活的普遍经验,并不注重训练的价值,可以称为"无指导的训练",第二阶段称为"有指导的训练",将无指导和有指导的两种经验都囊括进来了,它的目标是人类能力、习惯、知识结构等的全部,也即一个人必须具备的一切。

从20世纪末到21世纪初,逐步展开的基础教育课程改革的基本思路是重视基础教育改革的整体性,其基本出发点则是在凸显人本、回归生活、关注生命的过程中,促成个体全面发展与个性发展,增强个体生命活力,激活个体发展创造力,培育个体健全个性。教育是培养人的,人的根基在生活,没有"生活"的教育是"无根"的教育,这是教育的基本事实,是教育的起点,也是教育的归宿。人在世界中"生活",教育必然在人与世界的生活关系中展开并进一步拓展人与生活的关系,把陌生于人的外在的世界转换成人的"生活的世界",建构人与世界的活泼丰富的富于意义的联系,改善人的生活品质,充实个体的生活与人生,最终使完满的世界、完满的生活与人生、完满的教育相统一,生活的意义、人的意义、教育的意义相统一。当代教育面临着意义的失落与重建,在理论层面,应在深入反思教育存在之根本的基础上构建整合人文与功利的回归生活的教育理论体系;在实践层面,应实现由主知教育向生活教育的提升,把智力的开发转换成意义的生发,使人、生活、教育构成一个真实的有意义的世界。

但是,课程并不等同于生活。如果说社会取向和经验本位是博比特课程理念中最为实际的两个环节,那么贯穿整个课程理念发展过程的是一种科学精神。泰勒之所以又被学界称为"课程评价之父",一定程度上也是因为"课程评

---

① 约翰·富兰克林·博比特.课程[M].刘幸,译.北京:教育科学出版社,2017:35-36.

价"这个环节是他在博比特的理论的基础上最具原创性的发展。派纳等学者在20世纪70年代倡导课程领域的"概念重建"时,事实上是在反思和突破以博比特、泰勒等学者为代表的整个"课程开发"理论模式。后来的学者发现,博比特的理论多多少少将课程的实施过程理想化了,现实的教学活动未必完全忠实于教学前的课程目标设定。美国学者古德莱德提出"五个层次的课程"的理论,意在提醒人们,每个层次的课程现实教学未必是完全吻合的,尤其是在执行过程中,可能会发生错位。美国学者杰克逊提出的"隐性课程"概念,针对博比特所设想的在有意识、有预期的环境中传授给学生知识的课程,强调另一种通过隐性方式,在不知不觉中塑造学生的课程。

国际上,经合组织于1997年汇聚众多学者,进行了一项名为"素养的界定与选择:理论和概念的基础"的国际性跨界合作项目,研究起点是"为了新千年学习者的21世纪技能和素养",对核心素养界定的切入点为"成功的生活和健全的社会"。研究提出了核心素养确立的三个基本条件,最终确定"互动地运用工具(如语言、技术)、与异质群体互动、自主行动"三大类核心素养及其三级能力指标框架,这代表着当时国际核心素养研究的最高水平。经合组织所选择的素养不是适应当前社会的素养,而是生存与发展于未来全球化、知识经济与技术高度发达的社会的素养。[①]在国内,为了回应"面向未来教育要培养什么样的人、如何培养人"这个问题,2013年,教育部委托北京师范大学林崇德教授牵头组建团队开展中国学生发展核心素养的研究,林崇德认为"核心素养(Key Competencies)是学生在接受相应学段的教育过程中,逐步形成的适应个人终身发展和社会发展需要的必备品格和关键能力",他总结了核心素养的六个基本特点,为中国教育改革及教育评价的实施提供了一些重要依据。[②]

基于个人终身发展和社会发展需要的必备品格和关键能力,课程应强调生态、跨文化和跨学科学习,支持学生获取和生产知识,同时培养他们批判和应用知识的能力。它必须包含对人类生态的理解,重新平衡地球,作为人类生活的星球和独特的家园,与人类之间的关系。它应该通过科学、数字和人文素养来培养学生辨别真伪的能力,以应对错误信息的传播,同时在教育内容、方法和政策上,应倡导民众的积极参与。

---

① 崔允漷.追问"核心素养"[J].全球教育展望,2016(5):6.
② 林崇德.核心素养的构建:回到原点的教育追问和反思——访北京师范大学林崇德教授[J].基础教育课程,2016(9):8.

杜威:教育的过程就是生活的过程和教学的过程

在《我的教育信条》中,杜威开门见山地写道:"我认为一切教育都是通过个人参与人类的社会意识而进行的。这个过程几乎是在出生时就在无意识中开始了。它不断地发展个人的能力,熏染他的意识,形成他的习惯,锻炼他的思想,并激发他的感情和情绪。"[1]由此出发,他得出了这样的结论:"教育是生活的过程,而不是将来生活的预备。"[2]这清楚地表明了杜威对教育与生活的关系的观点,也概括了他对"什么是教育"的看法。这个观点和看法,正是杜威整个实用主义教育理论体系的基本点。关于"生活"这一概念,杜威指出:"所谓个人生活在世界之中,就是指生活在一系列的情境之中。……情境和交互作用这两个概念是互不可分的。一种经验往往是个人和当时形成他的环境之间发生作用的产物。"[3]显然,杜威对"生活"的论述与他对"经验"的论述颇为相似。正如他自己所说的,"我们以同样丰富的含义使用'经验'这个词"[4]。因此,在杜威看来,"生活"与"经验"是同义词,而教育对社会生活具有两个作用:一是传递经验,二是交流经验。教育的过程就是生活的过程,教育和生活一起开始、一起继续、一起终结。

既然教育与本身有意义的生活一起留存、记录着经验,那么,教育就不仅仅是一种生活的方式,也是一种行动的方式,教育在本质上是一个不断地培养观察力、创造力、建设性的想象力的永无止境的圆形或螺旋形的东西。杜威认为,教育在成为促进美好生活的一种手段的同时,本身也应该与一种美好的生成是一致的,那么,教育所能提出的唯一最终价值正是生活的过程。杜威把教育分成两种,一种是非正式教育,即与他人共同生活而获得的教育。这种教育是出于偶然的,也是自然的和重要的。另一种是正式教育,即专门为促进个体成长而准备的教育。这种教育是有意识的和直接的,需要通过学校这个专门的机构进行,对于正式教育来说,学校应该成为学生能真正生活,获得他所喜爱的生活经验、发现经验本身的意义的地方。

---

[1] 杜威.我的教育信条[M].杨小微,罗德红,编译.上海:华东师范大学出版社,2015:91.
[2] 赵祥麟,王承绪.杜威教育论著选[M].上海:华东师范大学出版社,1981:4.
[3] 约翰·杜威.我们怎样思维·经验与教育[M].姜文闵,译.北京:人民教育出版社,1991:267.
[4] 约翰·杜威.民主主义与教育[M].王承绪,译.2版.北京:人民教育出版社,2001:7.

杜威在他的"教育信条"里,还谈到了教材问题,他认为儿童的社会生活是其一切训练或生长的集中或相互联系的基础,社会生活给予儿童一切努力和一切成就的无意识的统一性和背景。他认为学校课程的内容应当从社会生活的最初无意识的统一体中逐渐分化出来。因此,他认为学校科目相互联系的真正中心不是科学,不是文学,不是历史,不是地理,而是儿童本身的社会活动。就在这个信条里,杜威提出了他的教育哲学中的一个重要观点,即"教育即是生活"。教育应该被认为是经验的继续改造,教育的过程和目的是完全相同的东西。[1]杜威认为,"现在我们丧失了许多文学和语言科目的价值,这是因为我们抛弃了社会的因素。在教育学著作里,差不多总是把语言只当作思想的表现。语言固然是一种逻辑的工具,但最基本、最重要的是一种社会的工具。语言是一种交往的手段,是一个人用以分享别人的思想和感情的工具。如果只是把它当作个人获得知识,或当作表达已经学到的知识的工具,那么就会失去它的社会的动机和目的"[2]。

习近平总书记指出:"所有知识要转化为能力,都必须躬身实践。"[3]实践的教育价值在于引导学生在做中学,不再单纯强调书本知识,而是让学生在实践中应用学科知识,在实践中去发现问题、解决问题,最终提升能力,实现发展创造。党的二十大报告也进一步强调了教育的基础性作用。实际上,科技、人才、创新都与教育密切相关。教育不能脱离社会生活,它应该比其他社会活动更加关注个体生活,以个体生活为源头,关注每个人的生活世界以及生活中人们的各种活动与思考,挖掘生活中的教育因素,帮助学生更好地理解生活,更好地进行生活。

2022年,《义务教育课程方案和课程标准(2022年版)》颁布,明确指出要加强综合课程建设,完善综合课程科目设置,注重培养学生在真实情境中综合运用知识解决问题的能力,开展跨学科主题教学,强化课程协同育人功能。综合课程在本质内涵上,体现出课程内外部要素相融合的综合性特征,同时兼具在

---

[1] 约翰·杜威.学校与社会:明日之学校[M].赵祥麟,任钟印,吴志宏,译.2版.北京:人民教育出版社,2005:8-11.
[2] 杜威.我的教育信条[M].杨小微,罗德红,编译.上海:华东师范大学出版社,2015:98-99.编辑注:引文原文中"当作""当做"混用,此处统一为推荐词"当作"。
[3] 中共中央文献研究室.习近平关于青少年和共青团工作论述摘编[M].北京:中央文献出版社,2017:53.

课程活动上注重实践性以及在核心素养培育上强调生成性的特点。综合课程意味着课程的整合,广义的课程整合包括在经验、知识、社会和课程四个层面的整合,狭义的课程整合则是指一种特定的课程设计方法。随着课程改革的纵深推进及课程研究的深入,国内更倾向于广义的课程整合主张。一些地方的实践探索表明,学校教育远不止一种模式,着眼立德树人根本任务,从孩子认知特点出发,课堂可以无处不在,教育可以随时发生,当学生从校园走向生活的实践时,教育也就走出了围墙,让学生可以在大自然中探索奥秘,也可以在历史变迁中感悟哲思,还可以在广阔生活中了解社会万象、体验人文艺术,不断丰富完善"成长课程"。

三 梅洛-庞蒂:具身认知回归生活世界

法国身体现象学的代表人物梅洛-庞蒂曾说过,世界的问题,可以从身体开始。他在《知觉现象学》一书中提出了具身哲学的思想,其中"具身的主体性"这个概念,为克服"笛卡尔的二元论"提供了一种可能性。它既不把人视为离身的心智,也不把人看作复杂的机器,而是视人为活生生的、积极的创造物,其主体性是通过身体与世界的物理性互动来实现的。换言之,人是通过身体与世界的互动,通过身体对客观世界的作用而产生知觉和认识世界的。环境是产生认知的先决条件,也是呈现知识的隐喻载体,只有在与环境进行相互作用的过程中,心智才会不断成熟;身体不仅是承载心智成长的载体,还与大脑、环境融为一体,缺一不可,共同促进学习的发生。[1]梅洛-庞蒂说,认知必须向抽象概念背后的"存在"回归,向"一般客体"回归,或向可感知的开放世界的具体情境回归,就像我们生活的现场,我们身体所处的地方。正是由于事物以满足我们的生活与身体需要的方式存在,我们只能对事物形成部分的认识,我们只能作为有限的存在来认识世界。

生活世界本身具有开放性,有待我们去反思、去改变。文化及其传统构成了社会情境——还包括当前使用的各种语言、囤积的书籍,以及世界的社会经济现象。我们需要考虑开拓越来越广阔的对话空间,在这个对话空间中,不同的学生与教师都有权力表达自己的观点,在努力形成"之间"的过程中共同反

---

[1] 叶浩生.有关具身认知思潮的理论心理学思考.[J]心理学报,2011(5):589-590.

思。然而今天,我们的身体"消失"于各种数字技术编辑的"大数据"中,"我们"也"消失"于各种形象化符号,以及我们生活经验与生命历史中其他的虚拟化表征之中。

在实践层面,要完成主知教育回归生活教育的转换与超越,从应试教育向素质教育的转轨可以说是一个全面的开端。自公立学校创建以来,课程讨论的焦点就一直集中在知识(或者那些所谓的认知技能)与知识在"真实生活"情境中的使用两者上面。对于大多数教育者而言,课程已经与文化再生产、知识传递,以及至少在某种程度上,与精神生活密不可分。正因如此,课程才总是要包含这样的过程:使学生能够理解他们的现实生活,从而建立联系,构建意义。诸如《红楼梦》《三体》等文学作品中建构的那个"假想世界",却为我们提供了想象的愿景,正是这一想象的愿景不断督促我们去不断地探索。在很大程度上,正是由于这样的深刻见解,我们把文学作品纳入了教育历史与哲学的课堂中。当我们看到想象并不仅仅是一种超越现实,进入"假想"世界,进入"尚未可知的"或"未来可能世界"的能力,想象就显得越来越重要。想象能够打破单调无聊与枯燥重复,把分裂的各部分重新整合起来,在纷繁复杂的多样性之中生成一个完全的整体。最为重要的是,想象还可以使隐喻成为可能,这是文学课程的综合实践性教育价值。

因此,无论何种形式的课程整合,都应以促进学生对学科知识的深度理解与综合运用为目标,实现其在问题解决过程中高阶思维能力的提升。首先,无论何种形式的课程整合,课程各要素均应指向一种内在关系上的深度意义联结,而非止于浅层次的机械堆砌,这样才能有效促进学生核心素养的多元生成与综合发展。其次,综合课程的活动方式的核心特征是实践性。实践作为人类存在的根本方式,是连接课程与学生素养的纽带。任何素养和品德都是在具体的实践活动中生成和发展起来的,而且其本身就体现为关键能力和必备品格在问题解决过程中的实践性运用。从这个意义而言,学生核心素养的形成与精神品质的内化不能脱离经验体系。因此,我们不仅要注重创设兼顾知识与情感的理想学习环境,而且要注重调动学生的自主性,使其"身心合一"地"进入"课程学习之中,参与"生命在场"的交往实践,以核心素养的生成彰显课程的育人价值。

四　维果茨基：学习创造了最近发展区

最近发展区是由儿童独立解决问题而确定的实际发展水平与通过成人的指导或与能力较强的同伴合作解决问题而确立的潜在发展水平之间的距离。结合这个概念，我们能够提出一个新假说，即走在发展前面的学习是唯一的"好学习"。学习的本质特征是它创造了最近发展区，也就是说，学习"唤醒"了各种内部发展过程，这些过程只有在儿童与周围人互动时才能运行起来。一旦这些过程被内化，它们便成为儿童独立发展成果的一部分。我们的假说确立了学习过程与内部发展过程的统一性而非同一性，它以一个过程转换到另一个过程为前提。因此，如何对儿童的外部知识与能力进行内化成为心理研究的主要焦点。我们假设的一个基本特征是，虽然学习直接关系到儿童发展过程，但这两者却从来都不是以同等标准或平行方式实现的。

目前对儿童学习与发展关系概念的阐述，可以归纳为三种主要理论路径。第一种，儿童的发展过程独立于学习之外；第二种，学习即发展；第三种，试图通过两者的简单结合来克服前两种观点的极端性。考夫卡认为发展基于两个不同却相互关联、相互影响的过程。一个是成熟过程，直接依赖于神经系统的发展，另一个是学习过程，其自身也是一个发展的过程。考夫卡还认为学习不能仅被限定为一种习惯过程和技能的获得，他所假定的学习与发展的关系并非同一性关系，而是更为复杂的关系。根据桑代克的观点，学习与发展在各方面相一致，考夫卡则认为，相比于学习，发展往往是一个更大的集合。用图解法表示，这两个过程的关系相当于两个同心圆的关系，较小的同心圆象征学习过程，较大的同心圆则象征由学习所引发的发展过程。

维果茨基强调不断变化的社会条件与行为的生物基础之间的相互作用。他认为，研究儿童的发展要从理解两个主要路线（生物和文化）的辩证统一开始，为了充分研究这个发展过程，实验者必须去研究在儿童发展的每个阶段支配彼此交织关系的组成部分与规律。他还认为，在发展过程中，心理系统的出现将分散的功能联合成新的复合体。之后，鲁利亚进一步完善了维果茨基的理论，他认为整合功能中的部分和关系是在每个人的发展过程中形成的，依赖于儿童的社会经验。成人的功能系统主要是经由儿童期的先前经验形成的，社会因素起着决定性作用。

维果茨基曾提出一个论点：作为阐明和反映经验的特定工具，语言既高度个人化,同时又极具社会性。他把个人和社会之间的关系视为一个辩证的过程,就像一条河和它的支流一样,结合并区分了人类生活的不同元素。对他而言,个人和社会从不是割裂的两极。他假设学校教育和游戏之间为平行关系,两者都创造了一个最近发展区,在这种情况下,儿童精心加工了他们即将内化的社会技能与知识,在游戏中,儿童生活的所有方面都可以成为游戏的主题,而在学校中所教授的内容和经过特殊训练的教育者的角色都是精心安排的,并且更为集中。如席勒所言:"只有当人是完全意义上的人,他才游戏;只有当人游戏时,他才完全是人。这个道理此刻看来也许有点似是而非,不过如果等到把它运用到义务和命运这双重的严肃上面去的时候,它就会获得巨大而深刻的意义。我可以向您保证,这个道理将承担起审美艺术以及更为艰难的生活艺术的整个大厦。"[①]人是一种具有多面性的动物,有丰富多彩的游戏,涉及生命的各个层面。事实上,游戏是有一个序列的,从最简单的肉体欲望和简单的感官娱乐,一直到最高形态的、科学和哲学中的智力游戏。这个序列中的不同层次都有人的本能作为支撑。各个层次的游戏都应该有一个合适的位置,但是它们各自内在的驱动力有所不同,不同层次所需要的教育程度也有所不同。

那么,游戏在儿童发展中的角色是什么呢? 游戏的基本属性是一种已经变成欲望的规则。游戏赋予儿童一种新的欲望形式,使儿童学会将自己的欲望与虚拟的"我"联系起来,将自身在游戏中的角色与游戏规则联系起来。通过这种方式,儿童可能在游戏中获得最好的成绩,这些成绩将代表儿童未来真实行动和道德的基本水平。对儿童来说,他们在游戏时往往很难把假想情境从真实情境中区分出来,因此游戏就成了一个有很多限制形式的活动,主要为体育活动,这类活动对学龄儿童的发展有特殊的作用,在学龄期,游戏并没有消亡,而是融入了对现实的态度。在学校教学和工作中(也就是在以规则为基础的强制性活动中),游戏有其自身的内在延续性。在意义领域和视觉领域之间(也就是在想象情境和真实情境之间)创建一种新的关系,这是游戏的本质。

《中共中央关于制定国民经济和社会发展第十四个五年规划和二〇三五年远景目标的建议》明确提出要"发挥在线教育优势,完善终身学习体系,建设学习型社会",充分体现了我国建设学习型社会的顶层设计意图,这就要求我们运

[①] 弗里德里希·席勒.审美教育书简[M].冯至,范大灿,译.上海:上海人民出版社,2022:132.

用信息时代的各种先进技术和工具,构建方式更加灵活、资源更加丰富、学习更加便捷的终身学习体系。如今,中国进入高质量发展的新阶段,教育高质量发展、高质量教育体系等成为典型的教育主导话语,教育高质量发展是区别于"高数量发展""高速度发展"的新发展方式,是中国教育现代化在发展方式上的新趋势和新选择。推动教育高质量发展,首先,要从培育时代新人的视角来定义教育质量,通过内涵式发展方式,如转变区域和学校改革与发展方式、更新教与学的方式来提升教育教学质量。其次,要拓宽效率视野,追求效益优先,同时提高学生、教师、家长等发展主体的"自我效能感"。再次,要调动发展主体的积极性,变革发展动力,使教育发展从外力驱动下的被动发展转变为内生需求激励下的主动发展。聚焦于学生最近发展区,开发和设计各种类型、多种形式的游戏课程,强调培养学生综合运用知识解决现实问题的能力,以游戏活动为载体,让学生在与他人、与情境、与知识的持续互动与交往中形成核心素养。学习是学生在先前的结构性和非结构性知识经验基础上主动建构内部心理表征的过程。聚焦于学生最近发展区的游戏课程十分强调知识的建构性、互动性、动态性与不确定性,以及学生在学习中的能动性。也就是说,学生作为能动主体,在综合课程中并非被动地接受知识,而是通过主动地参与和融入,不断地创造、建构与生成新的思维方式,以及情感与意义世界。

第三节 未来:激发活力

当今世界正处于一个新的转折点,社会变化加剧、经济发展不平衡、气候变化,以及以数字技术为代表的颠覆性技术的出现等,都给教育带来了重大影响。信息化要求教育加快三大转变:一是从封闭转向开放,学习不再受时间和空间的限制,学生可以根据自己的喜好和需求来选择学习资源、学习进度;二是从专有转向共享,学生拥有了可谓取之不尽、用之不竭的丰富在线学习资源;三是从单向转向交互,师生之间、生生之间可以通过信息技术快捷地交流、沟通。2022年9月,联合国召开教育变革峰会,明确提出:数字革命将成为确保优质全民教育以及转变教师教学和学生学习方式最有力的工具之一。2022年10月,党的二十大胜利召开,习近平总书记强调:"加快建设……网络强国、数字中国。"

一 以学生为中心:混合式学习空间

2022年,教育数字化战略行动正式启动,在全国范围内推进教育数字化转型。教育数字化转型的本质是人的转型,其最终目标指向人的数字素养的提升。早在2021年,《提升全民数字素养与技能行动纲要》就明确指出,要建立符合我国国情的全民数字素养与技能发展评价指标体系,定期开展全民数字素养与技能发展监测调查和评估评价。数字素养是数字时代公民的基本素养,也是学生应对数字化条件下的生活、学习所必备的品质。一方面,互联网对中小学生群体的渗透能力持续增强,面对复杂的数字环境,中小学生需要具备较高水平的数字素养才能避免因增加互联网使用时间、浏览良莠不齐的数字化内容等而对自身健康与生存发展产生负面影响;另一方面,以ChatGPT为代表的新一代人工智能产品的问世对中小学生的数字素养提出了更高的要求:学生不仅要掌握数字化学习的知识,形成数字化学习的思维与意识,更要具备积极应对数字社会伦理风险的关键能力。

面对加速演变的世界历史进程,对于未来世界的教育构想与教育准备成为全球教育改革的一致关切。在《回到教育的未来:经合组织关于学校教育的四种图景》报告中,经合组织阐述了未来教育的方向与挑战:人们生活在更扁平、动态的多元文化结构世界里,教育活动更加需要指向强大的信息处理和问题解决能力,学生不仅要拥有庞大的学科知识体系和分析性、创造性、批判性思维能力,还要有关于人际交往和个体内在特性的更广泛的能力,如社会情感能力、对他人的宽容和尊重、自我调节能力、理解反思学习过程的能力等。面向未来的中小学课程要促进学生在未知的复杂情境中的自我创造,培养具有完整生命价值的独立个体。为此,学校应转变机械化、程式化的"流水线"空间形态,探索空间对主体性的包容与增强,建设服务学生自由发展的人性化空间。

在高质量教育体系建设中,教学空间具有资源拓展、协同育人、未来塑造的重要功能。教学空间建设应聚焦资源拓展的空间增值、促进协同育人的空间整合、着眼未来需求的空间创新,丰富数字教育资源,构建广泛开放的学习环境,满足不同学生的多元化学习需求,推进新技术与教育教学融合,探索人才培养新模式,加快教育数字化转型。

以学生为中心的教学,大多采用以协同为导向、以项目为基础的教学模式,学生参与探究、模拟、体验及小组互动成为最主要的学习活动,这时,越来越多的学习活动需要在传统教室之外的场所展开,我们该如何更加有效且高效地使用教学空间?为了满足各式学习活动混合在一起形成分布式学习的需求,"校园"需要不断拓展其教学空间,成为由不同场所组成的"网络群",在更大范围内的生活小区、城市、国家之间形成正式或非正式的学习环境,构建对话机制并开展项目探索研究,用以支撑学生、教师、家长或其他社会人士的交流与互动。这种新型的混合式教学空间不再以建筑为中心,而是围绕着人的活动和互动模式,为学生提供更多样性的选择。

当今世界科技进步日新月异,网络新媒体迅速普及,人们的生活、学习、工作方式不断改变,儿童成长环境深刻变化,人才培养面临新的挑战。因此,着眼未来需求的教学空间创新,首先,要创建学习生活的自由空间。具体表现为自觉的独处空间以及非正式的交往空间,在严密紧凑的学校空间中留出学生观望、阅读、冥想、思考、探索的低刺激环境,使学生的觉知力、专注力与洞察力自由释放。另外,随机的、即兴的、无目的的交往环境也是学校教学空间的必要组成部分之一。例如,"偶遇的活动室""短暂对话的空间""教学长廊停留的空间"

"日常生活的模拟空间"等,这对学生体验人际交往过程、增进自我认知、促进社会化发展、丰富人生价值具有重要意义。其次,要创建具有鲜明本土、文化特征的特色空间,学生成长的地域空间蕴藏着个体的文化血脉与价值根基,构成了人之为人的内在本质,深层次的情感烙印源自学生对班级、学校、家乡、国家环环相扣的空间感知,在空间元素中注入带有本土特征的文化标识,在空间格局上创建文化场馆、教育基地等具有象征意义的教学空间,能够使学生产生归属感,形成个人身份认同和更深层次上的地域、乡土、家国、文化情结。

新一代的教学空间正从传统的"蛋箱"样式、"秧田式"布局,逐步变为灵活配置的大型开放空间,以适应多种模式的学习和教学风格。

二 知识创造体验:分散式合作学习

信息化以数字化、网络化、智能化为特征,其本质是信息的高度共享。教育信息化的主要特征是教材多媒化、资源全球化、教学个性化、学习自主化、任务合作化、环境虚拟化和管理自动化。有人认为,人们所需的能力可分成三种类型:1.学习和创新技能,比如批判性思维和问题解决能力;2.数字素养技能,比如信息和媒体素养;3.职业和生活技能,比如适应能力和自主能力。[1]

具有互联网思维特征的知识创造和传播模式体现在课堂实践层面上,是具有代表性的是分散式合作课堂,当不同背景的学生通过技术连接参与到同一个课堂项目中时,学习就成为一种能够延伸至知识创造的全新体验,可以汇集并充分挖掘学生的个体经历与思想,使学生能够体验到真实世界的知识创造和传播过程,体现出全新的学生和教师角色的动态性与生成性,以及知识传递的多向性和知识生成的多元化。戴维·温伯格指出:"我们过去知道如何去了解各种事情。我们从书籍和专家那里得到答案。我们会弄清各种事实,然后继续向前。我们甚至有关于各种事情的准则。但在因特网时代,知识已经转移到了网络。知识比以往更丰富,但截然不同。各种主题没有边界,人们很难对任何事

---

[1] 阿兰·柯林斯.什么值得教?技术时代重新思考课程[M].陈家刚,译.上海:华东师范大学出版社,2020:10.

情达成统一的意见。"[①]我们作为教师、教育者、教学空间设计者的工作是探索如何更好地教育我们的学生,使他们变成灵活、睿智、充满灵感的学习者——把学习看作是一个冒险,尤其是把他们变成终身学习者。我们需要的比项目式学习更多,必须花更多时间帮学生养成思维习惯——这种习惯能帮助他们熟练地通过查询背景和内容来理解这个世界。查询背景意味着知道如何针对来源、阅读动机、质疑、揭示证据等进行三角论证,这些技能和思维——和网络时代的生存技能一样——教师不能直接教会,但可以在背景中培养。将手、心、脑的学习结合起来——这几乎是对杜威多年前设计的机制的回归,朝强调认知和想象力的实用主义路线的转向。阿兰·柯林斯还强调了每名学生成为反思性实践者的重要性——在行动中反思,在行动后反思。在为这个过程提供支撑的方面,尤其有效的是协作性意义建构的作用。

我们正处于百年未有之大变局中,信息化、智能化加速了世界的深度变革,给教育发展带来前所未有的挑战和机遇,也为我们建设高质量教育体系创造了条件和可能。例如,帮助学生去发展有效的谈话语步,这些语步被镶嵌在一个被称为探究网络的计算机系统中,而更简单的形式是印刷一套角色指南,在进行小组合作时应用这些指南引导他们的探究。每个学生都担任不同的管理角色,包括认知角色(理论、证据、综合和应用管理者)、社会角色(协作、交流、调节和公平管理者)、元认知角色(计划、产出、反思和修正管理者)。在问题求解中,学生统整运用学科内与学科间的差异(交叠)形态知识,不断进行逻辑演绎、提出和验证假设,进而找到解决问题的最佳方案,这使得学科知识边界被打破,有助于促进知识向素养的转化。这一知识统整运用的过程发展了学生对学科知识整体理解与把握的能力,使他们的知识体系得以融通并建立起深度关联。这种关联又可使学生形成洞察情境变化与意义生成的能力,从而超越知识运用情境的束缚,在知识"境域"的重构中,实现个体素养的发展。怀特海认为,通往智慧的唯一道路是对知识的自由把握。

对于注重以知识创造体验促进学生综合发展的课程而言,尤其需要创设关涉多学科知识的问题情境,同时注重勾连学生的经验知识,使其在"做中学""共同学""创中学"中形成运用多学科知识解决现实问题的能力、思维与智慧。在

---

① 阿兰·柯林斯.什么值得教?技术时代重新思考课程[M].陈家刚,译.上海:华东师范大学出版社,2020:序1.

这个过程中,分散式合作学习呼之欲出,比如在语文学科中,将阅读、写作和口语表达综合在一个教学单元或一堂课中,这是较为常见的学科内的课程整合,贯通读、写、听、说能力,学生是阅读者,又是评价者;是写作者,又是读者;是言说者,又是倾听者。这种学科内的整合,要求的是小组内的合作学习,既体现在课堂教学上,也体现在课堂外的反馈评价上。跨学科整合属于中等程度的课程整合,是指围绕同一主题整合不同学科内容而形成一个新学科或教学单元的过程,这种整合形式打破了原有学科的边界,注重培养学生综合运用学科知识分析、解决问题的能力,主张多学科教师协同参与。超学科整合是最高程度的课程整合,是指在特定主题的引导下,综合运用多学科知识解决现实问题的过程,这种整合形式强调知识、经验、社会间的互动性与生成性,在教学活动中注重学生作为课程组织者、教师作为学习指导者和深度参与者的角色定位。值得注意的是,跨学科整合与超学科整合的边界是模糊的,跨学科整合中往往蕴含超越学科边界的元素。后两种整合形式对分散式合作学习的要求更高,不仅体现在不同学习主体之间,而且体现在不同学习场域、学习时间、学习方式上。可见,分散式合作学习的形式不同,其在整合范畴和整合深度上亦有差异,所针对的学生素养培养目标也各有不同。

  数字时代,技术发展为教学提供了很多工具,我们所需的是打破学习的边界,通过合作学习培养学生相互倾听的能力、参与富有成效的评论的能力,以及通过角色示范和熟练辅导来帮助学生形成一种获得这些能力的趋向。在未来的人机交互更为智能化的学习中,我们要真正创造一种混合的知识论,将智慧人、劳动者和游戏人结合起来,而这一切通过强调广义理解和想象力路向是可能实现的。因此,在充分体认课程的综合性、实践性和生成性的基础之上,强调分散式合作学习就显得尤为重要,要以"全人教育"为理念指引,注重观照人的价值、学科价值与社会价值,并基于学生的已有知识、经验水平与现有资源,通过恰当形式的整合来提高学习的针对性与适切性,促进教育的高质量发展。

三　AI语文课之道:生成式人工智能

  当前,云计算、移动互联网、大数据、人工智能、区块链等技术迅速发展,信息社会开始向智能社会转变,教育信息化也从1.0时代进入到2.0的新时代,即以人机交互、协同合作、资源共享为基本特征的智能教育时代。AI技术、虚拟实验室、教育机器人等新技术方兴未艾，应用前景广阔，一站式、智能化、个性化的开放灵活和功能强大的技术，促进了教育观念、学习模式、教育评价等各方面的深刻变革。

人机协同是理论理性和技术理性在教育数字化中的展现。教育人工智能已从"支持智能""增强智能"阶段过渡到"人机协同智能"阶段。人机协同的内涵不只是人和机器的优劣互补，将机器的速度、精度、量化能力和人类的情感、抽象、领导能力结合，这仅是人机协同的基础阶段。在人本人工智能的推动下，人机协同智能实现了人与"机"的实体交互，"机"的智能来自人的智能，人的认知可通过算法程序外化表征为"机"，"机"为人与人的沟通建起了高速通道，并促使人与人的认知发生碰撞。由人类能力的局限和自身发展需要而产生的信号通过"认知外包"嵌入"机"，以动态发展的方式推动教育数字化转型，形成人机协同教育的新形态。人工智能时代技术的更迭使教育行业形成一体化联动的效益最大化和教育场景多模态的趋势，在各种教育情境中，机器通过对学生认知智能、情感智能和志趣智能等多方面的赋能实现学生的全面、协同发展，真正落实学为中心、适性服务。

我们要积极摸索AI语文课之道。例如，山东人民出版社、北京师范大学和北京汉雅天诚教育科技有限公司等联合研发了一个融情境学习、任务驱动学习、自主探究学习为一体的学习系统。这不是一个静态的资源网站，也不是一个简单交互的教学平台，而是一个人机融通的智能学习系统。它基于高中语文教材，根据语文学习规律，采用人工智能技术，落实专题学习理念，系统解决语文学习中"读不懂、想不到、写不好"等普遍问题，引导学生进行深度学习，切实提升语文学科核心素养。针对学生"读不懂"的困境，系统配有针对性强、有逻辑组织层次的学习资源，兼具多维性、层次性、融通性，引导学生经历由阅读者到思考者再到思想者的转变。针对学生"想不到"的困境，系统任务驱动学习的模式设疑激趣，促使学生发现新知，启智增慧；交互协作学习环境，让学生在独立空间和交互空间之间自由转换，既能独立创新，又能团结协作。这极大地提升了学生的学习兴趣和学习效率，在时间上给学生"减负"，在效果上为学习"增值"。针对学生"写不好"的困境，系统循序渐进的伴随式写作指导和广阔的交流平台，使学生们在自评与互评、自助与互助相配合的氛围中，在不同的情境学习里,提升写作能力和创新能力,真正做到了以学生为中心。

AI语文课之道,对教师的专业素养要求是越来越高、越来越多,教师是否具备教学的专业素养是能否实现变革目标的关键因素。高质量教学资源的系统开发与迭代更新是实现教学变革的关键基础,就信息技术水平、资源获取能力来看,整体而言,年轻教师往往能够更加娴熟地掌握现代信息技术,资源获得能力越强,学习效果越好。某项调研显示,任教15年以上的教师认为最大挑战是"音视频等技术工具的掌握与运用"。因此,教师要具有学习、反思、研究和改进的能力,生成式人工智能背景下,运用AI教学对教师的资源设计能力、数据分析能力,以及设计、组织、实施综合实践、问题解决、项目任务等学习活动的要求是极高的,教师不仅需要思考如何和"机器"配合,而且要能够对教学内容进行系统化的思考,使人机协同学习形成互补、拓展或深化的关系。最为重要的是,教师需要对教学本质有足够的理解。无论是线上线下融合教学,还是生成式人工智能的AI语文课,都需要教师对学生、对教学的本质有足够的了解与认识。只有从真正促进学生全面发展、健康发展的角度出发,才能更好地进行教学。只要课程真正做到从学的角度出发,围绕学习内容和学生的认知基础展开,更好地满足学生多样化的学习需求,学生的学习自然会走向深入,能力自然会得到提升。因此,对教师每提出一个新的专业素养要求都需要一个发展提升过程,这也决定了未来生成式人工智能在语文教学中的运用不可能一蹴而就,这是一个从量变到质变的渐变式过程。

教育数字化转型要求的能力,更强调学生的主动学习和进取精神。如斯坦福大学2025计划就是一个对未来大学模式进行畅想的大胆设计。这个教育改革的方案可以归纳为"弹性学制、自定节奏、转轴模式、使命学习",其中转轴模式特别强调技能奠基而不是知识奠基,凸显"技能第一、知识第二"的新理念,并以数字记录的"技能足迹"取代传统的学业成绩单。伴随着人工智能产品的迭代创新,如ChatGPT可以根据不同的交互主题生成流畅的答案,一些人工智能完全可以替代教师完成一些重复性的知识点辅导工作,基于数据赋能的伴随记录、学情分析等可信证据让教育更加贴合每个学生的发展需求。面对人工智能飞速发展的冲击,教育领域必须及时调整人才培养目标,由知识记忆为主转向能力培养为主,注重培养人的批判性思维能力、创造能力、创新精神等,更要注重培养人机协同的能力。教育者应该从用传统学科训练人的思想中跳出来,转而注重有操作性和适用性的能力和技能的培养。钱颖一认为，中国教育的最大问题，就是我们把教育等同于知识，并局限在知识上，这样一来，人工智能的普及将使中国教育的优势荡然无存。所以，数字素养指向的想象力、创造力、实践力等能力和技能的培育将是未来教育发展的根本路径。

第二章

"生活·语文"的教学意蕴

"生活",既包括个人生活,也包括社会生活。生活是一种行动的方式,是一个通过对环境的行动进行自我更新的过程。因为生活是在不断变化的,个人的经验也是在不断更新的。所以"社会生活本身的经久不衰需要教导和学习,共同生活过程本身也具有教育作用"[1]。因此,扎根生活世界,就可以探寻到语文教学范式转变的起点与实践逻辑。

---

[1] 约翰·杜威.民主主义与教育[M].王承绪,译.2版.北京:人民教育出版社,2001:11.

第一节 "生活·语文"的教学内涵

陶行知先生说:"生活与教育是一个东西,不是两个东西。在生活教育的观点看来,它们是一个现象的两个名称……生活即教育,是生活便是教育;不是生活便不是教育。"[1]因此,"生活·语文"的教学内涵蕴含在学生的生活样态和学生语文学习的现状之中。

学生的生活样态

在马克思看来,"生活"的基本释义是现实的个人的存在和生命活动的展开,是"个人的全部活生生的感性活动"[2],具有前提性意义。在《德意志意识形态》中,马克思和恩格斯认为:"一切人类生存的第一个前提,也就是一切历史的第一个前提,这个前提是:人们为了能够'创造历史',必须能够生活。"马克思生活观通过对"生活"这一前提事件的分析,揭示了生活世界的内在结构。生活世界是由物质生活、精神生活、家庭生活、政治生活、生态生活、道德生活等构成的有机整体,具有丰富的内容和内涵。

通过对学生生活样态这一前提事件的分析,我们也可以揭示当代学生生活世界的内在结构。首先是"疏离化生活"样态,遮蔽了真实的生活世界。当代人大多"生活在别处",生产力的发展、交通的便捷使得人们的生活边界不断拓展,生活的人工化与标准化也使人们无法获得个体生活所带来的异质性体验,人口的迁移与住房条件的改善,甚至使村落与社区这种邻里关系也不断地瓦解。其次是"碎片化生活"样态,引发了个体完整的生活体验的缺失。人类最初以天地自然运转为参照,与万物自然生息相表里,人对自然生命、社会生活的经验是完整而统一的。在加速时代的教育生活中,学生的时间是碎片化的,基础教育阶

---

[1] 陶行知.陶行知全集:第2卷[M].2版.成都:四川教育出版社,2005:649.
[2] 马克思恩格斯选集:第1卷[M].中共中央马克思恩格斯列宁斯大林著作编译局,编.2版.北京:人民出版社,1995:78.

段就有了"起跑线""超前""倒计时""鸡娃"和"虎妈"等各种教育现象,我们越来越深陷碎片化生活的漩涡之中。对学生来说,环境是同质化的,家庭、社会甚至都成了窄化的"学校"。再次是"智能化生活"样态,消弭了人与生活、人与人之间的主体交往。现在许多学生都是"网络原住民",智能化对真实生活造成了强大的干扰,虚拟技术不断制造出仿真的"异次元世界",逼真的细节、丰富的情境与体验,对学生群体具有强大的吸引力,让他们真假难辨。还有流行的电子游戏和艺术,可以让人仿佛来到另一个时空,极易让人产生代入感与错觉。

人类建构教育世界不同于建构其他完全精神性世界,对人的培养在过程上离不开人作为自然存在、生命存在和社会存在的基础与逻辑,这些方面构成了教育实践手段的制约和依靠。哈贝马斯的实践领域是广义的生活世界,他看重的是交往理性下的交往行动。交往行动是生活世界中的基础性行动,是主体间通过语言对话而形成人文理解的行动,主要发生在文化、社会整合、人格生成领域。亚里士多德关于教学究竟是何种艺术这个问题的论述,始于理论生活和实践生活的区别。理论生活与必要的和永久的事物相关,因而与亚里士多德所称的科学的知识种类相关,然而,实践生活与变化的事物相关,也就是与变化的世界相关。这样的世界是一个我们行动,并且带来变化的世界。[①]变化的领域并不局限于事物,同时也包括社会世界,即人类行动和互动的世界,这是实践的领域。正如亚里士多德所言,此处的导向不是生产事物,而是带来"善"或人类繁荣,实践是关于"哪类事情在总体上是有益于好的生活的",是关于好的行动的,但是好的行动不是获取其他事物的手段,好的行动本身就是目的。为此,我们需要一种扎根于生活世界,并能改变现状的教学法,一种积极地导向生命的完整体验与成长的教学法。一言以蔽之,这是一种甘冒教育的风险的教学法。

国家现代化是满足人民对美好生活和优质教育需求的基本前提与保障。然而,国家现代化进程中伴随着的社会转型之下的文化冲突,也给我们的教育带来了全新的育人问题,即培养什么样的人和怎样培养人的问题,这使得我们要重新去思考教育与生活之间的关系问题。这是中国教育现代化发展道路所面临的一大难题和困境。

回归生活世界是现代哲学的重要转向。"当哲学开始把目光专注于人在其中现实地交往与生存、现实地创造价值和意义的生活世界时,哲学便不再以外

[①] 格特·比斯塔.教育的美丽风险[M].赵康,译.北京:北京师范大学出版社,2018:189.

在的超越性的理性实体的化身自居,而是向人的生存的本质性文化精神回归。"①哲学从根本上是生活中的人的生存意义的澄清。从这个意义上讲,个体的生活世界是哲学研究的本质性基础。教育作为一种培养人的社会活动,不能脱离生活,应以个体生活为源头,关注人的生活世界,并与生活中的人的交往、生存、创造价值和追求意义的活动进行"对话",发掘生活中的教育因子,帮助个体获得更美好的生活。

人不仅生活在一个物质的世界中,而且生活在一个符号和象征的世界中,人有记性、有文化,正是在这种美好的生活过程中,生活丰富人的经验,刺激并丰富人的想象。这些东西会通过调查分析为人们所发现。发现课程的人,首先要成为一个人类本质和人类事务的分析者。服务于这一目的的阅读包括传记、游记等,这当中的任何一种体裁,其主要目的都是对不同地域生活的重建,从而让读者重新经历一遍这种生活,这种阅读越是鲜活、动人,以至于让读者受到感染,抽离于现实的时间和空间,完全为自己阅读的行动所包裹,它就越是有效地达到了它的目的。另外一种类型的社会读物,属于更往后的教育阶段。语文的阅读应该像是在戏院里看一出戏,这出戏会呈现出人类生活的一个投影,观众想要的,也就是这个投影,投影越是完整,这出戏也就越成功。

正如《普通高中语文课程标准(2017年版2020年修订)》指出的那样,语文学科核心素养是学生在积极的语言实践活动中积累与构建起来,并在真实的语言运用情境中表现出来的语言能力及其品质。该释义所具有的实践性、渐进性、情境性和效用性等基本特点涵盖了"生活·语文"的所有显性特征。从课程观的视角来看,"生活·语文"需要构建开放和有活力的课程体系,将阅读、写作与口语交际视为一个课程整体。从教学观的视角来看,"生活·语文"需要给予每个学生主动、积极和踊跃表达的机会及愉悦体验。从评价观的视角来看,"生活·语文"需要聚焦主体本位、表达力本位和学生发展本位,破除认知本位、记忆本位这种静态、狭隘和机械的单一评价模式,丰富对语用行为尤其是对表达力效应的评价方式,以适应新时代经典汉语创新的未来工程之需。

---

① 李小娟.走向中国的日常生活批判[M].北京:人民出版社,2005:2.

二 "生活·语文"的教学主张

"生活"是现实、经验世界,"语文"是学科、知识世界。"生活·语文"的教学主张就是要通过开展扎实、活泼的活动,让语文的学习更接近真实的语文实践生活,强调知识学习的逻辑,从学科到生活,从理解到应用,在育人目标的统领下整合生活与学科、经验与知识,培养学生的思维力、情感力和行动力。思维力即经合组织所倡导的核心素养中的认知能力,包括好奇心、想象力、语言、批判性思维等;情感力即学生与他人交流互动的同理心、共情力和幸福感;行动力即学生主动学习、主动生活、主动实践的意识和能力。

这一教学主张在教学内容层面体现为整合学科内的知识,或者通过主题来整合不同学科的知识,甚至围绕某一问题进行超学科的探究活动,进而养成学生在真实生活中自主解决问题的能力,匹配语文学科核心素养所具有的整体性、具身性、情境性等多维度诉求。在教学实践层面体现为围绕系列结构化的主题项目,引导学生从生活到实践,在做中学,以学致用,以生活实践为桥梁,实现知识到素养的转变。当然,教育改革需要新的教学法、课程、教师功能、学校愿景和教育时空等,但这并不意味着我们要抛弃过去的优秀"遗产"——经过实践证明的好的教育教学经验,相反,我们要继承好的传统,革新教育教学模式。马克思指出:"全部社会生活在本质上是实践的。"[1]这在方法论上引发了一场"哥白尼式革命",即把实践作为理解和解释人全部生存和活动的核心。随着实践哲学的兴起,实践便逐渐在教育领域焕发出强大的生命力。一方面,教育是一种指向"人",以促进人的全面发展为根本目的的实践活动,因此我们必须在实践中看教育。另一方面,教育的生机在于其不断地在实践中进行革新。

陶行知强调生活与教育的关系,认为生活可以决定教育,教育也可以改造生活。陶行知生活教育理论的三大要点是"生活即教育""社会即学校""教学做合一"。其中,"生活即教育"有三层含义,一是"生活含有教育的意义",学生的日常生活也有教育的意义,因此要重视观察学生的一言一行,不仅在课堂上要关注学生,课下也应该注意学生的生活。二是"教育以生活为中心",而不应该是以课堂和书本为中心,陶行知反对传统机械的教育模式,他认为教育的内容应该来自生活,生活处处是教育。三是"生活与教育的关系",即生活决定教育,

---

[1] 马克思恩格斯选集:第1卷[M].中共中央马克思恩格斯列宁斯大林著作编译局,编.2版.北京:人民出版社,1995:56.

教育改造生活。"生活·语文"教学主张以马克思实践哲学和人的自由全面发展教育理论为理论基础，以陶行知的生活教育理论为理论渊源。这种教育是以生活为内容、实践为路径的教育；是源于生活与实践的教育，是通过生活与实践来实施的教育，是为了生活与实践的教育。

早在古希腊，亚里士多德就把为学术本身而探求的知识与为其应用而探求的知识区分开来，并且认为前者比后者更接近智慧，称前者为"高级学术"，后者为"次级学术"。这种区分在近代演变成"纯粹理性"与"实践理性"的区分，在科学日益昌明的岁月里，又演变成"理论科学"与"实践科学"的区分。近代以来的实践其实更多指称生产，这不是亚里士多德的实践概念，是生产或制作的概念。这个实践概念造成了对"生活领域"及其独特性的遗忘，海德格尔所谓的对存在的遗忘也蕴含了对人的存在领域的实践性的遗忘。而且，这个实践概念造成了理论与行动的分离，理论变成了一种有待于运用的东西，而所谓的实践变成了运用理论而生产的过程，这样就造成了理论与实践的分离。[1]

从人类教育活动的辩证发展历程来看，当前教育正处在一个由分化到分裂并逐渐转向整合的转折点上，现代教育在人类社会生活中的表现具有以下三个特征：首先是人的教育与社会生活的疏离。尽管对"人"的呼唤不绝于耳，但科学世界的教育关注的主要还是那些关于宇宙物理和人性片段的抽象概念体系，面对现实的、感性的、活生生的人，却无法以它的逻辑语言表达现实人生缄默的意义。其次是教育与人的疏离。纯理性下的教育活动遵循着各种预先规定的程序和套装价值原则，只关心要把人培养成预先规定好的某种类型的人，将个体的特质、品性和行为模式化、固定化，却不关心每一个人独特的生长环境以及内心潜藏着的愿望、热情。最后是人与人自身的疏离。科学世界的教育向人描绘出关于宇宙和人类的分析性、抽象理性图景，却让人忘记了自身的现实"存在"。在教育活动中，人把自己"开发"成了"人力资源"，交往行为变成目的合理性行为，教育由人发展自身的活动转变成一部分人改造另一部分人的活动，引导我们按照它所提供的人的存在形象来实现自我价值。

现代教育的危机绝非简单的制度问题，它是一种更为根本的精神危机：现代教育在工具化的进程中由于领域性断裂而丧失了生活意义。这一深刻危机

---

[1] 檀传宝.教育思想的花园：教育基本理论前沿讲座[M].北京：教育科学出版社，2020：67.

进一步向我们昭示:只有首先在两大教育领域之间建立意义的统一性,让科学世界的教育回归生活,为现代教育找回生活意义的基础,才有可能把制度上的教育变革发展成为实质性的精神变革。教育应该是一种探索,使人理解人生的意义和目的,找到正确的生活方式。知识应当为人服务,无论是生活世界的教育还是科学世界的教育,都应该把人作为真正的目的。即使是在那些专门知识和特殊技能的职业训练中,或者是在最抽象的知识教学中,教育也始终不能忘记它的根本使命:使人成为人。

第二节 "生活·语文"的教学特征

"生活·语文"的教学特征是将语文教育能力观从传统的听、说、读、写相结合的语用观升华到"以生活为中心"的积极主动语用观(听、说、读、写、视、思、评),将生命内部的思考视作隐形的核心语用行为,将生命外部的表达视作感官最重要的语用行为,二者表里互动、相辅相成,构成思维力、情感力和行动力。

教育目标的生活化

英国曾有一个关于课程开发项目的案例,比较完整或者说比较典型地呈现了未来课程开发相关的思路,它有四个环节,在不同的环节致力于培养学生不同的素养和能力。例如,在提问环节,非常重视学生的提问、推理的能力以及提出假设的能力,帮助学生去学会沟通;在种植环节,就希望让学生亲身体验种植的过程,培养学生的读写能力、算数能力以及科学素养;在制作食物的环节,锻炼学生的动手实践能力。这个项目有它背后的教学框架以及课程开发的主导思想,其核心理念就是培养学生基于探究的学习能力以及培养学生的生活技能和技巧。

与此同时,世界经济论坛也对未来的教育、学习进行了探讨,谈到了未来核心的四种能力,即全球公民能力、创新创造能力、技术相关能力以及人际交往能力。基于这四种能力,他们认为未来的学习方式应该是一种个性化的自主学习,无障碍的和包容性的学习、基于问题和协作的学习、终身学习和学生主导的学习,这就是世界经济论坛对教育未来场域的一种思考。谈到课程开发的未来场域,有两份报告值得我们去思考,一份是世界经济论坛发布的《未来学校:为第四次工业革命定义新的教育模式》,这个报告呈现了他们关于未来教育、教育4.0时代学校教育的一些实践典型案例。第二份报告是经合组织发布的《回到教育的未来:经合组织关于学校教育的四种图景》,其中提出了关于未来教育的新的展望,在这个展望中他们谈到了未来教育的四种场景,第一种场景是学校教育的拓展，现有的学校教育功能的拓展，这是一个非常重要的、非常确切的方面。第二种场景是教育外包，教育的很多功能不只是在校内实现，还需要依托社会的力量。第三种场景是学校功能和定位的变化，学校是学习中心。第四种场景是随处可学，就是泛在学习，时时可学，处处可学。

与教育未来的场域相匹配的学习理论是联结主义，数字时代的学习理论是对它的基本界定，它基于活动理论和社会学习理论，主张整体主义思考方式。今天我们处在一个数字时代，知识是分布在整个网络中的，并以不同的形式进行存储，由网络联结形成的，这是联结主义的核心观点。联结主义的学习观主要有三个要点：第一，学习是多渠道、多层面、多主体的；第二，强调建立学习社区，利用教育者及社区成员的专业知识，构建区域知识网络、合作体系；第三，强调学生的反思性和元认知能力，注重学生探究与体验反馈。

基于学习方式变革的课程建设，要求课程不能是一个封闭的系统，而必须成为一个开放的系统，要与学生现实生活建立起密切联系。也就是说，课程内容结构应更具开放性。一是课程内容结构要更好地适应学生学习特点的多元性，呈现出"课程+生活"的内容架构，即课程纲要所呈现的内容只是"源内容"，更多的学习内容是学生为达成课程目标而主动获取的外部资源（或由教师根据学生需求提供资源支架）。只有将整个社会生活变成学生成长的"大课堂"，让学生的学习场域全面拓展，才能真正实现课程学习的生活化。二是课程内容的课时安排应实现动态统整，打破原来班级授课组织形态下的学习时间分配方式，将课内课外时间结合起来，灵活设置长短课、大小课，为课程实施提供更为充足与灵活的时间，让学生成为学习时间的掌控者，从而更好地达成课程目标。

语文不仅是学会认知、理解和表达的工具，更是主体自身。确切地说，语文是意义的外部载体，更是意义自身生成的过程，语用是动态演绎着的生命的深刻象征。如果"语用"的定义是符号的认知和意义的理解，即对象的客观存在，那么"生活·语文"是语用的理想状态，是客观存在与主体表现甚至主体创造的有机交融。正因为语用是指向生成的、未来的，我们才特别肯定语文教育目的之语用观，但是，当人们只将"语用"当作语言文字的应用而不当作"生活·语文"的积极应用时，其内涵是相对有限的。语用，有输入和输出之分野，也有内部语用论与感官语用论的界限，只将"语用"当作语言文字的应用，意味着你没有把思维、情感从语用行动中分离出来并给予理性上足够的重视，语文教育实践应着力培养语言表达力及其内在支撑的情感思维力。这两种名义上的"力"实际是表里同为一体的,而创造力则是语用的最高品格。因此,它指向尚处生生不息的动态语文生成境界之中——真正意义上的未来进行时。正因为如此,我们倡导积极语用的"生活·语文"教学观,它适合于促进主体的能量生成、活力迸发和培养流光溢彩的文化审美,这就是积极语用语文观的时代特征。

康德清晰地区分了自然与人性,他肯定人的自然禀赋,但也认为人不应局限于或仅仅被动地持守自然的禀赋,人需要通过自己的努力逐步从自身中发展出来。在全球化背景下,语用之"用"表现为输入性语用和输出性语用、内语用("思考")和外语用(三个维度:"思维""情感""行动"),囊括了语言、思维、审美、文化四个方面的语文学科核心素养,通过生活化、结构化、概括性、可迁移的课程内容,可以转化为学生在真实的生活情境中主动、深入、完整和持久的语用行为,较之于传统的听、说、读、写"四字能力","生活·语文"教学观既汲取了语用学的精华,又契合了中国语文课堂的要求,特别是其中三个维度的"三力"的凝练与"四层面语用能力"的构建,超越了语用学所呈现的"用"的量度,对于建立在理论语言学基石上的语文教育观具有实质性的突破意义,真正体现了语文教学从生活中来,回到生活中去,又高于生活的追求目标。

二 学科内容的生活化

如今,课程标准引入了开发大观念、大主题或大任务等课程内容形态以及大观念、大任务或大主题驱动的问题式学习、项目式学习、主题学习、任务学习等综合教学形式。比如语文课程标准,坚持以文化人、强化基础的原则,以中华优秀传统文化为核心内容,以学生生活为基础,以语文实践为主线,设计了语言文字积累与梳理、实用性阅读与交流、文学阅读与创意表达、思辨性阅读与表达、整本书阅读、跨学科学习等学习任务群,每个任务群融合学习主题、学习活动、学习情境和学习资源等关键要素,按学段呈现学习内容,体现语文课程内容生活化、结构化、概括化、可迁移的特点。需要强调的是,其中并没有弱化学科知识,而是以核心素养为引领,把学科核心知识融入生活、学科或跨学科的主题、项目或任务等学习活动中,形成横向关联互动、纵向进阶衔接的课程内容结构体系。

项目式学习在国外流行已经有一段时间了,它强调面向生活世界,有明显的跨领域、跨学科属性。过去,我们将学科内容划分为章节目式的线性连接板块,学习指向知识掌握,或者划分为局部深入的碎片式应用,学习变成了单一技能训练。现在,我们通过知识、方式方法、情境、目标等的整合,让学生建立起完整的教育世界,并且打通教育与生活,学以致用,这是项目式学习的精髓。杜威提出教育即生活,学校科目相互联系的真正中心是儿童本身的社会生活。其学生克伯屈延续"做中学"的理念,提及学生设计时装、组织棒球赛、筹划故事朗读、编辑校报等例子,这些都可以说是一个"项目"。修订后的普通高中课程标准中,多个学科明确提出了项目式学习的理念。例如,语文学科中,学习任务群以任务为导向,以学习项目为载体。项目式学习需要围绕一个具体的问题创设情境,引导学生在解决问题的过程中习得知识。作为一套系统的教学方法,它是对复杂、真实问题的探究过程,教学的过程也是精心设计项目作品、规划和实施项目任务的过程。

在语文学科内部,是完全可以整合设计,进行项目式学习的。例如戏剧学习,需要了解戏剧的文学性和剧场性,理解和欣赏戏剧的艺术表达,为了达到这一目标可以设计"课本剧"排演这一项目,学生并不是只读文学剧本,也可以读剧评文章、谈戏剧创作社会历史背景等的社科文章,甚至也可以读知名演员的演出体会,还可以在读的基础上进一步通过改编课本剧、观看戏剧、集体排演等,多角度、全方位感受戏剧的艺术魅力,增强对人生与社会的理解。这样的学习紧扣"戏剧"文体特点,但已超越文体与知识,走向基于素养的问题解决,丰富了语文学习的体验,也丰富了学生的精神世界。

语文项目式学习常滥觞于"基于项目的学习"(Project-based Learning),其理论及其应用肇始于美国,强调以学生为中心,学生在完成项目、任务的过程中,在模拟或真实情境中,建构知识和经验。所以,我国中小学研究文献中"基于项目的学习"或"基于问题的学习"具有相似性。最近的多学科融合的STEAM教育,又给项目式学习注入了跨学科和应用性的特质。语文项目式学习,就在这样的语境中,出现在理论研究者的认知和一线教师的实践中。

进行语文项目式学习,首先,要认清它在语文课程中的地位。第一,要处理好继承与创新的关系。目前,我们还不能像美国一样把项目式学习作为学习的主要方式,在学时固定而任务加重的教材体系下,学习项目只能是语文学习的补充。当然,项目也是一个变化着的概念,有大项目,如《红楼梦》阅读;也有小项目,如单篇精读中的某个问题探究。第二,要进行整合和融入。要控制内容综合性较高、时间持续较长的项目,要控制项目的数量和频次。重要的是把项目式学习的理念和方式融入平时的语文学习中,如把学习任务改造成项目,把项目改造成小专题,把小专题凝练成关键问题探究,总之,重点是语文学习的项目化。

其次,要处理好综合性和学科性的关系。根据项目式学习的本义,综合性是应有之义。我们虽然不需要像STEAM那样,把科学、技术、工程、艺术、数学融通起来,但是在确立项目时,要尽量考虑到跨学科、多媒介、群文性、多文体、课内外的沟通。学科内的整合和融通也是新教材的特色,如针对教材中的诗歌和小说,"小说的诗意"就可以是一个待选的项目;"家乡文化生活""信息时代的语文生活"单元可以作为一个课内外、多媒体共融的项目;等等。但无论项目内容的跨度有多大,语文学习项目要姓"语",即围绕核心的语言知识、关键的语文能力、基本的审美方法、典型的文学现象、重要的文化话题等要素,扎扎实实地进行语义实践活动。

因此,参照国外先例,结合本土经验,根据语文课程的性质,"生活·语文"将结构化的课程内容转化为生活化的项目式学习,在真实或模拟的语境中,精心设计学习任务,整合相关课程资源,通过综合、开放、自主的语文实践活动,使学生习得语文关键能力,获得语文学习成果,丰富语文学习经验,形成语文学科核心素养和具有人文价值观念的学习模式。

三 学习方式的生活化

当下,中小学学习方式变革重在改变传统教学过于强调接受学习、机械训练的现状,倡导学生采用主动、探究和体验式的学习方式,更好地养成应对复杂情境、解决真实问题的关键能力和必备品格。鉴于此,新型学习方式的应用必然以学生素养发展为根本目标,将"学"作为课程教学的基本出发点,强化"教"在课程实施中的引发和支持学习的作用,从而确保课程建设不脱离"生本价值"。也就是说,基于学习方式变革的课程建设,在目标定位上必然要强调为不同层次、不同类型的学生提供个性化、多样化的教育服务,促进学生主动学习、释放潜能和全面发展。在这种路径下,课程目标定位不仅要重视学生(跨)学科知识的学习、技能目标的达成,还要关注学生信息搜集能力、分析能力和合作能力的提升,以及在此基础上相应必备品格的养成。

学生立场就是从学生的角度考虑语文课程的设置。学生立场是由教育方针和教育规律共同决定的，正如王宁教授所言，"我们的语文教学目标既然是培养学生内在的素养，就必须由学生自己来进行语文活动"①。《义务教育语文课程标准（2022年版）》中的课程总目标，从三个方面来保证学生立场。一是出发点的确立。该版课程标准虽然将课程总目标分为9条具体内容，但这9条均指向核心素养，而核心素养培养又指向一个归结点，就是学生的全面发展、未来发展。二是学习内容的选择。如"感受语言文字及作品的独特价值""逐步形成良好的语感""能结合自己的经验，理解、欣赏和初步评价语言文字作品"，这里面的"初步""结合自己的经验"，都注意到了学生生活特点和心理特点。三是表述角度的选择。表述角度就是指课程标准中陈述一个学习行为的主语是谁，即课程实施的主体是谁。在过去的教学大纲中，陈述主语以教师为多，例如：应立足于促进学生的发展，为他们的终身学习、生活和工作奠定基础；指导学生正确地理解和运用语文；等等。②其表述角度便是教师。如今，课程标准均注意从学生角度进行表述，2022年版课程标准也继承了这一做法，这对编写教材单元目标、设计教学方案，都有引领作用。

学生语文素养的培养是一个既简单又复杂的问题。说其简单，是因为语文素养是每个人内在的语言经验和语言品质，是通过人自身的语言活动逐渐建构起来的。因此，要发展学生的语文素养，其自身的语言实践活动是关键。一个人只有在积极的语言实践活动中才能不断地建构起自身的语言经验系统，形成良好的语言品质，具备社会和个人发展所需要的语文素养。说其复杂，是因为在学校教育条件下，学生语文素养形成和发展的过程必然涉及教师的教与学生的学的关系问题，必然涉及知识学习和能力发展、语言掌握与思维发展等一系列复杂问题。

一般来说，知识是人认识的结果，是主体通过与环境的相互作用而获得的信息及其组织，是认知对象的特征、关系等在人头脑中的反映。有的心理学家把知识称为"关于认识对象的经验"，正因为如此，知识是可以传授的。与知识不同，能力是人用以控制和调节活动的个体心理特征，是关乎活动的经验，我们也可以通俗地称它为"做事的本领"。能力作为一种控制、调节活动的个体经

---

① 普通高中语文课程标准修订组.普通高中语文课程标准（2017年版2020年修订）解读[M].北京：高等教育出版社，2020：前言Ⅱ.
② 中华人民共和国教育部.九年义务教育全日制小学语文教学大纲（试用修订版）[M].3版.北京：人民教育出版社，2000：1-5.

验,存在于个体的经验系统中,可以通过人的活动表现出来,但不能直接传递。那我们怎么培养能力呢?答案是:借助学生在活动中运用知识的过程,培养学生的能力,在语文教学中,就是强调学生主动运用语言的实践。

说到"经验建构",我们就不能不说说知识经验的传递过程。知识是人头脑中的观念,只有借助语言、符号等媒介传递给他人,而接受知识的人,又得把这些语言、符号重新建构成自己能够理解的观念,于是,在这个传递的过程中,知识从心理的存在变成物质的存在,再从物质的存在,变成另一个心理的存在,对接受知识的人来说,他获得知识的过程就是一个重新建构的过程。为了说明这个观点,我们举一个例子。鲁迅先生在《故乡》这篇小说中用到"猹"这个字,这是他给一种晚上出来偷吃西瓜的动物起的名字。那么,"猹"到底是什么动物呢?字典里只是解释说,它是一种野兽,像獾。《故乡》中有这样一段话:"我那时并不知道这所谓猹的是怎么一件东西——便是现在也没有知道——只是无端的觉得状如小狗而很凶猛。"鲁迅先生在给舒新城的信中又解释说:"'猹'字是我据乡下人所说的声音,生造出来的,读如'查'。但我自己也不知道究竟是怎样的动物,因为这乃是闰土所说,别人不知其详。现在想起来,也许是獾罢。"从这个例子中,我们看到,鲁迅笔下的"我"是一个只能看到"院子里高墙上的四角的天空"的少爷,"素不知道天下有这许多新鲜事:……西瓜有这样危险的经历,我先前单知道他在水果店里出卖罢了"。于是,当他听到闰土讲刺猹的故事时,只能凭借自己既有的经验,将这个动物理解(通过再造想象建构)成"状如小狗而很凶猛"的动物。"猹"是鲁迅先生和我们分别建构出来的,闰土虽然生动地传递了自己直接获得的经验,但经过不断地传授和建构,这个知识已经变形变质了。正因为如此,教师在传授知识——即使是陈述性的知识时,也不能仅仅依靠讲述、讲解这样单一的手段,而是需要借助必要的直观和学生的直接体验。当然,更复杂的知识,靠直观和学生的体验也是不够的,有的知识我们没有条件一一去体验,那我们就需要给学生提供更多样、更复杂的信息资源,引导学生去探究、梳理、整合,以发现知识的多个侧面、多种特征、多方面的联系,来帮助学生更合理地构建知识体系。

兴趣是一种源自儿童并促进儿童与环境互动的力量,是沟通儿童与环境,儿童与课程、个体与社会、当下与未来的纽带。正如杜威所说,兴趣意味着统一的活动。由于遥远的未来与眼下的生活的割裂,学生的经验难以参与到当下的教育中来,致使教育丧失了激发和指导的力量,学生觉知性、原创力以及探索精神的发展受到压制。杜威认为,教育目的不像传统教育假定的那样,仅属于与"当下"无关的遥远未来,仅属于与儿童无关的成人社会,而是与儿童当下生活密不可分的。"如今且看现代对于知识的新态度,认定知识是指使人生行为的工具,是现做起来的,不是现成的"[1],因此,当教育关注儿童的当下,基于儿童经验,从儿童各种当下经验中选择那种在其后来经验中富有成效且具有创造力的经验时,教育便是生活的过程,而不再仅是将来生活的预备。

语文课以阅读为基本活动,而阅读以课本阅读为核心,从都市到乡村,语文课程体系被缩小在课本阅读的内圈里,有时人们甚至忘记了语文课程体系内还有口语交际教学、写作教学、项目式学习、实践探究活动。课堂上没有激情四溢的美读,没有陷入沉思的默然,失去学生的热烈讨论,失去主体自我的表达和表现,这就导致生动活泼的语用输出性行为淹没在沉默的听讲中,被抽干了生命的激情和智慧的活力。

"生活·语文"强调建构基于生活情境探究和问题设计的任务活动,通过综合、开放、自主的语文实践活动,让学生习得语文关键能力,获得语文学习成果,积累语文学习经验,形成语文学科核心素养和人文价值观念,是一种有活力的、开放的教学体系,由"思维力"贯穿其中,形成"情感力",以"行动力"为真正目标,沿着从"行动为本"到"行动力至上"的方向延展,各部分良性循环、互相统一。

---

[1] 吕达,刘立德,邹海燕.杜威教育文集:第4卷[M].北京:人民教育出版社,2008:404.

第三节 "生活·语文"的教学类型

"生活·语文"教学基于新时代学生生活样态、学生语文学习的现状,聚焦于学生学习方式的转变和语文学科核心素养的提升,围绕具有关联性、系统性的结构化的设计理念,博采众家之长,在吸收、改造的基础上进行创新,结合当代语文学习的实际情况、培养目标和特色发展需要,设计了实践生活的知行一体教学类型、智性生活的综合一体教学类型、审美生活的生长一体教学类型。这三种语文教学类型具有鲜明的特点:一是体现生活教育的本质。教育源于生活,教育服务于生活,紧跟时代的步伐,把现代生活的内容融入其中,帮助学生适应现代生活并创造美好生活。二是体现生活实践理念。生活教育主张理论与实践相结合、学校与社会相结合、手脑并用、教学做合一、在做中学、在做中教,使学生在语文生活实践中去发现美、感受美和创造美。

一 实践生活的知行一体教学类型

《普通高中语文课程标准(2017年版2020年修订)》界定的语文学科核心素养是:学生在积极的语言实践活动中积累与构建起来,并在真实的语言运用情境中表现出来的语言能力及其品质;是学生在语文学习中获得的语言知识与语言能力,思维方法与思维品质,情感、态度与价值观的综合体现。《义务教育语文课程标准(2022年版)》界定的语文学科核心素养是:学生在积极的语文实践活动中积累、建构并在真实的语言运用情境中表现出来的,是文化自信和语言运用、思维能力、审美创造的综合体现。对比这两个界定,共通之处在于积极的语言实践活动、真实的语言运用情境,以及语用、思维、审美、文化等核心素养不可分割的四个方面。

实践生活的知行一体教学类型,是对国家课程进行生活化"二度开发"的实践活动类教学类型,引导学生参与社会生活,开发系列结构化经验课程,比如:语言梳理与探究专题研讨、跨媒界阅读与交流、当代文化参与与表达、实用性阅读与交流等,系列课程安排在必修和选择性必修阶段,以语言梳理与探究为主,贯穿其他的经验课程学习任务,既可以为语言梳理与探究提出问题、提供资料,准备必要的条件;也可以与系列课程任务群共同开展撰写语言札记和解释汉语言相关现象、跨媒介交流、文化创意与表达等多元课程活动。比如实用性阅读与交流旨在引导学生学习当代社会生活中实用性文本的独立阅读与理解,提高日常社会生活中表达与交流的水平,因此教学以社会情境中的学生探究性学习活动为主,安排社会交往类的调查与研究、新闻传媒类的文字分析报告和多媒体展示交流等活动。

值得注意的是,在实践生活的知行一体教学类型中,学生参与综合类活动课程中的学习并不是为实践而学习,而是在实践中学习,因此,活动实践在其中主要是过程和手段,而不作为目的。由此,实践生活的知行一体教学类型中的活动学习,一方面既应像通常意义上的学科学习那样,首先是一种知识学习,但另一方面,却又不能与它们完全一样,即只把学习视作对基础知识和基本技能的掌握,而应以知识学习为基础,以真实情境和高阶思维参与为特征,在学科问题解决的多维学习实践中实现对学科核心知识与关键能力的掌握。

课程标准修订后更加注重"素养",强调学生综合运用知识解决实际问题的能力。从这些表述中我们可以发现,课程标准不是静态的规定,教师在教学中要考虑知识学习与过程的关联,把学习知识的过程变成学生主动运用技能的动态活动过程。围绕学科核心素养,针对学科重要知识创设情境,引发学生的主动学习,这样才能防止学生最终获得的知识不成系统、无法迁移。简单的线性知识连接或碎片化应用并不能生成能力,也很难让学生具备真正的素养。

二 智性生活的综合一体教学类型

智性生活的综合一体教学类型在具体实践中与"大单元教学"一样,结果导向的大单元教学要紧随教学目标,考虑教学评价的设计,即将教学评价置于教学目标和教学活动之间,这样既能体现学习结果与教学目标的黏合度,又能让学生在开展学习活动之前知道"要到哪里去",从而提高教学效率。比如思辨性阅读与表达旨在引导学生发展实证、推理、批判与发现的能力,增强思维的逻辑性和深刻性。因此,我们可以在教学中开展国内外时事评论专题活动,选择生活和学习中、历史或当今社会中学生共同关心的话题,通过时事简报、新闻述评、辩论赛等语文学习活动,适时、适度地引导学生学习必要的逻辑知识,帮助学生解决在概念、判断、推理等方面遇到的问题,发展学生的辩证思维和批判性思维。

在学习过程中,教学评价始终置于教学目标和教学活动之中。比如在开展整本书阅读与研讨和科学与文化论著研习时,在这一过程中贯穿利用书中目录、序跋、注释等,学习检索作者信息、作品背景、相关评价等资料以深入研读的阅读方法评价;在这一过程后重视学生能用自己的语言撰写全书梗概或提要、读书笔记与作品评价,通过口头、书面形式或其他媒介与他人分享的评价。智性生活的综合一体教学类型评价设计的原则:一是评价方式多元化,即过程评价和结果评价、表现性评价和形成性评价相结合;二是评价主体多样性,即自我评价与他人评价相结合,师生互评与生生互评相结合。这样的评价方式能充分体现学生的主体地位,也能促使学生在教学活动中形成紧密相关的学习共同体。

智性生活的综合一体教学类型作为一种实践具有感性活动的特点,这与列昂捷夫所说的主体内部活动不同,它不是学生在头脑中完成的观念性操作"动作",它应是一种"有形"的"外部活动",在哲学中可将其归为精神生产活动,它与纯意识过程不同,与精神成果不同,是以生产精神文化产品为目的的探索性活动。在语文教学的具体实施过程中,以阅读教学为例,可以通过以下四个方面进行认定与实施:一是从学习内容来看,智性生活的综合一体语文教学不仅要读出文字符号的表层意义,还要读出文字隐藏的深层意蕴;二是从学习过程来看,智性生活的综合一体语文教学是从"文本表面"逐渐深入"文本底层"的建构意义的过程;三是从学习方式来看,智性生活的综合一体语文教学的关键在于深刻的体验与思考;四是从学习结果来看,智性生活的综合一体语文教学的最终追求是生成与创新。

三 审美生活的生长一体教学类型

古典时代,在生产力不发达、物质贫乏的条件下,人们可以凭借那一时代的人文教育的涵养实现生活的完满。近现代科学技术和工业的蓬勃发展打开了人们的物欲之门,人们想通过物质的满足来赢得生活的幸福。但现实表明,物质的满足本身未必给人带来幸福。现代人一方面面临着丰富的物质世界,另一方面却面临着精神的萎缩。要让现代人放弃科学技术退回到古典时代是不可能的,唯一的出路便是以同样富有的个体精神建构去支配丰富的物质世界,让人能真正驾驭物质世界而非沦为物质的工具和奴隶。现代人必须全面反省、重新认识自己的生活,寻找新生活的出路。

对于现代教育生活而言,个体生命深陷"异化"的生存处境和关系状态之中,学生与教师之间,学生与教育材料之间,学生、教师与教育制度环境、教育文化环境之间,以及学生与学生之间、教师与教师之间等各种教育生活中的关系,都在一定程度上出现了不稳定、陌生化、紧张、对抗乃至冷漠的关系状态和趋向。罗萨认为,如果加速是问题所在,那么共鸣可能是解决方案,"共鸣"意味着对教育主体之间以及教育主体与学习环境之间异化关系状态的克服,它指的是一种人与世界之间相互积极回应、自由互动的经验模式。由此,罗萨提出了一种"共鸣教育",他认为"共鸣教育"涉及三个要素:教师、学生与教育材料,三者之间构成的"共鸣"关系被其称为"共鸣三角形",它抵抗的正是加速所造成的"异化三角形"。

以审美生活的生长一体教学类型中的小说阅读为例,小说一般有两种用途,首先,它是阅读的引玉之砖,其次,它可以建立共情,可以让读者看到一个不同的世界。审美生活的生长一体教学类型中的文学阅读,就是要把教育过程还原于人的生活过程,让教育中的人与生活中的人始终统一,让人面对真实的个人生活,人在文学阅读中不仅仅是在阅读故事、学习语言和运用的技巧,而是在充盈、完善他当下的生活。人通过文学教育获得的不仅仅是知识的丰富与行为的改善,还有生活的智慧与精神、全面的生活的力量。文学阅读让人学会的并不只是表层的生活行为模式与准则,还有完整的人的生活,由此,人是在真正地走向全面发展。

教育既要尊重现代科技与生活息息相关的事实,又要关注人的精神需要,应力求面向生活的完整性,建构人的完整的生活经验。教育应始终让其目的内含于过程之中,决不试图凌驾于过程之上,去控制整个过程,使过程陷于僵化,而是从生动的过程中来,又回到生动的过程中去,它本身就是生动的、活泼的、具体的,而非抽象的、呆板的、单调的。教育目的既处于过程的中心,又时刻指向全过程、渗透全过程,从而真正得以实现。正如怀特海所言,"教育只有一种教材,那就是生活的一切方面"①。教育始终注重人的理解,理解知识,理解教育,领会教育过程的意义,教育的意义渗透心灵,内化为生活智慧与精神,成为个体内在的不可代替的力量。从知识到智慧的媒介是理解,理解是一种使我们进入人类世界的理智过程,是对意义的领会,是对心灵的渗透。智慧也是这样一种力量,一种创造生活、驾驭生活的力量,而纯粹的知识积累本身只是记忆的堆积。

---

① 华东师范大学教育系,杭州大学教育系.现代西方资产阶级教育思想流派论著选[M]. 北京:人民教育出版社,1980:116.

第三章

"生活·语文"的教学范式

数字时代,积极的语言实践活动往往在通信技术和社交媒体平台的支撑下进行。无论是获取语言知识、培养语言能力的语文学习,还是吸收信息、传递观点的社会交往,都离不开信息技术和数字化产品。在信息传播变得更加便捷和广泛的今天,我们可以利用这些平台,促进积极、有益的信息的传播和共享,传递正面的价值观和有启发性的内容,激发人们的积极情绪和行动。语文教学的真实语言情境需要考虑前述的挑战与问题,因此,准确理解和运用真实语言情境对于有效的沟通和交流来说至关重要,这也是新时代"生活·语文"教学活动的最显著特征。

第一节 "生活·语文"的教学背景

计算机、网络、移动终端等硬件,社交媒体、各类APP等软件,早已渗透到人们的日常生活中,最基础的是工具层面,因此,我们应引导学生了解常见媒介与语言数字化工具的特点,学会使用数字产品来辅助语言交际,如,媒介信息存储、呈现与传递的特点,利用不同媒介获取信息、处理信息、应用信息;不同类型的媒介对表现主题、传递信息、促进交往所产生的影响;运用多种媒介进行有效的表达、交流与对话等。这里还需要充分考虑媒介的属性,借助媒介进行交流,媒介本身的特性就会渗透到交流活动之中。

一 新时代语文生活的特征

现代社会不断加速发展,这一方面带来了巨大的经济发展和社会进步,另一方面也正在造成诸多社会困境和生活危机。正如罗萨对加速社会结构的批判,对变动本身的喜欢,看来构成了现代性的基本原则。可是这个基本原则从一开始就让人感到它的矛盾:它一方面是通往真正生活的道路和保证进步的途径,而另一方面又是无限的深渊和吞噬一切的漩涡。教育是一项引导和辅助生命成长的事业,本质上有别于追求物质进步的事业,旨在追求物质进步的逻辑试图主宰生命成长实践的过程时,就必然与生命成长本身的内在逻辑产生冲突,由此造成诸多困境。

一方面,社会进步体现在语文学习生活中,是学生面对数字化时代,在海量信息中,能对信息的有效性、真实性进行辨别;知道信息来源的多样性、真实性,能多角度地分析问题;对媒介中的"角色定型"能有辩证的认识;能区分事实与虚构,能对媒介叙事与现实之间的联系或差异做出判断。有时,学生甚至需要对不同媒介的运行机制有一定的了解,如社会因素对媒介的控制、媒介的组织运作与影响、对媒体立场与价值观的辨识等。真实的语用意味着使用语言时要考虑到社交、文化、技术等因素,以及与特定环境和场景相关的语境。随着各种社交媒体和在线交流平台的普及,人们往往通过文字和语音来进行远程交流,而无法依靠非语言语境来解读对方的意思。因此,要进行有效的沟通和交流,准确理解和运用真实语言情境至关重要。

根据上述阐释,语文学科核心素养的四个方面在课程标准的内涵界定之外,也需要增添更富有数字化特征的要素。比如,语言建构与运用受社交媒体的影响,需要更加注重信息可信度、个性化、跨文化的属性;同时,适应不同的沟通平台和场景,准确理解和运用语言情境也是数字时代语言建构与运用的重要方面。思维发展与提升需要注重批判性思维、创新和问题解决能力、数据分析和信息处理能力、跨学科思维以及自主学习和自我驱动能力的培养,将这些新内涵引入语文教育,能够帮助学生更好地应对充满挑战和机遇的未来社会。审美鉴赏与创造呈现出多媒体和互动性融合、跨界融合和创新、参与性和互动性增强的特性,这使得审美鉴赏与创造更具多样性、开放性和互动性,为人们提供了更丰富的体验和创意表达的机会。文化传承与理解具有数字化文化资源的保存与传播、跨文化交流和理解的促进、多元文化的呈现与共存、虚拟现实和增强现实的应用以及网络文化的形成与影响等新内涵,为人们提供了更加多元的文化体验与理解途径。这些新的内涵变化与课程标准中原有的相关界定,共同丰富了语文课程教学数字化的目标和内容。

另一方面,社会进步也给语文学习生活带来了"人的异化"。人类社会中的时间最开始是作为一种工具时间被发现和利用的,也就是说,传统时代的工具时间与人的生命及其活动过程是相统一的,时间是克制的,没有逾越其自然的界限,没有打破自然的节律,因而其与人之间的关系是宽松的、自由的。然而进入现代,时间越来越成为一种外在的、独立的力量。随着现代生活节奏持续加快,我们开始越来越感觉到与地球上生命节律的脱节,我们很难再能感到自己与自然环境的联系。相反,人类创造了一个由机械发明和电脉冲定时的人工时间环境:一个量化的、快速的、有效率的、可以预见的时间平面。对于现代教育而言,作为一种独立和异在力量的技术时间,一方面既严密规范着教育的实践过程,另一方面也严格控制着教育场域中所有人的生命活动。在加速时代时间逻辑的宰制下,教育时间逐渐疏离生命本身的时间节律,变成一种异化的力量,使得生命与生命之间、生命成长与知识学习之间、生命成长与道德发展之间等日益失去和谐,难以让生命成长过程回归自由和本真的时间秩序。

从第一次工业革命到第四次工业革命,人类的物质财富持续增长,人们建立了人类历史上最为先进和最大规模的公共教育服务体系,不同民族、不同身份、不同性别之间的教育平等水平实现了前所未有的大幅提升,包容性、大容量和批量化成为工业社会教育体系的培养特点和突出优势。进入后现代社会,工业社会教育体系的问题日益显现:标准化设计与批量化"生产"方式下,人的天性和个性被扭曲的现象,在教育体系中反复上演;与传统农业时代的教育形态不同,现代教育正在与日新月异的就业领域不断脱节;现有的教育体系的制度设计难以弥合国家间、地方间与人群之间的教育差距;传统的工业社会教育体系和教育制度、整齐划一的培养观念和培养方式,使教育在创新人才培养方面步履维艰。

因此,我希望语文教学可以给孩子这样一个世界:

他们可以阅读,也有人为他们阅读;

他们可以想象,也可以理解。

二 学生生活样态分类特征

长期以来,人们认为社会进步和现代技术能够价值无涉地反映客观世界的真实面目,但正如马尔库塞所指出的那样,科学技术并非价值中立。20世纪以来,社会生活的主要特征是知识量剧增、信息来源多样化、认知方式也随之改变,这在一定程度上加剧了语文学习的碎片化、浅表化以及去中心化。新时代学生的生活样态大致有如下三大特征:疏离化生活引起真实世界的遮蔽;碎片化生活引发整体经验的缺失;智能化生活导致主体交往的消弭。

一是,疏离化生活引起真实世界的遮蔽。现代教育与现代科学技术和现代工业生产密切相关,并受其推动与制约,以至于远离古典人文教育的传统,远离人自身,也远离人的真实生活。但现代教育一开始就服膺于外在的目的,科学知识的迅速增长,打开了人类的眼界,也打开了人类试图征服世界的欲望之门。有人认为,人们获取知识是为了获取支配自然的力量,而非净化人的心灵。20世纪,人们对科学、技术的崇拜,使教育成为发展科学技术和大工业生产的手段,并将适应科学技术和社会政治经济发展作为其首要的目的——现代教育在此方面获得的成功是无可比拟的,却忽视了对人的精神的培养和对整体人格的养成。从科学技术的发展上来看,信息茧房会桎梏学生的认识范围,也在一定程度上导向有限认识。"信息茧房"这个概念源自美国学者凯斯·R.桑斯坦,他指出，公众的信息需求并不是全方位的，往往跟着兴趣走，久而久之，会将自身桎梏于蚕茧一般的"茧房"中，形成信息茧房。自控制导向使得智能技术根据学生关注的热点来推送信息，但若兴趣成为推送的唯一意向，学生只关注自己感兴趣或者喜欢的内容，而不去了解其他"异质化"信息，那么学生认识客观世界的维度将是单一而固定的，缺乏多元包容的视角。这不仅会限制学生的认识范围，导致学生产生认知偏见，甚至会加剧"信息壁垒"的形成，影响学生身心健康发展。

二是，碎片化生活引发整体经验的缺失。"人的整体远在任何能设想的客观化的事物之外。……人的存在可谓是'敞开'的。人总是超过了他对自己所知或所能知的一切。"[1]人不等于德、智、体、美等因素的相加，人的内涵远比德、智、体、美等要丰富。"生活世界中的所有一切都从生命出发来结成一种关系网"[2]，人在世界中生活，人的生活的展开意味着人与世界关系的展开。教育把人引向人的真实生活，引向人与世界的关联，使个体得以不断拓宽并践行人与世界的关系，使外在于人的世界通过关联而内化为个人的生活世界。人在教育中获得的并不仅仅是对世界的认识，还有人与世界的有意义的关联。人通过教育而使得世界成为人的生活世界，使人成为世界的人。数字时代，人工智能虽然能在一定程度上激发学生的兴趣，但也可能让学生产生思考"惰性"——只追求浅层思考。自控制导向使得人类在使用智能技术时，只需要较少的行动或者语言指令就可以达到自己的目的。因此，相对于付出一定努力才能有所收获的学习活动，通过智能技术提取信息、获取答案的方式更受学生青睐。但是，这种便利的信息获取可能让学生只停留于碎片生活的浅层思考中，而不愿进行深度的学习。

三是，智能化生活导致主体交往的消弭。人总是在生活中展示其为人，做人的过程就是人生活的过程。人不可能到他的生活之外去实践"人之为人"。离开了生活，人作为人将无立足之地，只能被异化、扭曲或者降格。现实的人，总是具体的、整体性的、活生生的，生活中的人不可能被简单规定，更不可被标准化、机械化。现代教育受科学技术和大工业生产的冲击，自身也被工业化和技术化。数字时代，学生过度迷恋"智能魅力"时，必然会减少对现实中人际互

---

[1] 卡尔·雅斯贝斯.雅斯贝斯哲学自传[M].王立权,译.上海:上海译文出版社,1989:19.
[2] 刘小枫.诗化哲学:德国浪漫美学传统[M].济南:山东文艺出版社,1986:160.

动的需求,人机互动可能成为学生唯一的认识方式。智能机器能够通过信息反馈和智能识别系统满足学生的部分个性化需求,这可能会引起学生对技术的盲目崇拜和过分依赖,甚至使学生忽略现实世界中人与人的互动交流。实际上,人工智能目前并没有真实的情绪体验,即使能为学生提供个性化服务,也无法实现与学生更深层次的社会情感互动。若人机互动成为学生唯一的认识方式,那么学生的主体性发展一定是畸形而片面的。

更为重要的是,过度的技术依赖将导致学生创造性被弱化的风险。人的"技术型"非社会化孤岛模式导向会加深,接踵而来的人文关怀、社会责任等人类在社会行为的参与中建立起来的社会属性会被消解。人是社会的动物,如果人失去了人文精神的滋养、缺乏对社会生活的人文关怀,创新就会失去"原动力"。人与世界的关系的完满构成了个人生活的充盈与完满。教育把人引向人的完满的生活、完满的人生。人在生活中再现为人,人的生活涵括人的一切。某些现代教育所极力倡导的全面发展实际上是只强调行为规范、智力、体格的片面发展,以片面目的取代了教育的全面目的,全面、和谐的发展并没有贯穿于实际的教育教学之中。

三 "生活·语文"的教学策略

语文教学改革以来,观念和方法不断出新,近来学者提倡大单元/大概念阅读,旨在超越个案具体分析,以多文本的概括/综合为要务。有学者指出:大概念的"大"并非指外延之广,而是指内涵价值上的统整性和解释力。"整体思维"与"分析思维""必须在'大概念——内容主题'悖论统一的框架内整体把握";"'大概念'的界定是:使离散的事实和技能关联起来并产生意义的概括性知识、基本原理和思维方法,其表现形式是表达概念性关系的句子,其应用价值是能迁移到新的情境中解决实际问题"。[①]

"生活·语文"的教学策略就是将"单元"视为学习建构的一个单位,并在此基础上形成多种关于单元的设计模式。这些模式大多包括主题、探究、表达三个要素,观照学生的生活经验和反思体验,强调真实情境的介入以及具体问题的统领。具体策略如下:

---

① 李卫东.大概念:重构语文教学内容的支点[J].课程·教材·教法,2022(7):97.

第一,确定大单元教学的统摄中心。基于不同的素养目标、课程内容与设计思路,大单元教学应确定恰当的统摄中心,这些统摄中心包括大观念、大任务、大项目和大问题等。一般来看,大观念具有高度的概括性,集中反映了学科的逻辑及特性,利于实现对学科知识的深度理解;大任务基于真实情境,往往以由中心任务统摄子任务的形式展开;大项目强调以项目式学习的方式开展,以学生的探究学习为驱动,形成围绕项目的学习进阶通道;大问题以真实情境中的复杂问题为基点,引导学生沿着提出问题、分析问题和解决问题的路径开展研究性学习。

第二,明确大单元教学的要素。教师确定一个大单元时,应整体考虑课程标准及对应的学科核心素养中的相关要求,基于学生立场将大单元建构转化为一个完整的学习故事。涉及的相关要素包括名称与课时、目标、评价任务、学习过程、作业与检测、学后反思六个要素。

第三,大单元教学必须介入真实的情境。指向核心素养的深度学习应当是基于真实情境的学习。"生活·语文"的教学策略是以组织、方法形态的变化来带动整个课堂的出新。要为学生提供自我表达乃至自我展示的机会,鼓励学生充分释放表达的潜在能量。英国课程理论家斯滕豪斯提出了人文学科教学的五条程序原则:第一,师生在课堂上一起讨论有争议的问题;第二,在有争议的领域进行探究时,教学的主要方法是讨论而不是讲授;第三,教师要遵守中立的准则,不把自己的观点强加于人;第四,应该保护学生不同的观点而不是试图简单地达成一致意见;第五,作为主持人的教师,要对学习质量和标准承担责任。使教学精要之义顺应语文课堂中个体生命的天赋表达,并体现在教与学的每一个环节或片段中,是极其必要的。洞开思维之闸门、触发情感之互动、突破行动之束缚,这就是切合"生活·语文"教学策略的应然之道。并且,为了避免影响学生主体自主独立的思考和表达,教师要留下足够的思维空间和时间,这也是"生活·语文"教学策略所鲜明要求的。

语用行为一旦发展到带着自觉动机、强烈激情与高超能力的阶段,就可转化为积极语用行为。所谓积极语用行为,是指表达主体基于独立人格和自由思维,以个性言说、独立评论和审美表达等为形式特征,富于创造活力的、主动完整的表现性语用行为。从消极语用到积极语用,这是生命主体对自身本质渐趋体认和自觉的过程,也是生命能量趋向高涨的过程。语用的积极性表现为在特定应用中,个体主动、持续和活跃表达的状态。这种和谐深刻、感染人心的语用行为所达到的积极的输出效应和独具的显现品质就是表达行动力,与其内在思维力相得益彰,我们可以用表达式"'生活·语文'=思维力×情感力×行动力"表示输出性语用行为的效果。在积极语用行为中,思维力、情感力、行动力三大因素共同发力,彼此相长。

第二节 "生活·语文"的系统要素

经过多年的实践检验,"生活·语文"的理论构建与实践构建两部分充分体现出的特质有以下两个方面。一是以生活为中心的课程定义,是在泰勒的课程定义的基础上增加两个重要的内涵而成:课程"根源点"和"全课程"体系。二是在课程理论构建中,创新性地发现并构建了"全课程"体系,可以使语文学科核心素养优质落地,真正实现"五育"并举、全面发展,并能科学指导和评价课程实践。

一 生活:学习情境

"教育涉及的活动是为了提高个人的学习、叙述、选择、创造、通讯、质疑和回答质疑的能力,以便他们可以在今天和明天的社会中过有目的的生活,并在这一过程中获得满足"[1],教育要培养人的各种能力、品质,但能力、品质并非教育的终极目的。教育的根本目的乃是人的有目的生活,满足的生活,好生活。源于古罗马理想化教育思想的古典人文学科,是指古罗马自由民(公民)成熟为"人"所必修的科目,即"七种自由的艺术"("七艺"):文法、修辞、辩证法、算术、几何、天文、音乐。中国先秦"六艺":礼、乐、射、御、书、数,也以臻于人性理想化为目标。古典人文学科,以当时几种基本知识技能的锻炼,使个体成为那一时代身心发育可能完善的人。

近代科学的发展刺激了近代工业的诞生,工业的发展又进一步推动了科学的发展。工业化需要个人掌握足够的科学知识和技能,这推动了教育的普及和现代教育的蓬勃兴起。到19世纪,科学技术广泛运用,深入人类生活的诸多方面。许多人相信,人类生存和发展的一切活动都必须依靠科学知识,科学知识能够解决人类的一切问题,甚至可以控制自己的生命。面对此情此景,斯宾塞

---

[1] 查尔斯·赫梅尔.今日的教育为了明日的世界:为国际教育家写的报告[M].王静,赵穗生,译.北京:中国对外翻译出版公司,1983:9.

提出,什么知识最有价值?自然是实用知识、科学知识,而不是古典的净化人的灵魂的知识。"这些才艺、艺术、纯文学以及一切组成我们所谓文化之花的东西都应该全部放在为文化打基础的教育和训练之下。他们在生活中既是占闲暇的部分,在教育中也应该是占闲暇的部分。"①这样一来,科学教育和技术教育占据了主导地位,人文教育退居教育的边缘。

生活需要科学,但由于科学教育强调的是科学知识和技能的掌握,而非科学精神的培育。科学教育培养人以生活技能,但无法触及生活意义与价值。这使教育无法深入生活的底蕴,从根本上改善生活的内在状态,教育与生活达成的只是表层接触。科学教育强调的是人认识世界、改造世界的经验,而不能给人以完整的生活经验,引导人践行充实的人生。即使一切可能的科学问题都得到了解答,人生的问题也可能仍然毫未被触及。退居边缘的人文教育,本来就地位不高,加上其自身也只注重知识技能的掌握而忽视人的精神的化育。这使得本应亲近生活的人文教育更加软弱无力。以科学教育为主导的现代教育不可避免地疏离了人的生活,尽管其本意是通过生活技能的掌握而更好地作用于生活,但那只是未来生活的准备,而非当下生活的充盈;只是为了获得进入生活的"入场券",而非完善生活本身。

语文实践活动是发展语文学科核心素养的主要路径,情境化的语文实践活动,即情境化的典型任务,是考查学生在实践中表现出的、综合性的素养水平的最佳路径。我们知道,在真实的语言运用情境中,学生运用语言文字完成特定的学习任务时,总是试图调动既有的语言经验来解决具体问题。在解决问题的过程中,所需要的知识、技能是与思维过程、认知策略、情感变化等融合在一起的,而不是孤立存在或者相互割裂的。因此,测评学生的语文学科核心素养,就要从素养的整体性特征出发,通过设置真实的任务情境,让学生在真实的任务情境下解决问题来展现其素养水平。比如:1.找一找你的夹克衫或鞋子上类似小刺的黏性搭扣,推测一下它的发明灵感来自哪里,简要说明,并说说这对你的启示。2.学校建成了一个小小的植物博物馆,展示了一些原产于中国的植物种子,以及部分产自其他国家的植物种子,显示了植物对人们日常生活的影响和作用,请你为植物博物馆写一则广告语。

---

① 斯宾塞.斯宾塞教育论著选[M].胡毅,王承绪,译.2版.北京:人民教育出版社,2005:34.

从以上两则以素养立意的测评任务设计分析可知,开发以情境为载体的典型任务,需要在测评目标、测试内容选择和情境设计之间建立内在关联,构成情境化典型任务模型。

一般我们说的知识是系统化的,学科知识的结构、体系是数百年来人们认知的结果,是专家型的知识,我们把知识体系分解后当成学习起点呈现给学生,抽离了知识结构形成的过程,灌输与训练在教学中短时间内看似最有效,其实不然。高中课程改革更强调学科的育人价值,学科知识并不是学习的终点,也并不等于学生学习的路线图,教师应该将学科知识结构转化为学生的认知结构,这就需要教师在教学中对知识进行"解码",重建知识产生的情境,通过学习活动让学生自己建立对知识的结构化认知。此时的情境创设已不同于以往的情境导入,而是站在课程的视角理解"情境",从教学环节走向整体的、综合化的学习任务设计。若教师仅仅聚焦某个知识点,将"情境"理解为用讲故事的方式拉近与学生的距离,这样做看起来活跃了课堂,但学生其实只是获得了零散的知识点,不一定能够在知识之间建立有机联系。

对于复杂概念的深层理解,尤其是到了高中,学科知识难度陡增的时候,有效的学习需要更加系统的设计。这时,我们要考虑情境的作用:将学科知识结构转化为学生认知结构。整体化的情境创设要求教师具备全局眼光,依据课程标准,围绕学科核心素养,创设基于开放问题、复杂需求的情境,并以单元的形式统整学科内容,考虑前后课时之间的关联、不同课时在单元中的作用,着眼于知识的育人价值,着眼于通过知识学习在学生身上能够留下来的东西,这种留下来的东西才是真正的素养。用以往的经验分析一件事物是人们经常做的事情,因为经验是人类思维的基础与起点,杜威所认为的经验是一种比较纯粹的经验,也就是说,他认为经验是排除了科学验证与推论之后所获得的各种事实之间的简单重复的联结,是在所有情境中形成的某些固定结合的事实。科学思维可以被称为"实验思维",不仅是分析与综合相结合的过程,还是区分和鉴别相结合的流程。这种思维方法可以降低错误率,应对新情境,对未来的发展起到很好的引导效果。

詹姆斯·保罗·吉认为,当前教育研究的三个重要领域,其一是"情境认知"。该观点认为,人类的学习并不仅仅是发生在头脑中的活动,而是被彻底嵌入在(或置于)一个物质的、社会的、文化的世界中。其二是所谓的新素养研究,该研究认为,阅读与写作不仅是人们头脑中的智力成就,还是社会文化实践,具有经济、历史及政治的含义。其三是所谓的联结主义研究,强调人类以何种方式成为强大的模式识别器。此类研究认为,当人们试图通过逻辑及普遍抽象原则进行思考时,无法达到最佳效果。与之不同,人们通过选取现实生活中的真实经验,构建了自己的模式,以此为基础进行思考,才能达到最佳效果。[①]以上三个领域抓住了人类思想及人类学习的核心真理,在学生的学习体验中,得到了充分体现。

二 课程:深度理解

课程目标是课程的核心要素,语文课程标准中的课程目标不仅会引领未来一段时期的语文教材编写、课程实施以及课程评价走向,而且会对一代青少年的语言活动产生较大影响。语文课程目标的制定需要回答三个中心问题:义务教育阶段的语文学科应该培养什么人?为谁培养人?怎样培养人?需要考虑三个参照:一段时期内的社会生活背景特点、学生的基本情况以及语文学科的发展逻辑。这是语文课程目标制定的基本出发点。《义务教育语文课程标准(2022年版)》指出:"核心素养是学生通过课程学习逐步形成的正确价值观、必备品格和关键能力,是课程育人价值的集中体现。义务教育语文课程培养的核心素养,是学生在积极的语文实践活动中积累、建构并在真实的语言运用情境中表现出来的,是文化自信和语言运用、思维能力、审美创造的综合体现。"

这一阐述解答了以下几个问题:核心素养是主要的、综合的,具有概括性和高迁移性,它包括正确价值观、必备品格和关键能力;核心素养是语言运用过程中文化自信、语言运用、思维能力、审美创造四个方面的综合体现;获得核心素养的主要途径是参加积极的语言实践活动;指向核心素养的学习活动主体是学生。课程目标制定需要把握的三种关系是:国家育人理念和学生发展需要的关系,语文课程的继承性和发展性的关系,课程标准的概括性和课程实施的操作性的关系。当前,我们面对的是高速发展的时代,无论是在社会生活领域还是在教育领域,新现象、新挑战层出不穷。让我们做一个假设:如果未来5年学校出现了"颠覆式创新",例如人工智能、虚拟现实对课堂的再造,此时如何界定学

[①] 詹姆斯·保罗·吉.游戏改变学习:游戏素养、批判性思维与未来教育[M].孙静,译.上海:华东师范大学出版社,2020:45-46.

科核心素养？我们如何让学生面对这个不断带来震惊的时代？其实,回答这两个问题,也是在明确教育的使命。学科核心素养不仅关注用什么培养人,更关注怎样培养人,我们研究学科核心素养不应该只在课程内容层面,更要涉及教与学的方法革新。因为,核心素养是个体在解决复杂现实问题过程中的综合表现,学业质量指向的是学生通过某一学科的课程学习所发生的行为变化,如果没有教学方式的改革,再多精选内容也只是在培养"知道分子"。

"生活·语文"倡导追求深度理解的教学,格兰特·威金思等人指出了"理解"的六个侧面:1.能解释:通过归纳或推理,系统合理地解释现象、事实和数据;洞察事物间的联系并提供例证。2.能阐明:叙述有深度的故事;提供合适的转化;从历史角度或个人角度揭示观点和事件的含义;通过图片、趣闻、类比和模型等方式达到理解的目的。3.能应用:在各种不同的真实情境中有效地使用和调整我们学到的知识。4.能洞察:批判性地看待、聆听观点;观其大局。5.能深入:能从他人认为古怪的、奇特的或难以置信的事物中发现价值;在先前直接经验的基础上进行敏锐的感知。6.能自知:显示元认知意识;察觉诸如个人风格、偏见、心理投射和思维习惯等促成或阻碍理解的因素;意识到我们不理解的内容;反思学习和经验的意义。[1]比如,当我们针对某个主题进行教学时,尽管尽了最大的努力,但似乎总是出现有代表性的"瑕疵"。这篇课文到底讲了什么,没有正确答案。但这并不意味着所有的答案都不分伯仲,而我们面对的一个主要的挑战,就是弄清楚这意味着什么以及为什么会这样。好的理解要经受得住考验。我们要做的就是和学生分享专家的理解和已经被理解的东西,以及作为教师的我们已经理解了的东西。在这样一个将自由思考视为与生俱来的权利的时代和世界里,专家也会争论、改变他们的想法。教学,真正的目标不是"教",而是引发"学",我们应该提倡以基本问题、持久理解、主要表现性任务和量规四个要素来构思和架构学科和课程。

现在,我们回到语文学科本身来讨论语文知识的问题。20世纪50至60年代,语文教学界认为语文基础知识包括"字、词、句、篇、语、修、逻、文"。这个基础知识系统中包含的主要是陈述性知识。如果更进一步分析,"字、词、句、篇"主要是语言材料和语言运用范例。其中的句和篇,隐含了一部分语言运用的规

---

[1] 格兰特·威金思,杰伊·麦克泰格.追求理解的教学设计[M].闫寒冰,宋雪莲,赖平,译.2版.上海:华东师范大学出版社,2017:94-95.

则,即程序性知识。但这些知识只呈现了语言表达的"原型",却不包括语言运用的另一个重要方面——如何阅读和理解的知识。而"语、修、逻、文",即语法、修辞、逻辑知识和文学常识,只是概念、原理。我们前面已经说到,学生掌握了陈述性的知识,可以获得对象经验,为其活动奠定基础;但这类知识还不能直接转化成能力。要帮助学生形成能力,还需要程序性知识。它是形成技能的前提,但还不是技能本身。要将这些知识变为技能,学生需要按照这些知识给出的动作程序去展开实际的语言活动,在不断的实践活动中,这些知识才能转变成语言行为,形成语言技能。当然,技能的形成过程也是复杂的。简单地说,它需要经历一个"原型示范—原型操作—多次实践",以期内化并达到熟练的过程。以作文为例,学生通过教师的讲解,理解文章布局谋篇、行文表达的方法,再通过模仿和反复训练,能大体写出有类似结构、有某些写法特征的作文。即使如此,我们能说学生就学会作文了吗?恐怕不能。由此可见,即使学生掌握了陈述性和程序性知识,教师也设计和安排了相关的训练,学生也只能掌握有限的知识和技能,还不能形成能力,更不能整合成高水平的素养。

策略性知识是"在什么情况下怎么做"的知识,这种知识的掌握,需要以陈述性和程序性知识为背景。同时,这类知识是与具体的情境相联系的,存在于情境中,只有在具体的活动对象、活动条件下,通过具体的活动过程才能学习。而且,策略性知识的掌握,也不是在一个简单的情境中就可以实现的,需要在含有变式的复杂情境下才能实现。因此,在语文课程中设计的语文学习情境,需要整合三类知识的内容:既要包含语言学习的材料和范例(主要是文本)、语言运用的基本规则(即必要的语言运用原理和听说读写的方法),又要包含一系列相互联系的、真实的或接近真实的、有变化的语言运用情境,以及在这些情境中展开的具体的可控的语言实践活动。教师只有设计出这样的语文学习情境,并在这样的情境中引导学生开展积极的理解活动,才能有利于学生掌握语言运用的相关策略性知识,并将其转化为学生的能力,促进学生良好的言语经验和言语品质的形成,提升其语文素养。

三 评价:意义建构

《义务教育语文课程标准(2022年版)》的颁布为语文课程评价改革打下了坚实的基础。构建基于课程标准的语文学科核心素养测评体系,必须明确语文学科核心素养测评的基本理念,准确把握和有效转化语文学科核心素养的目标,将情境和语文实践活动作为构建语文学科核心素养测评体系的主要维度,开发以情境为载体的典型任务,设计科学的分级量表或赋分量表,并将情境化典型任务测评嵌入日常教学之中,有效推进教与学的及时改进,进而实现"教—学—评"的一体化。

普通高中课程标准修订后,研制了各学科学业质量标准,明确了学生在完成学科学习任务后学科核心素养应该达到的水平。这里需要厘清学业质量标准的内涵,学业质量是学生在完成本学科课程学习后的学业成就表现,首先与学科内容有关,其次是学生的一种成就表现。也就是说,学业质量一方面涉及学科内容,另一方面还涉及学生掌握学科内容之后能做什么。这种学业"成就"通过什么方式才能够测得到?学科核心素养是学生解决真实情境中各种问题的综合表现,学业质量标准就是以学科核心素养及其表现水平为主要维度,结合学习内容对学生学业成就表现的总体刻画。

一旦我们从成就表现的角度考虑学生的学习,学科内容就成了一种鲜活的存在。学生在学科素养上的表现维度和水平特征是什么?学生哪些学习表现或行为可以作为评价依据?什么样的任务或情境能够有效激发学生的表现欲?学生解决任务需要调用哪些学科知识,最终反映在什么样的学习成果上?解决这些问题需要教师研读课程标准,在教学中进行系统设计。只有以学科内容体系为中心的教学,才能转化为对学生有益的学习,知识才能在整合与运用中展现真正的力量。

以小说的学习为例,高中生为什么要阅读小说?显然不是为了系统文学史的学习或记住文学概念知识,而是为了能够感受形象、品味语言、体验情感,进而提升文学欣赏能力,更好地理解人与社会。那么,怎样让学生达到目的呢?如果只依靠讲授,学生的"表现"只有听讲、识记以及看不出来的"思考",根本谈不上深入体验。但实际上,小说学习需要学生能"入乎其内,出乎其外",而不是仅仅听教师讲解对文本的理解。这种个性化、沉浸式的体验,怎样才能让学生"表现"出来?我们可以设计一个小说分享会与故事创作争霸赛,在具体的单元学习中设计学生的阅读与鉴赏、表达与交流、梳理与探究等一系列语言文字运用的任务。比如阅读中外经典小说,初步了解小说这一文学体裁的特点,厘清小说发展脉络,体会环境描写的作用,与大家说说印象最深的人物或情节;通过召开小说分享会,拓展阅读范围,尝试用本单元所学到的小说知识点评作品,提高文学鉴赏力;成立"故事创作坊",教师与学生一起讨论什么样的故事吸引人、怎样虚构一个故事;借鉴本单元小说的某些描写笔法,完成故事创作的进阶练习,最终参与"故事创作争霸赛"。

在这里,小说知识的学习是在特定的情境中完成的。学生阅读小说、感受小说,并"编"一个吸引人的故事,都必须自己读、写,与同伴交流、研讨和解决问题。在基于素养的问题解决过程中,关联小说相关知识,学生的语文学习体验变得更加丰富和多样化,学生的精神世界也完成了与现实生活的对接。各学科课程标准明确将学业质量划分为不同水平,并描述了不同水平学习结果的具体表现。给学生一个明明白白的"标准",也是学科内容要求。教师的教学需要结合学科内容,为学生设计真实的学习任务,将传统的学习目标转化为学生的行为表现,让学生在解决问题的过程中表现素养。我们要站在学生的立场上,多角度设计任务情境,借助能让学生"做"的真实情境,为学生核心素养表现提供"舞台",以此为杠杆撬动学生的学习。

例如,在"信息时代的语文生活"的单元学习中,为了体现育人的整体性和大概念的统摄性,将大情境设计为:《流浪地球2》是近期热映的电影,请从你的角度给该电影打分并撰写一句影评。该情境涵盖的大任务为"给电影《流浪地球2》打分"。这是一个非常聚焦的问题情境,落脚点很小,但涵盖的媒介素养和语文学科核心素养很多,是以电影为载体的语言表达、审美表达、价值观念的综合性评判。为了高质量完成这个任务,学生需要进行以下语文学习活动:(跨媒介)阅读与鉴赏——观看电影《流浪地球2》;表达与交流——尝试从自己的观影体验出发,给电影打分并撰写一句影评;梳理与探究——浏览并精选不同媒介、不同媒体对《流浪地球2》的评价;表达与交流——开展班级交流会,评选观影指南;梳理与探究——对上一环节中的争议性话题展开探究,该环节需要教师提供许多跨媒介的支架性材料供学生思辨;表达与交流——开展班级辩论会,形成结论,修改自己的打分及评论,形成深度影评,自选媒介,以文字、视频、音频等形式进行发布。总之,基于大概念的大单元教学设计,需要让大概念经历解构到建构的过程。大概念不是直接灌输给学生的专家结论,而是教师在开展教学之前脑海里的知识图式,该图式在学生脑海里形成的过程便是大概念的习得过程。在这个案例中,学生所接收到的显性任务是完成对《流浪地球2》的评价,在解决这个问题的过程中建构起信息时代所应该具备的电影鉴赏力,这样的意义建构比记住一些知识的表征更有意义。

第三节　"生活·语文"的教学模型

生活是教学的中心,教学应以生活为中心来建构和实施,既能围绕生活全部内容,实现育人功能,又能覆盖全部生活空间的课程体系。以此来定位"生活·语文"的教学模型,目标是清晰的(全面反映人生)、内容是科学的(结构化、概括化)、过程是细化可操作的(落实语文学科核心素养)。

一　以生活为中心的教学模型

以生活为中心的教学模型有四个维度:评估任务驱动,设计学习情境,追求深度理解,多样化成果展示。"生活·语文"教学主张的基本逻辑是:聚焦于"文本"和"知识"这两个基本要素,从学生生活的视角来设计语文实践任务活动,把触动学生欲求的语文学习任务和解决生活真实问题的语言实践活动结合在一起,体现生活情境任务化、语文学习生活化的实践性。以评估任务驱动、设计学习情境、追求深度理解、多样化成果展示四个维度建构的教学模型,使学生完成语文学习任务的过程和学生关键能力的提升过程同步更新,学生的每一个学习行为与解决真实生活问题同步;而每一个学习行为的关键点,又清晰地对标核心素养的关键点。

以生活为中心的教学模型包含以下几个要点:

1.主体通过对"任务—成果"中的信息的加工而与情境持续互动,在互动过程中追求深度理解,并与之融为一体。

2.情境不仅生成任务,还被任务改造,情境通过任务对主体产生作用;情境激发了主体完成任务的情志动力,情境也蕴含着主体解决问题所需的信息;情境中的信息与主体已有的旧知结合,更新主体的知识。

3.主体对情境任务的应答始于情志(情)的主导,继而调用已有知识经验和思维图式(知),根据情境需要,关联任务信息并整合新旧知识,创生新的思维图式(思),以解决实际问题,构建出思维力、情感力、行动力协同的运作机制。在这个机制运行的过程中,思维力、情感力、行动力相互作用并融为一体,在输出成果、改造环境的同时,自身也持续发展。

以生活为中心的教学模型揭示了语文学科核心素养发展机制的情境化特点,主体与情境的互动以情境任务所包含的信息加工为纽带,在启动(或构建)、统整、发展思维力、情感力、行动力协同的运作机制的过程中,主体表现出适应并改造生活的水平。以生活为中心的教学模型反映了信息加工能力对素养发展的重要性。指向素养的教育既要落实基本知识和基础技能的习得,也要在此基础上注重提升学生发现问题、解决问题的信息加工能力,即思维力、情感力、行动力协同的运作机制。教学评价要将学生思维力、情感力、行动力的发展水平作为评价对象,考查学生"所能的""所愿的"(即现场构建的学习能力和驱动学习的动力意愿),而非"所有的"(即惰性知识)。概而言之,评估任务驱动之宗旨不是学生的知识或能力的拥有状况,而是学生愿意和能够运用知识与能力去解决问题、造福社会的心智状况、精神状况。也就是主体积极语用的素养表现。

我们以2023年高考题中的一篇现代文阅读为例来说明。该现代文阅读选择的文本来自英国学者赫克托·麦克唐纳的《后真相时代》,以媒体报道对玻利维亚和秘鲁藜麦种植的影响为例,揭示"竞争性真相"的内涵,与"信息时代的语文生活"单元教学中的"辨识媒介信息"这一内容遥相呼应。高考命题和教学内容都在试图使师生对这一问题进行辩证思考。例如,其中有一题为:请简要说明文本中的西方媒体在报道时使用了哪些"竞争性真相"。本文出现了一个考生陌生的概念"竞争性真相",实际上,"新闻传播真相"是应然状态,"竞争性真相"是实然状态。人们在描述事实时,都在选择最有利于自己的真相。这对学生的单一认知是个冲击,也是学生进行辩证思考的起点。学生回答这个问题,需要用令人信服的新的事实,来分析、揭示"竞争性真相"的错误。而甄别媒介信息的真伪是现代社会对人提出的新要求。即使信息真实,媒体传播信息的过程也会导致信息失真:有时出现信息损耗和扭曲;有时信息被传播者夸大、隐瞒、剪裁甚至篡改,以达到某种目的。

为了符合高考试题的评估任务驱动要求,我们需要设计学习情境,追求深度理解。可以尝试以下的活动单元教学设计:提供学习资源,为学生的分析思考准备理论支撑,要让学生辨识媒介信息,必须提供相应的资源,针对具体活动,要精心选择资源;提供资源的目的不是让学生掌握这些知识,而是让其借助课堂临时提供的知识去完成活动中的任务;学生完成学习任务的过程,可以使学生面对纷繁错杂的生活,思考现实问题,提升思维品质,并且面对不确定的世界的挑战,能做出自己的回应和行动;活动单元最后可以围绕"弱者立场的新闻伦理""后真相时代"开展辩论等成果展示活动。

二 自主运用的语文学科核心素养

《普通高中语文课程标准(2017年版2020年修订)》把语文学科核心素养凝练为四个方面:语言建构与运用、思维发展与提升、审美鉴赏与创造、文化传承与理解。这四个方面的具体内容是互相关联的。语言建构与运用是语文课程独有的——要使学生在学习语言文字运用的过程中,加深对祖国语文的理解与热爱,建构语言运用机制,增进语文学养,努力学会正确、熟练、有效地运用祖国语言文字。其他三个方面都与语言文字的运用有关——要在发展语言文字运用能力的同时推进思维机制的发展,提高思辨能力,增强思维的严密性、深刻性和批判性;要激励学生在语文和其他学科的学习中,以及在生活中,坚持对美的追求,培养自觉的审美意识和高尚的审美情趣;要使学生在语文课程中进一步理解和尊重文化多样性,关注当代文化,学习对文化现象的剖析,积极参与先进文化的传播。这一明确的概括对语文教学各个方面都有直接的指导作用。

既然语文学科核心素养已经明确,而素养是面对学生的,教学设计就必须以学生为主体。课程标准提出了一个"学习任务群"的组织课程的综合方法。学习任务群涵盖学生生活、学习和日后工作需要的各种语言活动类型,除着力培养语言运用基础能力外,还充分关注跨文化、跨媒介等语言文字运用新视角、新手段,以及自主、合作、探究等学习方式。在教学实施策略上,语文课程的构成元素在不同的层级上要体现出结构化、概括化、高迁移率的系统性和整合性,这不仅表现为对课程资源、知识内容的整合,也表现为对学生学习行为和思维活动的整合,更表现为对学校教育与现实生活的整合。如此一来,学生才能在开放而有活力的课程内容体系中养成价值观念和必备品格,最终实现思维力、情感力、行动力三者的协同发展,并能将其运用于未来的生活实践中。

我们以文学教育应该如何提升学生的审美素养为例。有人在课堂中运用民乐和歌词写作,试图将艺术和创造性融入课程中。诗歌作为语言教学中美学形式的重要理论研究领域,在培养个体主观性和想象力方面具有重要意义,且如今个体的主观性和想象力不断地被大众传媒技术所破坏。这样产生的教学模式基于两个前提:诗歌体现了内心独白(未说出的言语)和逻辑论证(正规的修辞模式)这两者的特征;诗歌借助特殊与一般的结合,比其他的话语模式包含了更多的"自我"与"世界"。

我们可以这样认为,审美素养对语言是非常重要的,它们也是社会智力的基础。理解想象在发展智力中的作用,培养美学的认识能力,理解教师及其工作的固有的美,这些都是将课程理解为美学文本的学术研究的热望。这一努力的目的不是降低不确定性,获得普适的真理。相反,正如杜威提醒我们的那样,艺术与已经理解的东西相分离,终结于疑惑。把课程理解为美学文本,质疑日常的、传统的东西,这要求我们从多种角度来看待知识、教与学,要求我们从深陷的感知中爬出来,就好像是第一次看到它。乔姆斯基提到过智识与感官之间的一段经典对话,智识说:"色彩、甜蜜及其他类似物都只是惯例(convention),现实中只有原子和虚空。"感官回答说:"扭曲的智识,你从我们这里得到证据,然后凭这些证据又来推翻我们? 你的胜利本身就是你的失败。"[①]

三 多元创生的学习成果

铂金斯和所罗门按照任务的相似性区分了两种迁移:当新任务与原任务相似时,称为"低通路迁移";当新任务与原任务不相似时,称为"高通路迁移"。"生活·语文"教学的价值是促成学生对学习内容的深度理解,以实现对生活的高通路迁移,也即学习成果生活化,这是"生活·语文"的价值追求。怀特海认为,教育只有一个主题,那就是丰富多彩的生活本身。丰富多彩的生活是教育的出发点与旨归,不应该被大量的知识符号所蒙蔽。"生活·语文"有更高的课程内容情境化的要求,以解决生活中复杂多变的问题,培养专家思维,这正是价值重构的过程。"生活·语文"教学打破课内与课外、学科与学科、学校与社会、线上与线下之间的壁垒,实现教学的时空转化,追求基于理解的高通路迁移。因此,"生活·语文"教学使教学获得超越学校教育的价值重构,也就是学习成果的生活化。

例如:针对"信息时代的科幻电影鉴赏"设计一个评价任务——争做最佳影

---

① 诺姆·乔姆斯基.我们是谁:乔姆斯基论语言及其他[M].余东,译.桂林:广西师范大学出版社,2022:125.

评人,选择一个媒介,以视频、文字、音频等形式对电影进行评价,可采用网络"点赞""评论"等评价手段,一周后进行成果分享,综合过程评价和网络结果评价评选出班级最佳影评人。以上评价任务有极强的生活价值,指向具体问题的解决,是可观察与可测量的。

例如:在外国文学的研习读书活动中设计优秀读书札记展示环节。

1.优秀读书札记展示:摘录式、批注式、框架式、心得式等。2.根据学生的读书心得,做成词云图,看看学生使用了哪些高频词,并进行分析。

例如:开展"我是古典诗歌的讲述人"系列活动,结合单元诗歌教学,让学生在阅读诗歌后有所思考、感悟,并与同伴分享、交流。

第四章

实践生活的知行一体教学

蔡元培先生把教育分成两个层面,一个层面是现象世界的教育,就是德育、智育、体育;另一个层面是实体世界的层面。他以康德的理论为前提,认为人不仅仅是为了追求眼前的物质利益而活着,人还有一种超越现象世界的追求,一种形而上的精神的追求,因此,教育应培养学生的信仰和信念。比如文字,它不仅是作为交流工具的某种符号,而且也包含所要表达、交流的内容,也即"人"的某种思想、感情、心理等人文内容。即使是单纯的语言文字的训练,也要引导学生去感受、休味语言的气韵,及其内在的、可意会而难以言传的精神。

第一节 汉语言文化探究的语言课

一 扎根古典文意的语言溯源

中国古典语言观是指渗透在经、史、子、集等文献中的语言使用方式及其价值观，深入梳理中国古典语言观，对传承中华文化具有重要意义，也对发展扎根中华文化土壤之上的语言学学科有现实意义。

宋代《太平御览》供帝王资政用，虽然其内容涉及天、地、人、事、物各个方面，但却没有编者自己给的任何定义、描述或分析。比如，现代人把"堂"定义为"正房"或"高人的房子"。然而在《太平御览》中，编者仅仅围绕"堂"选取了文献中相关的片段，以"述而不作"的方式，让读者在整个语意源流中自己去释义。更重要的是，《太平御览》的条目编排背后隐藏着一种福柯所言的对本初意义的追溯、接续和对历代再释义的再理解，即打破共时语意束缚，进入语言现象学意义上的远古意义的阐发中。《太平御览》中，"堂"的前两条条目取自《说文解字》和《释名》。《说文解字》关注的是古文字作为"象"留下来的结绳痕迹，《释名》关注的是因声求古义的声训。他们关心的不是给词语下定义，而是深埋在文字里的最远古的"文意"。紧接着的两条条目取自"经"，从社会生活的不同方面对"堂"进行深度释义。如《礼记》记载的堂上的礼仪行为："堂上不趋""堂上接武""将上堂，声必扬""天子不下堂而见诸侯。下堂而见诸侯，天子之失礼也"。《尚书大传》关于堂的建筑规制的记载："天子堂广九雉，诸侯七雉，伯、子、男五雉。"接下来，由"经"入"史"，编者选取了《续汉书》《梁书》《后魏书》等中与"堂"有关的历史事件，以说明"堂"在不同时代是如何再释义的。如《梁书》记载："高祖五年，改阅武堂为德阳堂，改听讼堂为义贤堂。"这体现了从法治走向德治的政治转型。如《续汉书》曰："中平二年，造万金堂于西园。"这说的是汉灵帝卖官聚钱以为私藏，造万金堂贮之。每一个历史事件都赋予"堂"一个新意，从中我们可以看到语言的创新活力，但又不失其本。纵观"堂"的所有条目，排在前列的是根据"经"对语言本初意义的探源。

这里的"经"就是福柯说的本初的大写文本,享有绝对的权威,说其权威不是指思想的权威,而是指其语言里包含旷古烁今的文意。之后的条目列出的每一个历史片段又都是本初意义的释放,是一种当下的古意实践。这样"堂"作为一种知识,不是福柯批判的在共时符号系统里的描述、分类、分析或解释,而是本初文本与历史上无数诠释之间的一次再释义。套用福柯的话,知识就是将围绕"堂"的一个个语言片段连接起来,恢复伟大的、不可中断的词与物的文脉,并且让历史上"每个声音"都说话。如果将中国古典语言观嵌入知识建构中,那么今天各领域的知识建构需要在语言上与几千年传递的文意对接,并让其发出当下的回音,否则知识建构就是空洞无物的话语游戏。

比如,阅读孟浩然的《望洞庭湖赠张丞相》一诗,如何理解诗中"平"的语意呢?

八月湖水平,涵虚混太清。
气蒸云梦泽,波撼岳阳城。
欲济无舟楫,端居耻圣明。
坐观垂钓者,徒有羡鱼情。

首先,可以引证其他诗歌进行释义。杜甫的《水槛遣心二首》之一:"去郭轩楹敞,无村眺望赊。澄江平少岸,幽树晚多花。细雨鱼儿出,微风燕子斜。城中十万户,此地两三家。""澄江平少岸"的意思是锦江水满,很多处见不到江岸了,这里以"满"训"平",言水位高。王维的《观猎》:"风劲角弓鸣,将军猎渭城。草枯鹰眼疾,雪尽马蹄轻。忽过新丰市,还归细柳营。回看射雕处,千里暮云平。""千里暮云平"的意思是暮云沉沉,一望无际,这里以"沉沉"训"平",言暮云低。其次,可以从语境上进行分析。方回曾评道,"予登岳阳楼,此诗大书左序球门壁间,右书杜诗,后人自不敢复题也。刘长卿有句云:'叠浪浮元气,中流没太阳。'世不甚传,他可知也。"岳阳楼天下壮观,孟杜二诗尽之矣。中间两联前言景,后言情,乃诗之一体也。再次,可以从"湖水平"的文化内涵(历史地理)上去理解。《蜀中广记》记载:"戎州城外有唐人所立碑曰:山苍苍兮烟际横,波渺渺兮湖水平。"《西湖游览志》记载:"俗传谶语云:'江潮拍岸生妃子,湖水平堤出状元。'"《湖广通志》记载:"偶于四月二十八九至五月初一二等日,大雨连绵,川水灌注洞庭。辰水直泄长岳,以致岳、常两府属之八卫沿河民居田地被水冲损。"

我国语言学家王力先生说过一句经典的话:西洋的语言是法治的,中国的语言是人治的。[1]"人治"的语言注重的是人对语言的体验、领悟与心理建构。黎锦熙在《新著国语文法》中也说过,中国的文法特质在于"国语底用词组句,偏重结构,略于形态"[2]。这可以说是对汉语文本性的深刻把握。《韩非子·外储说左》记载了这样一个有趣的故事,"郑县人卜子使其妻为裤,其妻问曰:'今裤如何?'夫曰:'象吾故裤。'妻子因毁新,令如故裤。"何谓"故裤"? 即澄明又遮蔽,两人解释各异。妻子认为丈夫要的是旧裤子,而丈夫指的只是尺寸、式样照旧。由于人对语言的理解差异,歧义难以避免。

沉默是金,语言是银。与其说不清,不如不说,所以老子主张不言,庄子要忘言,禅宗则不立文字。诚如阮籍《清思赋》所言:"是以微妙无形,寂寞无听,然后乃可以睹窈窕而淑清。"以静默示之,反而清楚。但静默何来? 也得用语言来陈说。白居易《读老子》诗云:"言者不知知者默,此语吾闻于老君。若道老君是知者,缘何自著五千文?"一方面是语言不足以达意明道,另一方面又非言不彰,不言谁知其志? 正是数以千计的佛典、语录与公案,才使得禅宗与释道得以流传。《庄子·外物》说:"吾安得夫忘言之人与之言哉。"所说"忘言",并非指不要语言。"得意忘言",指要与超越语言、不受其约束者言道。司空图《二十四诗品》曰:"不著一字,尽得风流。"皎然《诗式》曰:"但见情性,不睹文字。"也都不是说不要语言文字,而是指不直接说,只说出一些关系与条件,或者说只列公式,展示情感与品性,让读者自己去寻找答案。要解决语言的困惑,只能返回到语言本身,打破结构主义语言的闭锁系统,向哲学诠释学的语言开放系统转换,以开放的姿态去解决在实践中遇到的语言难题。

郁达夫先生在《故都的秋》一文中有这样的句子:"屋角,墙头,茅房边上,灶房门口,它都会一株株地长大起来。"这篇文章写于1934年,如果要理解这个句子的妙处,必须得比较郁达夫写于1926年的另外一篇散文——《一个人在途上》,其中,郁达夫这样写道:"院子里有一架葡萄,两棵枣树,去年采取葡萄枣子的时候,他站在树下,兜起了大褂,仰头在看树上的我。我摘取一颗,丢入了他的大褂兜里,他的哄笑声,要继续到三五分钟。今年这两棵枣树,结满了青青的枣子,风起的半夜里,老有熟极的枣子辞枝自落。女人和我,……在这样的幽幽

---

[1] 申小龙.人文精神,还是科学主义?:20世纪中国语言学思辨录[M].上海:学林出版社,1989:179.
[2] 黎锦熙.新著国语文法[M].北京:商务印书馆,1992:4.

的谈话中间,最怕听的,就是滴答的坠枣之声。"同样在这篇文章中他还有这样的话:"在哥哥家里小住了两三天,我因为想追求龙儿生前的遗迹,一定要女人和我仍复搬回什刹海的住宅去住它一两个月。"文中关于枣树的描述如果改成"一株株到处都是",便会让人感到少了很多味道。后句只写存在状态,前句富有动感,写出枣树存在的过程,寥寥数字让枣树有了张力,也丰富了语意,显示了他语言的功力,更凸显了他关注生命存在过程的一片深情,美学意义上的美,正是生命的感觉和情致的深邃。

《兰亭集序》中,"仰观宇宙之大,俯察品类之盛,所以游目骋怀,足以极视听之娱,信可乐也",体现了古人造语的简洁、形象。试想一下,在会稽之兰亭,赏自然之美景,这"目"之"游",不正是文中之"仰观""俯察"吗?"骋"字偏旁为马,在俯仰之间,体认"宇宙之大、品类之盛",其心定亦当如纵马奔揽,心胸岂不为之开阔?从无生命的宏伟的"宇宙"空间,到有生命的万物"品类",无不尽收眼底,更重要的是,他的"乐"来自对人的生命的宏观(俯仰一世)的体悟,情调自如、自在、从容,想来古人寄情山水的情致在于此,语言的质感也正在于此。

中国语言文字的文言、口语和书面传统的交融和变迁,使其有了更丰富多彩的面貌。"话怎么说,文章就怎么写"的说法曾风靡一时,可是朱自清并不买账,口语、书面语、文言雅语在他笔下水乳交融,不着痕迹。从他的《荷塘月色》中那描写荷塘的多个比喻就可见一斑,这些最自然、最不着痕迹、最容易被忽略的地方,却得到了高水平的评论家的欣赏,在叙述和描写中口语和文言雅语交相辉映,相得益彰。鲁迅的小说语言更为丰富,口语更多,《狂人日记》的前言戏仿笔记小说的文言,构成反讽的谐趣。《野草》以穿越世俗的目光,把底层经验与黑暗体验以纯情的方式呈现出来。他用看似无绪的词语,把情感体验和诗情以纯情的方式呈现出来,扩大着精神的空间和范围,而经验哲学那些漂亮的词汇,在无词的言语面前也苍白着面孔。这让我想起棋手的对弈:在沉默的棋手这里,求胜的欲望如壁垒般囚禁着人性,也保护着他们浓郁的元气和血性。他们随时一边记忆,一边想象;一边粉碎,一边孕育。一个棋局的画面,在他们的眼里立刻生成动态延续的故事,有趋势,有命运,有结局。当然,它也可能尚未生成趋势,所有的可能性都在棋盘上"震响"。一种"发生"诉说着无数种"未发生"。有时,最美的词语可能恰恰就在那沉默的瞬间里。

语言有生命、有变迁、有疾病、有婚姻、有悲喜歌哭,亦庄亦谐。冯梦龙整理的《挂枝儿》和《山歌》中有很好的口语表现,俗情俗韵嵌在文雅的格调里,岂一个"俏"字了得;《红楼梦》的语言在书面语和口头语中自如地进出过渡,一派世间气象,但也仙道氤氲,歌哭真切。现代汉语中口头语运用比较有意思的应该是汪曾祺先生,他运用的口头语看起来再平常不过,但是组合起来却很有意思。话说回来,蹚过言语的河床,从此岸到彼岸,需要被唤醒的还有我们每一个"言语主体",我们应该在沟通和交流的嬗变中清醒地努力保持属于自己的表达,从这个意义上说我们每个人都需要有属于自己的语言史,这也正是良性沟通得以实现的基础。

二 当代文化参与的语言交流

1990年,当意大利学者安贝托·艾柯在剑桥大学的"丹纳讲座"上批评杰弗里·哈特曼的诠释逾越了"合法诠释"的界限,走向"过度诠释"时,解构主义的拥护者乔纳森·卡勒这样反驳道:"我认为艾柯被他对界限的过分关注误入了歧途。他想说文本确实给予读者大量自由的阅读空间,但这种自由是有一定限度的。相反地,解构主义虽然认为意义是在语境中——文本之中或文本之间的一种关系功能——生成的,但却认为语境本身是无限的:永远存在着引进新的语境的可能性,因此我们唯一不能做的事就是设立界限。"语言的运作方式使我们无法确立发生于艾柯与卡勒之间关于"界限"的这一公案,因此我们需要回到争论的焦点,即哈特曼本人的阅读以及由此引申出的解构主义阅读模式,才可做出客观的判断。哈特曼的解读逾越了合理的界限,有过度诠释的嫌疑。艾柯认为,在阅读的过程中,联想是必要的,但这个联想必须是合理的,必须有根有据。根据何在? 在于文本的意图。

何谓文本的意图? 这是艾柯提出的一个富于挑战性的概念,目的是避免两种阅读模式的弊端:一种只考虑作者的意图,寻求与作者本意吻合的真义;另一种只在乎读者的意图,提倡充分发挥读者的自由想象。作者的写作意图是一瞬而逝的经验事实,即使可以揣测,也无从确证,将它立为标尺,不免过于武断;读者的意图包含了纷繁芜杂的个体,有品位高下、志趣大小之分,仅以众人喜好为准绳,则必然流于泛滥。为此,艾柯在两种选择之间,提出了第三种可能,即文本的意图,将阅读的重心从经验的个体转向文本。怎样推测文本的意图呢? 唯一的方法是将其验之于文本的连贯性整体,也就是我们通常说的上下文语境。

我们再来看卡勒的辩护,与艾柯相反,卡勒认为没有必要为诠释设限,与中规中矩的诠释相比,"过度诠释"也许更有趣、更吸引人。他甚至认为哈特曼的解读只是以非常传统的方式展示了独特的、被人们称为文学感受性或感受力的东西。言下之意,这种解读还谈不上严格意义上的解构。

饶有意味的是,在艾柯那里,设限是因为有语境的限制,而在卡勒看来,不设限的原因也是语境。那么,艾柯的语境与卡勒的语境有何区别呢?关于语境,通常有两种理解:一是上下文关系;二是语言交际过程中的社会环境、场合、对象、时间和主题等。前者称为内部语境,后者称为外部语境。艾柯所说的文本的意图,不仅涵盖了两方面的因素,而且有更周详细致的考虑。首先,"文本"不是客观、凝固的存在,而是活动的、开放的,其建构与塑形同读者、作者以及社会现实等各方面因素密切相关。其次,文本的意图,据艾柯所言,是读者站在自己的位置上推测出来的。这一推测过程,既要考虑文本的连贯性,又要尊重作者所处时代的语言背景与社会环境。所以,文本的意图与读者的意图之间,作品与文化习俗之间,始终是动态、辩证、互动的关系。艾柯用"诠释学循环"来形容这一复杂的现象,即文本不只是一个用以判断诠释合法性的工具,还是诠释在论证自己合法性的过程中逐渐建立起来的一个客体。

阅读专家古德曼认为阅读是一种心理语言猜谜游戏,阅读的过程并不仅仅是译注文字密码,更重要的是理解该文字在特殊文化环境中的独特含义。美国教育家罗森布莱特认为阅读过程是一个转变和超越的过程。读者在阅读时采用的是艺术享受的姿态,阅读的目的是获得替代性体验。此时的读者不只关心主人公在书中的结局,还身临其境与书中人物一起经历喜怒哀乐、悲欢离合。

鉴于此,笔者尝试将林庚先生的《说"木叶"》一文作为接续古典本初文意和现代生发文意的语言课范本,以进行语言专题探究。《说"木叶"》是"咬文嚼字"的范例,"木"与"树"在语言上是一字之差,在艺术形象上却是千里之别。如果学生不能领悟和把握文中引用的许多古典诗词的意境和情感,不能对某些字眼进行深入的感悟和品味,就没法完成该文的阅读。《说"木叶"》阅读难度大的另一个原因是该文作为一篇艺术随笔,论说色彩浓郁,要求学生有较高的筛选文字信息的能力和语言概括能力。教师要引导学生厘清文章总体思路,然后厘清各部分内容之间的逻辑关系,进而抓住文章的主旨,这是基础的阅读要求。从更高层次的阅读要求来说,教师需要在阅读过程中促使学生对课文的观点和材料做出判断,从不同的角度和层面进行阐发、评价和质疑。具体教学安排如下:

环节一:用图式表现"木叶"与"树叶""落叶"等概念的异同,让学生理解诗歌语言暗示性的特点。

任务一:导入生活中的语言现象,发现其中蕴含的语言运用规律。

1.光 轻如纸张 光 散落地方／光 在掌声渐息中他慌忙／他在传唱 不堪的伤／脚本在台上 演出最后一场

而全村人们在座位上／静静地看时间如何遗弃这剧场／战火弄脏他的泪光 谁在风中吵着吃糖／这故事一开始的镜头灰尘就已经遮蔽了阳光

恐惧刻在孩子们脸上／麦田已倒向战车经过的方向／蒲公英的形状在飘散 它绝望的飞翔／她只唱只想这首止战之殇

——周杰伦《止战之殇》

怎么会／舍得就让回忆冲走了相片／也冲走了往日时光／讽刺挂满美丽的太阳／快看不到蔚蓝的那个地方／再见了避风港 好苍凉／这残酷的月光／他不谅不忘 只想止战之殇

——《中国好声音》第三期宿涵改编的《止战之殇》

2.彼有旨酒,又有嘉肴。洽比其邻,婚姻孔云。念我独兮,忧心殷殷。

——《诗经·小雅·正月》

三巡酒过你在角落／固执地唱着苦涩的歌／听它在喧嚣里被淹没／你拿起酒杯对自己说／一杯敬朝阳／一杯敬月光

——毛不易《消愁》

活动:学生面对生活中类似的诗歌或歌词等语言现象,能敏锐感受其语言特点和情感特征,迅速判断其表达的恰当程度,察觉其言外之意和隐含的情感倾向,能运用口头和书面语言,文从字顺地表达自己的理解和感受,乐于与他人分享自己的学习经验。

明确:宿涵在节目中介绍,他的《止战之殇》主歌歌词由AI写成,当他输入"深渊、噩梦、绝望、战争"这些意象词后,AI就重组了一首新词。虽然有人认为AI写词缺乏逻辑和"人情味",但宿涵认为AI写出的"讽刺挂满美丽的太阳",在体现反战主题的题材里还是很有深度的歌词。毛不易的《消愁》的歌词将《诗经》中描写的文字转化为具体的情景,有人物,有行为,有感受。

任务二:图表填空,推敲内涵辨析异同。

活动:辨析文中提到的几组词语,"树叶"与"木叶","落木"与"落叶",它们之间有何区别?学生可以通过表格或手绘的形式来直观展示。

明确：从检索到的信息中，我们能够明确看到作者的态度，古诗词中"木叶"的形象优于"树叶"，"落木"的形象优于"落叶"。从语言本质上讲，二者没有区别，但是在诗歌语言的暗示性特征上有区别，"木"与"叶"在形态、颜色和质感上有不同之处。因此，诗人对于语言的精准体会、调整，往往营造出全新的意境，带给读者全新的体会。

环节二：引导学生比较分析，概括归纳，把握本文学术随笔的文体特征。

任务一：画一个树形的思维导图，整理文章的思路和结构。

活动：作者的行文思路就像是树和枝杈，正好和文章的内容匹配，尝试画一个树形的思维导图，整理文章的思路和结构，请学生在文中找出或概括出关键词和重点句，分别填入思维导图的"树干"和"枝杈"中，分小组合作，讨论后画图，每组派代表来展示。

明确：这棵树的主干是"木叶形象受钟爱"，第一根树枝是"木叶概念的差异"；第二根树枝是"一字之差就是一字千里"。第一根树枝的延伸枝是"聚焦木字"，第一个枝杈是"木叶的第一个艺术特征"，第二个枝杈是"木叶的第二个艺术特征"，连接它们的横杈是"诗歌语言的暗示性"。第二根树枝的延伸枝是"艺术形象领域"，第一个枝杈是"在前人的创造中学习"，第二个枝杈是"在自己的学习中创造"，连接它们的横杈是"诗歌语言丰富多彩"。

任务二：圈出全文的问句，并在文中寻找答案，做出标注。

活动：学生用圈点和画线的方式找出全文的问句，并在文中找到对应的答案，小组合作探究，可以用表格的形式直观展示。

明确：文章通过提问，用排除的方式，循序渐进地引入作者的思考，深化作者的疑问，再通过逐步剖析，最终揭开"庐山真面目"，抽丝剥茧，聚焦到"木"的艺术特征上，作者林庚先生先排除掉人们心中的常识判断，使分析更有说服力，这是写作的"读者意识"和"严谨思维"，同时也是"说"这种文体的特点的表现。

环节三：在阅读和表达交流中发展学生批判与发现的能力，养成其探究文化问题的浓厚兴趣和意愿。

任务一：结合我们的阅读经验，有些包含"木叶"的诗句呈现出来的特征与作者观点相矛盾，你如何看待？

活动：学生结合自己的阅读积累或者查阅文献资料后，在理解诗文的基础上，研讨质疑，整理呈现。

明确："木叶"作为一整体，不好分而析之。离开了"叶"，"木"固有"木材"之义,且有"棺木"之义,甚至引申有"质朴""麻木"等义项。但"木"一旦与"叶"组合起来,它就与"木材""棺木"毫不相干了。更重要的是,"木叶"离开具体的句子和篇章,它就只是一个名词而已,词典的解释是"树叶",只有进入某种语境,作为语境的一个组成部分,它才可能获得一般概念之外的有一定指向性的暗示。

1."木叶"本身果真"自然而然有了落叶的微黄与干燥之感"吗?

溪冷泉声苦,山空木叶干。(高适《使青夷军入居庸》)

溪浸山光冷,秋凋木叶黄。(常达《山居八咏》)

空山秋高木叶黄,茫茫百草凋秋霜。(陆游《虎洞》)

举例诗文中言及"木叶",总是形容以"干""黄"或者配搭以"凋""落",如果"木叶"本身就含有暗示性,上述诗句岂不是都犯了重复的毛病?

2."木叶"诗句常常与"秋"有关,这是屈赋带过来的"基因"决定的,但不一定与"离人的叹息"和"游子的漂泊"有关。

木叶最宜新雨后,鸟声更胜暮春时。(陆游《山房》)

木叶飞时看好山,山亦于人耐。(卢祖皋《卜算子》)

两诗都用了"木叶",但毫无悲凉之感,而是表达了一种欣赏,一种陶醉。

3."木叶"本身不等于"黄叶",更不等于"落叶"。

永平中,知天下将乱,隐于商洛山,衣木叶,食树果。(《晋书·董景道传》)

吾乡山蚕,食椒椿槲柞诸木叶而成茧。(王士禛《池北偶谈》)

能做衣服蔽体的叶子,能养蚕成茧的叶子总不会是枯黄的吧?当代诗人徐迟在《不过,好日了哪天有?》中干脆说"淹没在墨绿的木叶中"了。

4.大凡只用一个"叶"字的,都是"树叶"的省略,而"木"本身则仿佛就含有"落叶"的因素。不过也有例外。

高高山头树,风吹叶落去。(北朝民歌《紫骝马歌辞》)

重阳过后,西风渐紧,庭树叶纷纷。(晏殊《少年游》)

这里都用的是"树",而不免"风吹叶落去"。

5."高树"则饱满,"高木"则空阔吗?

早梅发高树,迥映楚天碧。(柳宗元《早梅》)

半川阴雾藏高木,一道晴霓杂落晖。(曹松《岭南道中》)

任务二:对比阅读,师生研讨,辩证看待观点。

活动:通过对比阅读和师生共同研讨,学生就文本的内容或形式提出质疑,找出证据支持自己的观点,反驳或补充文本的观点。拓展延伸,使学生提升实证推理和批判发现的能力,养成探究文化问题的浓厚兴趣和意愿,能用课堂所学的策略和方法去解决学习和生活实际中遇到的具体问题。

由此可见,扎根古典文意的语言观和文学鉴赏的语言观有相似之处,也有不同之处。语言的根本在语用,具体的语言使用情境和使用语言的主体,决定了语言的不同风格和价值。墨子的学说被后人称为"墨辩学",他提出了立论的三条标准:一是要推究来历,借鉴古代圣王的经验;二是要详察实情,考察现今人民群众耳闻目睹的事实;三是要查验实用,看对国家、对人民是否有利。这就涉及语言的实际功用了。

一次,墨子给他的弟子传授论辩之术。两个弟子针对"多说话有没有好处"这个问题争得面红耳赤,相持不下。其中一个叫子禽的弟子便问墨子:"多说话有好处吗?"墨子回答说:"蛤蟆、青蛙、苍蝇、蚊子日夜不停地叫喊,嘴巴也叫干了,舌头也喊乏了,可是没能博得人们的欣赏。而雄鸡在黎明时刻只需高叫一声,天下的人都为之振奋起来,开始一天的生活和劳作。你看,多说话有什么好处呢?要紧的是,话要说得切合时机呀!"

后期墨家进一步充实和完善墨子的理论,提出了三条原则,即"以名举实,以辞抒意,以说出故"。就是说,运用名称、概念时,要名副其实;说明问题时,词要达意,不要玩弄文字游戏;说明事物之所以然时,要采用论证的方法,做到有理有据。

古希腊、古罗马是欧洲思想文化和口语艺术的发源地。公元前11世纪至公元前9世纪,是古希腊历史上的"荷马时代"。《荷马史诗》生动地记载了许多精彩演讲,并且第一次提出了"演讲艺术"的概念。当时,还有人把口才称颂为"艺术的女王",并概括总结出口才具有三大职能:为人们解释、说明事物及事理;激发人的情绪,鼓舞人的斗志;给人以某种精神上的享受。

总而言之,语言是一个人核心素养的重要组成部分,与思维、文化、审美等相互融合,形成了有机的统一体。

第二节 实用性阅读交流的书信课

一 古典文人书帖中的尺牍深情

现代交通和通信技术的进步,极大地改变了人类的生活和交流方式,通过电话、电子邮件、短信、微信等传递信息,天涯海角近在咫尺。然而,古代交通不便,旅行只能靠双脚和车船骡马,相别动辄经年累月,传递信息的主要渠道就是写信,留下了"鱼雁传书""织锦回文""家书抵万金"等种种典故。

清代学者姚鼐认为,最早的书信,是《尚书·君奭》中记录的周公旦告召公奭的一段话。[①]这只是就现存文献而言,实际上书信起源应该更早。著名文学理论家刘勰认为,书信这种文体真正发达是在春秋战国时期。"古者使受辞命而行,且简牍繁累,故用书者少。其见于传,与人书最先,实为郑子家。"[②]这一时期,无论是诸侯国之间,还是贵族士大夫个人之间,交往频繁,书信遂被大量使用。李斯《谏逐客书》、邹阳《狱中上梁王书》、枚乘《说吴王书》、司马迁《报任安书》、杨恽《报孙会宗书》、刘歆《移让太常博士书》等,就是其中出类拔萃的名篇。

从两汉到魏晋南北朝,随着文学的发展,各种文体进一步分化,"书"也经历了两次重要的分化。士大夫与帝王之间的往来文章,以及和官府之间的往来书札,原来都称为"书"。秦汉以后,为了加强帝王的权威,帝王写给臣民的文章,被称为"命、谕告、玺书、批答、诏、敕、册、制诰"等,士大夫写给帝王的文章被称为"表奏",它们都从"书"中分化出去了。到了东汉时期,官府之间的往来书札被称为"奏记""奉笺",也从"书"中分化出去了。梁萧统编《文选》,就已将"诏、册、令、教、策、表、上书、弹事、笺、奏记"等与"书"区分开了。总体而言,经过这一分化,属于公文的"书",即所谓"公牍",就基本上从"书"中独立出去了,此后,"书"就主要用来指相对个人化的书信。两汉以后,随着纸张的发明和使用,书

---

① 姚鼐.古文辞类纂[M].边仲仁,标点.长沙:岳麓书社,1988:序2.
② 黄侃.文心雕龙札记[M].周勋初,导读.上海:上海古籍出版社,2000:82.

写变得更为便利,亲人、朋友之间的日常联系越来越多地运用书信。与此前的公牍性书信,以及比较郑重、正式的论政、论学书信不同,这类书信一般篇幅短小,内容日常生活化,语言活泼轻松,后人称之为帖、短笺等,近似于现在的便条、字条。①

"尺牍"之称,起于汉朝。当时朝廷的诏书都写在一尺一寸长的竹木板上,所以称"尺牍"或"尺一牍",是包括朝廷诏书在内的所有书信的通称。当公文性的"书"被改称为"诏""敕""制""奏""疏""表"等而独立出去,个人化的"书"内部又发生分化之后,"尺牍"遂被专门用来指比较日常生活化的书信。人们用丝帛、纸张写信,也比照"尺牍"的说法,称"尺素""尺缣""尺锦""尺纸"等。从魏晋南北朝到唐宋时期,人们越来越多地写这种帖、短笺,即"尺牍",但它们还不受重视。人们重视的还是那种比较郑重、正式的论政、论学的"书",认为这种"书"才比较有价值。王羲之的众多帖、短笺之所以能流传下来,是因为他的书法为世人所重。直到南宋年间,人们对"尺牍"的文体特征才有了比较清晰的认识,因而将它与比较郑重、正式的论政、论学书信区分开来。狭义的"尺牍"作为一种文体,遂正式登上文坛。②自此以后,比较郑重、正式的论政、论学的"书",一般被视为"古文"之一体,而比较日常生活化、篇幅短小、文风活泼的"尺牍",则被归于"小品文"的范畴。

尺牍历来是比较受欢迎的读物,用鲁迅先生的话来说,"日记或书信,是向来有些读者的"③。人们为什么对尺牍感兴趣?古代尺牍对当代人还有何价值?尺牍可以帮助我们更准确深入地认识历史的真相。中国素来有重视历史的传统,记载历史的文献可谓汗牛充栋。但大部分正史记录的都是重大历史事件,描写的都是风云人物在朝堂、疆场上的壮举,属于宏大叙事,较少触及这些人物的日常生活图景,包括他们与家人、亲友、同僚等之间盘根错节的微妙关系,以及他们复杂幽微的内心活动。而他们所写的书信,则与各种笔记、野史等一起,展现了历史的另外一面。

比如,王羲之的《兰亭集序》流露出人生无常的伤感情绪,也有力地批判了当时颇为流行的"一死生""齐彭殇"的虚妄思想。这在崇尚玄学、老庄思想的东

---

① 钱钟书.管锥编:第三册[M].北京:中华书局,1979:1108.
② 浅见洋二.文本的"公"与"私"——苏轼尺牍与文集编纂[J].文学遗产,2019(5):76.
③ 鲁迅.鲁迅全集:第六卷[M].北京:人民文学出版社,2005:428.

晋时代有其现实的积极意义。永和九年(353年),王羲之与谢安等人聚会,饮酒赋诗。《兰亭集序》即为王羲之所作总述此事之序。

首先,可以从文体学的角度,结合与会诗人的作品深化对《兰亭集序》的理解。

其次,可以从当时王羲之写的三封信中看到更多历史的真相和细节。如果说正史反映的是这些人物戴着面具的表演,那么书信等则在一定程度上反映了他们摘下面具后的真相。如果说前者展现的是台前的景象,那么后者则揭示了幕后的种种细节。看历史,既要把握大局,也要深入细节;既要看到正面,也要看到反面。只有将这些不同的面拼接在一起,才可能接近历史的真面目。

第一封信给殷浩(建武将军):评价多次北伐,殆同秦政,前景悲观。第二封信给司马昱(主持朝政):以具体数据痛陈东晋北伐的症结。第三封信给尚书仆射谢安:简述辞官的原因。

从书信中获取的这些零碎而生动的细节,可以大大丰富我们对历史真相的认知,让我们对历史的印象由粗线条的轮廓变为鲜活的图景。相对来说,在各种文体里,书信和日记是较能真实反映人们的内心世界的。周作人曾指出:"日记与尺牍是文学中特别有趣味的东西,因为比别的文章更鲜明的表出作者的个性。诗文小说戏曲都是做给第三者看的,所以艺术虽然更加精炼,也就多有一点做作的痕迹。信札只是写给第二个人,日记则是给自己看的(写了日记预备将来石印出书的算作例外),自然是更真实更天然的了。"[①]

再次,王羲之的其他书帖,也对深度理解文本和作者的历史处境有很大的帮助。

例如,《丧乱帖》。

《丧乱帖》反映了丧乱时期,王羲之痛苦不安的情绪,因无意于书,故书法越见自然。其用笔结字与《兰亭序》比较,略带古意,有些专家推断此种体式的字应更近王羲之书法的本来面貌,所以《丧乱帖》也成为研究王羲之书风的重要材料。此帖用笔挺劲,结体纵长,轻重缓疾极富变化,完全摆脱了隶书和章草的残余影响,成为十分纯粹的行草体。书写时先行后草,时行时草,可见其感情由压抑至激越的剧烈变化。

韩玉涛在《王羲之〈丧乱帖〉考评》一文中,说此帖不可及处有四:第一,这本

---

① 周作人.雨天的书[M].长沙:岳麓书社,2019:14.

身就是一篇优秀的杂文;第二,此帖字势雄强,是右军真面目,是真正的右军风骨;第三,《丧乱帖》兼备雄强和惨淡之美;第四,此帖表现了由行入草的完整的过程。因此,《丧乱帖》是一件难得的珍品,是王羲之最有代表性的末年之作。《丧乱帖》为抒发作者悲痛之情的作品,故挥洒淋漓,流贯不羁,与《兰亭集序》的流畅与浑然一体不同,写《兰亭集序》时的心情以轻松欢快为主,《丧乱帖》中字迹潦草,时有滞顿的痕迹,可见王羲之书写这幅作品时的悲愤与郁闷之情。

再看《积雪凝寒帖》和《快雪时晴帖》,又是另一番日常生活境遇和性情。

《积雪凝寒帖》是王羲之在冬天里写给朋友周抚的一封信。这个冬天寒冷,积雪未化,五十年来未曾遇见。在这样的环境下,想起与朋友多年的友情,不禁产生悠悠之情。王羲之在书写用笔上方处锋棱可截铁,圆处婉转若飘带。

《快雪时晴帖》是一封书札,是王羲之在大雪初晴时以愉快心情对亲朋的问候。其中或行或楷,或流而止,或止而流,富有独特的节奏韵律。其笔法圆劲古雅,无一笔掉以轻心,无一字不表现出意致的悠闲逸豫。即使偶尔重心忽左忽右,全局依然匀整安稳,不失平衡的美感。

书信本是一种应用性很强的文体,把要说的事情说完就可以了;写信是一件很雅的事情,不仅笔墨砚纸马虎不得,行款格式也有讲究。书信本身则力求写得生动活泼,于尺幅中见巧思。或如语家常,娓娓道来;或夸张调侃,风趣幽默。表关切则务求语气平和,有请托则力戒卑躬屈膝,要尽可能恰如其分,彼此两宜。结构则似信笔所至,而姿态横生。有些精巧鲜活的表达方式,在其他文体中是不可能出现的。相较于比较艰深的经史著作和诗赋古文,小巧活泼、饶有情趣的尺牍,就成了阅读起来最轻松、可读性最强的文体。

鲁迅先生反复强调书信的作者也往往免不了"做作"和"用心机",因此读者"也不能十分当真"。[①]我们应该对此抱有充分的警觉。古代有些人写信给某人谈某事,本来就是准备公之于世的,相当于写公开信,这种文章就和一般文章没有多少差别,只是运用了书信这样一种文体形式而已。有些比较有名的人物,即使是写给朋友和家人的书信,或为名,或为利,或为了名利双收,早就打算日后结集出版,写的时候就不免有诸多顾忌和矫饰。人们在把有些信件收入文集或尺牍集时,还会做许多加工,加上一些漂亮话,删掉某些敏感内容,其真实性就要大打折扣了。但鲁迅先生也认为书信的内容"究竟较近于真实",通过书

---

① 鲁迅.鲁迅全集:第六卷[M].北京:人民文学出版社,2005:428-429.

信,可以"从不注意处,看出这人——社会的一分子的真实"。[1]大部分书信一般都是写给亲人或比较熟悉的朋友的,作者的心态往往比较放松。有些在公开场合不能说的真实感受和想法,可以向亲人和朋友一吐为快。说过之后,写信人往往还不忘记嘱咐收信人,所言不足为外人道,甚或要求看后即销毁。如苏轼《答李端叔书》云:"自得罪后,不敢作文字。此书虽非文,然信笔书意,不觉累幅,亦不须示人。必喻此意。"[2]看过苏轼给亲友的诸多书信,我们就知道,在旷达洒脱的外表下面,一代天才心中又有多少悲苦与无奈。

二 革命传统作品中的家国情怀

历史学家对于私人信函的史料价值早有论述,他们从信函中详细分析其史料价值,逐一申论这些信函对还原和认识历史真相的重要意义。对史学研究者而言,更重要的还是在尺牍的文字内容中有可能包含的史料价值;从历史文献的角度来看,尺牍属于写本文献之一种,又有人际交往的信息传递价值,可供人们借鉴人际交往之道,尤其是语言交流的必要礼仪和技巧。古人既然写信,纸短情长,就要注意锤炼字句,力求表达清晰优美。对不同的对象,也要用不同的称谓和表达方式,以表示礼貌,务使"尊卑有序,亲疏得宜"。教材中,有实用类人际交往的书信,如林觉民的《与妻书》,又有极具史学价值和文学价值书信,如王安石的《答司马谏议书》,这些都可以成为一个大单元教学的案例:

1.读《答司马谏议书》,感受说理之妙。

任务一:怎么说,才得体?——基于具体情境的言说策略。

对照译文,阅读司马光《与王介甫书》和王安石《答司马谏议书》,完成以下表格,体会面对不同的对象,要使用不同的说话态度、说话方式、说话策略。(如表4-1)

---

[1] 鲁迅.鲁迅全集:第六卷[M].北京:人民文学出版社,2005:428-429.
[2] 张志烈,马德富,周裕锴.苏轼全集校注:第十六册:文集七[M].石家庄:河北人民出版社,2010:5345.

表 4-1 《与王介甫书》与《答司马谏议书》读后分析表

篇目	对象	称呼对方	自称	关系	目的	态度	言说策略
《与王介甫书》							
《答司马谏议书》							

王安石曾经为治痰火之症,请求在黄州为官的苏轼在来往长江三峡时,顺便从中峡给他带一瓮水,用来冲泡阳羡茶,并在信中客气地说:"我的衰老之年,可以说都是你苏大学士替我延长的了。"一年后,苏轼亲自将水送到了王安石府上。但当侍者将新泡之茶捧上来时,王安石一见茶色,便皱起了眉头:"你这水是从哪里取来的?"苏轼回答:"中峡。"王安石笑道:"此水是下峡之水,如何假装是中峡之水?"苏轼大惊,忙问:"您是怎么分辨的呢?"王安石道:"上峡的水,水性太急;下峡的水,水性又太缓;只有中峡的水是缓急相半,中和相当。这在古书上有明确记载。故而用三峡水烹阳羡茶,上峡之水,茶味太浓;下峡之水,味又太淡;唯有中峡之水,才不浓不淡,恰到好处。你看这茶,茶色半晌才开始出现,这不明摆着就是下峡之水吗?"[1]

原来在苏轼过三峡时,那奇崛险峻的三峡风光让他深深地陶醉其中,等他回过神时,船已至下峡。而王安石的一双慧眼和丰富学识,也让苏轼叹服不已。苏、王二人在政治上并非同道,然皆能以礼相待,即便一方落难,诗文唱和也从未绝迹,从他们往来的书信中也可以窥见两位文人学士的真性情。同样的,在王安石与司马光的信件来往中,我们也能体会到书信在面对不同的对象、不同的情境时所采用的不同的具体言说策略。

任务二:怎么说,才有效?——指向任务解决的有效言说策略。

思考:收到司马光的来信,面对来自下级官员(兼朋友)的指责,王安石有没有对这些指责做出同样细致的反驳?他是如何反驳的?用了什么论证手法或言说技巧?又用了哪些重要的依据来支撑自己的观点?

王安石采用了先立后破的方法,先立的是"盖儒者所争,尤在于名实,名实已明,而天下之理得矣"。但是,立场角度不同,对同一件事(即"实")是否合理

---

[1] 马军.千年茶香[J].月读,2018(5):79-80.

(即"名"是否"正")的看法,就会有所不同,甚至截然相反。这样的立,是抓住问题本质的高屋建瓴的立,可以避免因纠结于表面现象和具体事实而使自己陷于琐碎辩解的不利处境。

任务三:自主阅读《答司马谏议书》,圈画观点句、关键词,绘制思维导图,厘清文章的说理思路。

作为一篇驳论文,《答司马谏议书》敏锐地抓住司马光责难的实质,点明其为名实之争,也就是思想和政治路线的根本分歧。王安石逐条反驳,论证改革派变法的正确性,揭示司马光责难的名实不符和因循守旧,在阐明自己政治观点的同时,表达出不为流俗所动、坚持改革的坚强意志和决心。

《答司马谏议书》是书信,书信往往有特定的读者对象,有特定的事由与目的,当然也有特定的语境。说理文同样存在理与情、逻辑与历史的纠缠。在《答司马谏议书》中,尽管王安石保持了相当的理性与克制,但读者还是不难读出他的文字中的意绪。客观地说,"气盛"属实,"理足"则未必。此文不仅涉及"王安石变法"复杂的历史背景,还涉及彼时微妙的政治关系与官场生态。

2.读《与妻书》,感受革命者的家国情怀。

在临难之际,革命先烈林觉民对至亲至爱的人敞开心扉,写下了这封《与妻书》,真可谓饱含血泪,至情至性,感人至深。阅读这封尺牍,我们会对人性的光辉、人生的悲欢和人世的苍茫有更深的感悟。

任务一:以李清照的《一剪梅·红藕香残玉簟秋》引入,带领学生观其"形"。

任务二:让学生欣赏朗读《与妻书》,进行分享交流,品其"文"。

这封写给妻子陈意映的信,林觉民写在了一张手帕上,嘱托友人转达。后来林觉民英勇就义,他的这封"文如黄钟大吕,情如杜鹃啼血"的家书也就成了遗书。仔细观察珍藏于福建博物馆的《与妻书》真迹,对比课本上的印刷体版本,你有什么新的发现或者新的感受?

任务三:引导学生体会写信人的至情至性,寻其"质"。

引导学生从历史文献的角度来感受尺牍文献的历史和艺术价值。从书信写作的交际价值来看,书信是作者尽情倾吐心声的载体,本身就具有自由抒写的特点。书信的价值首先体现在实用和交际上,其承载着丰富的情感和信息。作为一封家书,一封遗书,《与妻书》实际的目的是"诀别",承载着林觉民赴死的决心和对妻子难以割舍的爱,承担着他对国家和民族热切的希望。

任务四:让学生进行跨媒介阅读,体会文学与理想不朽,真爱与信念永存的伟大情怀。

围绕文字、文献、信札、剧本,实用类文本书信体的教学,可以让学生在跨越不同媒介的过程中把握书信体的交际、历史、文化价值,学生也可以开展书信交流、戏剧表演、文学评论等多元媒介的语文学习活动,丰富审美体验和感受。

任务五:让学生开展同主题的对比阅读活动,落实实用类文本的交际功能,选择一位合适的对象,开展写一封信的学习活动。

在信息化时代,人们还能体会"车、马、邮件都慢"的浪漫吗?以前的作家们热衷于在书信中谈天说地、抒情写意。和文学作品相比,书信更能让我们看到作家们真实的一面,也更能感受到作家的个人魅力。这些信件常常扣人心弦,也具有教育意义,或许重温"写给你的一封信"能促使你拿起纸笔,写下自己值得纪念的信,诠释传统书信的重要性及其无与伦比的魅力。

阅读推荐书目:

①《爱你就像爱生命》。

此书收录了王小波20年人生里最重要的127封书信。"致李银河"部分,呈现这段"神仙爱情"从相识、相知到相恋的全过程。"致其他人"部分,让我们看到生活中的王小波如何与朋友们谈起烦恼、快乐、坚持、理想。

②《赫尔曼·黑塞与托马斯·曼书信集》。

诺贝尔文学奖得主赫尔曼·黑塞与托马斯·曼,用数十年的书信往来,向我们诠释了"君子之交"的真义。尽管出身、艺术趣味和读者群体都不相同,赫尔曼·黑塞与托马斯·曼却分享着如出一辙的对真理的渴望。从这些书信中,我们看到这两个有才华的人,不仅关注着细微之处闪现的艺术之美,也时刻站在更高的层面上思考人类的未来。

③《傅雷家书》。

傅雷在给傅聪的信里这样说:"长篇累牍地给你写信,不是空唠叨,不是莫名其妙的gossip,而是有好几种作用的。第一,我的确把你当作一个讨论艺术、讨论音乐的对手;第二,极想激出你一些青年人的感想,让我做父亲的得些新鲜养料,同时也可以间接传布给别的青年;第三,借通信训练你的——不但是文笔,而尤其是你的思想;第四,我想时时刻刻,随处给你做个警钟,做面'忠实的镜子',不论在做人方面,在生活细节方面,在艺术修养方面,在演奏姿态方面。"贯穿全部家书的情谊,是要儿子知道国家的荣辱、艺术的尊严,能够用严肃的态度对待一切,做一个德艺俱备、人格卓越的艺术家。

④《张爱玲给我的信件》。

对一位杰出作家的最好的纪念,莫过于重印和推介其著作,书信理所当然也包括在内。此书收录了张爱玲与夏志清百余封来往书信。不仅张爱玲致夏先生的信札非常丰富,夏先生对这些信札非常所作的"按语"也十分详细。许多"按语"或交代张爱玲这些信札的写作背景,或披露鲜为人知的文坛故实,或提供进一步研究的线索,有的本身就是一篇出色的小评论,同样值得读者反复品味。

⑤《书信中的世界史》。

此书收录了各种主题的书信:情书、家信、决斗书、外事交涉、战争宣言、和平方案等。这些书信真实封存着人类所有的生活和信念,有的甚至是研究历史的一手资料。除了载录书信原文,作者西蒙·蒙蒂菲奥里还为每一封信撰写时代背景与人物小传,以帮助读者更好地理解书信中所传达的信息。这些书信,有的鼓舞人心,有的令人不安、让人心碎……书信折射出无数个体的选择与人类普遍的情感,能够帮助我们更好地理解过去的历史,也帮助我们理解当下和未来的生活。

第三节 具身认知视域下的写作课

一 "我和我的家乡"具身写作课

"具身认知"是当代心理学的热门话题,是相对于"无身认知"而言的。传统认知心理学主张大脑就像计算机:大脑的生理结构就像计算机的硬件,心智和认知则像计算机的程序性软件。认知的一切都发生在大脑中,与身体构造和身体运动无关,身体成了心智的"载体"或"容器",认知自然可以是"无身的"。美国语言认知学家雷可夫和约翰逊是具身认知理论的鼻祖,他们提出的具身认知理论观包括三个基本思想:心智是具身的;隐喻是思维的核心;认知是无意识的。从本质上讲,认知是一种身体经验,而这种经验源于有着一定物理构造和运动能力的身体。作为认知过程的知觉并没有脱离身体,而是存在于知觉引导的行动中,与身体运动水乳交融、浑然一体,认知结构形成于身体运动中反复出现的感知——运动模式,是身体动作的一种"内化"。因此,认知是一个具体身体的认知,是"具身"的,这意味着:认知基于身体,源于身体。

《普通高中语文课程标准(2017版)》特别强调语文课程是一门实践性课程,应着力在语文实践中培养学生的语言文字运用能力,并且要创设综合性的学习情境,让学生多经历、体验各类启示性、陶冶性的语文学习活动,逐渐实现多方面要素的综合与内化,养成现代社会所需要的思想品质、精神和行为方式。基于历史经验和现实需求,要让学生在教学内容和教师的引领下进行自主的语言文字运用实践,活动内容要紧扣学习语言文字运用的任务和语文学科核心素养,这与具身认知强调学习是知、情、意、行有机结合的主张高度契合。法国哲学家梅洛-庞蒂曾说过,世界的问题,可以从身体开始,要想根本上解决学习的问题,应从身体的研究入手,探索身体在认知过程中如何发挥作用。具身认知强调环境的重要性,认为环境是认知发生的先决条件,只有在与环境进行相互作用的过程中,心智才会不断成熟,环境与身体、认知是一个紧密联系的整体,缺一不可。正是基于这个理念，我们认为教学应该是身体多通道感知觉的情境交互。多通道感知觉主要指调动身体的多种感知觉，如视觉、听觉、触觉、嗅觉等，获取对事物的全方面认识，提高学习效果。情境交互包括两个方面：一是要求所创设的情境能够支持学生的具身学习；二是这种情境应建立在学生的社会生活背景下，使其产生积极参与的动机。而且情境交互必须是一个长期持续的循环过程，涉及两个层面，既是身体的结构或动作参与的交互，也是身体已有经验与情境的交互。

具身认知视域下的学习方式，重在学习过程中的主体体验。运用这种学习方式的写作教学设计一方面注重引导学生体验学习过程中的丰富情感、积极的思维活动；另一方面注重引导学生自如面对来自现实中的各种真实情境和问题，在知识与实践相互作用的亲历践行中完善认知结构，培养和发展自身解决实际问题的能力。例如具身认知视域下的"我和我的家乡"写作课，可以让学生在写作过程中亲身经历家乡的风情与变化，从而形成更深刻的乡土认知和情感体验。

任务一：围绕一个关键词，讲述"我和我的家乡"。

这节课以"我的家乡"为辐射轴设计活动，引导学生面对自己熟悉的生活，回忆已有的生活经验和感受，讲述自己知道的关于家乡的故事。教师以自己在漳平的东湖村拍摄的一张梨花照片导入这节课，问学生："看着这张照片你能想起什么？是白居易在《长恨歌》里写的'玉容寂寞泪阑干，梨花一枝春带雨'？还是晏殊《破阵子》中写的'燕子来时新社，梨花落后清明'？你们生于斯、长于斯，肯定有很多关于家乡的故事和感受，请围绕某一个关键词，跟同学们讲述你的家乡故事。"有的学生以"山里的杜鹃花"为关键词，讲述故乡永福镇因杜鹃花而产生的变化。有的学生以"路"为关键词，讲述故乡漳平城区道路的变化。

具身认知视域下的写作教学要注重教学环境的设计。一方面，教学环境的设计必须是生活的，流动的，符合学生"身体—大脑"要求的，只有贴近学生的生活实际，学生才会感到熟悉、友好、亲切，进而产生思想、情感的共鸣。另一方面，环境是呈现知识的隐喻载体，知识是变动不居的，它必然在碎片性的瞬间获得，只有在教学中适当地呈现整体性的微环境，才可能使学生主体的完整性得以产生。因此，在这个活动环节，我们除了让学生从自己熟悉的环境的角度来讲述自己对家乡的体验和感受，还要结合更多的背景材料，让学生对家乡环境有更全面、客观的认知。

任务二:运用思考工具"九宫格",丰富和深化讲述的内容。

向学生介绍"九宫格"这种思考工具,用来丰富、提炼、深化要讲述的内容。"九宫格"是一种有利于人们发散思维的思考工具,它利用一幅九宫格图,将思考主题放在中心位置,然后把由主题引出的各种事物、联想、思考等分别置于周围的八个空格中。它可以用来激发思考,分析问题的各种可能,也可以用来厘清较复杂的问题,发散思维,分析原因并找出解决方案。(如图4-1)

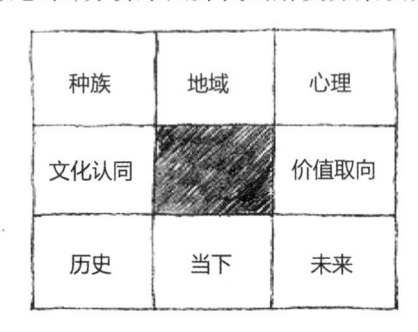

种族	地域	心理
文化认同		价值取向
历史	当下	未来

图4-1 思考工具"九宫格"

有学生以"清风在怀,茶香远引"为关键词讲述"南洋茶乡"的前世今生时,有意识地从茶农、地方政府和产业文化等多个角度来进行讲述:一个以种茶、制茶、售茶为主要产业的传统村落,在改革开放的助推下,正一步步揭开她古朴而神秘的面纱,将"茶文化"推广到各地,在发展和融合中促进茶文化的传承。政府修建公路,为茶文化的"走出去"打通了第一条路;生态茶园的建立也让南洋的茶香远飘四方;当地开展的"斗茶"主题系列活动,激发了茶农们的内在积极性。这丰富了当地百姓的日常生活,使茶农的制茶技艺不断得到改进,焕发出无限的生机。这项集生活与产业于一体的活动,不但为茶农开拓了一条新销路,更是将茶文化的清香与醇厚飘然远引。

还有学生以"变与不变"这个关键词,概括讲述了家乡的人们在物质和精神方面的诸多变化和不变的信仰:生活中人们的通信方式在改变,人们的问候祝福方式在改变,但人与人之间的深厚情谊并未改变;随着科学技术的发展,育茶、采茶、烘茶、制茶的工艺不断地改进,人们对茶文化的传承之心从未动摇;为谋求经济发展,人们兴建公路,政府引进资金兴办工厂等,但人们对自然的敬仰和生态环境建设的初心没变。面对今日之漳平,我们看到它的成长、巨变,但在这变的背后,是人们不变的信仰。万物有所生,而独知守其根。家乡要有所生,那么必定要发展变化。但是,要谋求长远发展,不在发展中迷失自我,就要守其根,而这根,便是我们在变化洪流中坚守的不变的信仰。

具身认知理论认为,身体、心智与环境是认知过程中的有机统一体,身体与环境的互动为认识客观世界提供了最原始的概念,同时身体也为认知提供了对象。在这个过程中,"学生的主体体验"是个体获取知识的必经途径,而认知体系的建构也源于主体自身的感知、体验以及经过认知加工后获得的对外在事物的解释。如果说"经验"有其静态、固化的一面,那么"体验"则是动态、鲜活的。学生讲述自己对家乡的认识和感受的这个环节不是学生个人"自我"的罗列,而是与同学之间的分享交流,同时也是对另外一个主体的凝视与体察,学生的主体体验在分享交流和反思回馈中不断内化生成,不断获得动态和鲜活的体验,于是"自我—世界"这个范畴得到扩展,学生主体的完整性才可能产生。

任务三:通过设置不同的真实生活情境,引导学生更好地进行表达。

那么,我们该如何选择恰切的讲述方式呢?这一方面取决于自己的表达需要和习惯;另一方面则取决于不同写作任务的设计。比如同样是讲述家乡的故事,在不同的写作情境下,讲述的方式和内容也会有较大的不同:在学校的毕业典礼上发表讲话;向外地的友人介绍自己的家乡;给相关杂志供稿。

艾斯特·西伦等人曾指出:认知源于身体与世界的相互作用,心智发展依赖有机体的多种经验,这些经验来自具有独特知觉和运动能力的身体,它们之间不可分离、彼此相连,共同形成一个包含记忆、情绪、语言和生命等方面在内的完整有机体。[1]

学习正是人、内容与环境在以问题为中心的活动中通过相互作用建立有机联系进而概念化的过程,是学生主体以自身的言语、行动和经验为载体进行表征的心智过程。因此,具身认知视域下自主成长的学习方式,重在学习过程中的体验。一方面,教师需要注重引导学生体验学习过程中的丰富情感,体验积极的思维活动;另一方面,教师需要引导学生自如面对来自现实中的各种真实情境和问题,从生活中获取灵感,从问题的初始状态转向目标状态,在知识与实践相互作用的亲历践行中完善认知结构,培养和发展自身解决实际问题的能力,使学生始终具有创造性和生成性,在体验中学会知识的理解与表达,逐渐成为精神饱满的人。

具身认知视域下的写作课,还可以引导学生从身边的现象入手,关注时事,

---

[1] 张良.具身认知理论视域中课程知识观的重建[J].课程·教材·教法,2016(3):68.

运用整体性的系统思维,学会思考,学会分析,学会表达。比如,以中国乒乓球的发展之道为阅读材料,让学生选准角度、确定立意(材料和要求):

"帮助对手进步,我们也会变得更强大",也就是"助人者自助",这也使得世界乒乓球运动回复到体育"更高、更快、更强、更团结"的本义中。面对"外国选手在一些国际大赛中战胜中国队"的担忧,如果能关联到总起句中的"被移出奥运大家庭",这只是"近忧",而长远发展才应是"远虑"。这种思考,就具有了深刻性和批判性。

中国乒乓球在推动世界乒乓球运动发展的同时,也让自己始终站在世界之巅。这句话讲乒乓球运动发展"中国"和"世界"的格局意识,把那句"帮助对手进步,我们也会变得更强大"推向更高的境界,使其具有更大的格局,成为一种更为长远的发展之道。

可见,每一个表象背后,都有一个黑盒子。我们看不见它,但这个黑盒子,才是所有规律产生的原因。了解这个黑盒子,需要系统思维。帮助学生进行理性思考分析的系统思维,有哪些要素和连接关系呢?系统思维的"要素"是变量,它们之间有4种"连接关系"。其一是因果链,因果链把系统中所有变量都连接起来。其二是增强回路,因果链首尾相连形成"回路",因增强果,果又增强因的,叫正向增强回路;因减弱果,果又减弱因的,叫负向增强回路。其三是调节回路,如果说增强回路的存在,是让这个世界走向极端;那么调节回路的存在,就是让这个世界回归平衡。其四是滞后效应,因果不是瞬间连接的,回路也不是瞬间闭合的,它们之间都有时间差,这就是滞后效应。

为了让学生更好地理解整体性的系统思维,我们可以分享一些好的演讲作品,如《超级演说家》中陈铭的演讲作品,题目叫作"女人永远是最佳辩手"。

我们可以引导学生结合生活中的真实案例和社会现象,在具身认知中学会思辨与表达。

案例1:9秒83的速度,包含着人类对更高、更快、更远的极限追求。奥运飞人苏炳添,作为大学副教授,也具有知识气质和教育情怀。"奥运冠军写论文研究自己",对此你怎么看?有网友在查询论文时,发现了奥运冠军徐梦桃和武大靖的论文。有网友调侃:"这年头运动员写论文都是'自己研究自己'啊。""有没有一种可能,他们是为了论文亲自'跑'数据?"

苏炳添曾发表论文《优秀短跑运动员苏炳添的技术优化训练研究》,分析自己的短跑技术;花样滑冰运动员羽生结弦的毕业论文也是在研究自己。

"写论文顺便拿个奖牌"是理论和实务的完美结合。运动员写论文"研究自己",不仅延伸了体育研究的边界,且由于感性经验的介入,也为其他运动员提供了切身体验,为竞技体育发展提供了科学启示。竞技体育的发展,离不开科学训练的支撑。除了参照世界先进水平运动员的训练方式、理念和成果,借鉴最新科学研究的结果,运动员研究自己也是必要之举。纵览该类研究,参与者不只是运动员本人,背后常常还有一个研究小组。在后者的支持和帮助下,运动员一边总结自己多年训练、比赛的心得,运用文献资料调研、访谈和案例分析等研究方法分析比赛项目的成功经验,提高自身竞技水平,不断提高成绩。徐梦桃、武大靖等人的论文成果正是建立在此基础上。

案例2:"一只鞋计划"启动,今天开始,鞋子可以只买一只。为满足残障人士的特殊需求,天猫推出中国首个单只鞋销售服务,这个计划由中国残疾人福利基金会联合天猫及回力、斯凯奇、锐步、乔丹、骆驼等品牌推出,以一双鞋一半的价格,为残障人士提供单只鞋销售服务。

从这条新闻里,我们看到了那些"一只鞋"的需求:对某些残障人士来说,买鞋是一个问题,"买来的鞋,总是穿一只扔一只。鞋了为什么不能只买一只?"有"一只鞋"需求的人不是个案,而是一个不可忽略的群体。不要小看这种"小事"和"细节",这是一种市场融入,跟城市的无障碍设施一样重要,这个计划对"正常"从人的角度进行了再定义,"一只鞋"跟"两只鞋"一样,都是正常的需求。道德跟那些外在功利、快乐最大化没有关系,而只跟人本身有关,人应该被作为人本身去尊重,本身就是自身的目的,而不是其他事情的工具、对象和手段。

二 "我读《诗经》"具身写作课

《诗经》词句琳琅,重章复唱,朗朗上口,流淌着古老的音律之美,也蕴藏着当时无数个真挚的声音。《诗经》是自然风物的"画卷",古人于天地之间俯仰所见的日月星辰、风雨霜露、山川原隰、草木花果、鸟兽虫鱼在四时轮转中交织成一幅生动而绵长的绘卷,同时,古人也逐渐形成了对自身生命规律的领悟,对天地自然的感念。《诗经》还是社会生活的"画卷",闻一多先生认为:"诗似乎也没有在第二个国度里,像它在这里发挥过的那样人的社会功能。在我们这里,一出世,它就是宗教,是政治,是教育,是社交,它是全面的生活。"《诗经》的作者众多,他们分别以自己的视角进行创作,事无巨细地记述了人们的耕织渔猎、游宴歌舞、婚丧嫁娶、礼乐刑政等诸多活动,上至郊庙颂歌,下至民间风诗,每篇诗歌都是当时社会生活、风土人情的一个缩影。

苏东坡《诗论》说:"《诗》者,天下之人,匹夫匹妇,羁臣贱隶,悲忧愉佚之所为作也。夫天下之人,自伤其贫贱困苦之忧,而自述其丰美盛大之乐,上及于君臣父子、天下兴亡治乱之迹,而下及于饮食床笫、昆虫草木之类,盖其中无所不具,而尚何以绳墨法度,区区而求诸其间哉?此亦足以见其志之无不通矣。"《诗经》所叙之事,无所不具,《诗经》所言之志,无所不通。孔子将《诗经》视为教材,对其进行整理、研究,他曾经精辟地指出:"《诗》三百,一言以蔽之,思无邪!"还说它"可以兴、可以观、可以群、可以怨,迩之事父,远之事君,多识于鸟兽草木之名"。诗篇中情感的生发与交融,可以培育人的共情能力;诗篇中描写的明君贤臣的事迹,可以强化人的社会责任心与道德意识;而诗篇中那琳琅满目的花鸟虫鱼,也使得它仿佛一部了解与亲近大自然的百科全书。

《诗经》之文墨典雅,自不必说,古今大儒与文化名人,名字出自《诗经》的不少。例如,周邦彦、王国维、傅斯年、张闻天、屠呦呦、钱其琛等。梁启超选择《商颂·那》中的"汤孙奏假,绥我思成"为儿子取名"思成",寓意不忘先祖。几年以后,在杭州,另一个女孩呱呱坠地,以《大雅·思齐》里的"大姒嗣徽音,则百斯男",取名"徽音"(后改为"徽因"),意为美好的声誉。二十多年后,这两个年轻人结成连理,成为中国现代史上一对的璧人。《诗经》这本古老的诗集,仿佛在冥冥之中为他们牵上了红线。

吟诵《诗经》,就是吟诵血脉交融的华夏文明在它的童年时代所唱出的歌谣,虽然时代迥异,生活方式不同,然而诗句中所蕴含的理性与情感是一脉相承的。每部经典作品中都有一种珍贵而丰富的经验,它们无不拖着长长的文化足迹,其内容仿佛无所不包;并且,在生活步调与它所诞生的时代完全不一致的当下,经典作品也仍然试图以它历久弥新的声音发声。因此,即便在今天,阅读《诗经》这部古老的经典时,我们仍能从知识、审美、道德等层面普遍地获益。对于《诗经》,我们缺的不是阅读的理由,而是如何选择一条深入学习的道路,越深入学习,越曲径通幽,就越能从中领悟到跨越时空的文化魅力。

读《诗经》,可以用更有趣、生动的方式去阅读。例如,结合歌曲,歌手毛不易行吟一江水畔,用质朴直率的民谣,书写生活,与《诗经》相暗合,婉转生动,真挚自然。民谣独抒性灵,自成天籁,不只道出了一代人的心声,也与《诗经》中先民的古风遗响遥相呼应。

《诗经》云：

彼有旨酒，又有嘉肴。洽比其邻，婚姻孔云。念我独兮，忧心殷殷。(《小雅·正月》)

毛不易唱：

三巡酒过你在角落／固执地唱着苦涩的歌／听它在喧嚣里被淹没／你拿起酒杯对自己说／一杯敬朝阳／一杯敬月光……(《消愁》)

把《诗经》当作平常人们表达情感的文字，甚至是歌词，阅读之门就很轻松地被打开了。比如读《邶风·式微》：

式微式微，胡不归？微君之故，胡为乎中露？

式微式微，胡不归？微君之躬，胡为乎泥中？

通俗的译文：

日光渐暗天色灰，为何有家不能回？不是君主差事苦，哪会夜露湿我腿？

日光渐暗天色灰，为何有家不能回？不是君主养贵体，哪会夜间踩泥水？

这是人民苦于劳役，对君主发出的怨词。这首诗用简短的几句话，表达了劳动者对统治者压迫奴役的憎恨。

抛开题解，抛开参考译文，它又是怎样一首诗呢？

太阳下山，天渐黑了，你怎么还不回家去？

要不是因为你，露水怎么能打湿我的裤腿？

太阳下山，天渐黑了，你怎么还不回家去？

要不是因为你，我也不用半夜踩得满身泥水。

这分明是一首男女二人约会，女孩心中万般不舍，但语言上却对男方充满爱的抱怨。这样的解读，颇为大胆，也更自由随性。

再比如另外一首《唐风·羔裘》：

羔裘豹祛，自我人居居。岂无他人，维子之故。羔裘豹褎，自我人究究。岂无他人，维子之好。

通俗的译文：

羔袍袖口镶豹毛，对我傲慢气焰高。难道没有别的人？非要同你才相好？

羔袍豹袖显贵人，态度恶劣气焰盛。难道没有别人爱？非同你好就不成？

这似乎是关于一个贵族婢妾反抗主人的诗。抛开权威解读，改换一下朗读的语气，然后按照字面来体会，我们赫然发现，这首诗分明是表现一个女子爱上一个男子，明知其傲慢无礼、态度恶劣，但是就是无法抛开对他的爱恋。

当然，读《诗经》，还可以用创意方式去阅读。亚洲知名创意型厨师梁子庚，要让读者把《诗经》"吃"进肚子里！他专门研究、独创了"舌尖上的'诗经'"系列菜品，以诗入菜，以文化添味，诗美、食亦美。如何用食物来表现"在河之洲"的景象呢？居然是用一碗汤面，白色的面条，静静躺在香喷喷的生姜浓鸡汤里，水波荡漾之感跃然碗上，莼菜、菜心有如水草、松茸菇有如雎鸠，鸡肉茸用来调味、美酒用来提香。一碗最常见的面条加入最用心的创意，可不就最能诠释人们心中对初恋那种内心汹涌表面却极度克制的、纯洁却浓烈的美好情感嘛！鳕鱼、香干、芦蒿、五花肉、鲜花，就像是生活中形形色色人们的写照，他将这各式各样的食材，经过腌制、烘烤、煎炒、调拌汇聚一盘，呈现出一幅"嘉宾式燕以乐"的景象，正如《小雅·南有嘉鱼》表现的也是宾主相处融洽、一派和谐的景象，来自四面八方的朋友在良辰美景之下、琼浆佳肴之间，手之舞之、足之蹈之。

第五章

智性生活的综合一体教学

  早在20世纪初,蔡元培先生就主张融通文理,他强调大学是研究学理的机关,既要研究高深之学问,也要养成健全的人格,注重对"人"的精神的陶冶,对理想的建立,对"人"的潜在创造力的开掘与发挥。知识面的拓宽,意味着人的视野、胸襟、精神境界的扩大,由此,我们可以发现各类知识及其所反映的人的内外世界的万般景象的内在联系,从而达到一种"通",这是思想的"通",也是知识的"通",是学习的最高境界。

第一节 科学与文化论著阅读与研讨

一 《乡土中国》整本书阅读与研讨

《普通高中语文课程标准(2017年版)》将"整本书阅读与研讨"列入18个学习任务群,为整本书阅读教学的开展提供了政策支撑与方向引领。近年来,高中语文界不仅从理论上探讨了整本书阅读的价值与必要性,更是从实践出发,突破重重阻力,取得了较为丰硕的研究成果。混合式学习作为新兴的教学模式,在提供学习资源、支持个别化学习等方面与整本书阅读的属性相契合,借助混合式学习,整本书阅读教学效果会更为显著。在基于混合式学习的整本书阅读的教学实践中,笔者通过传统课堂与虚拟课堂的有机融合,线上线下进行目标性、序列化、层进式推进,以此探究基于混合式学习的整本书阅读的实施路径。结合教育建模理论,探寻整本书阅读的书目类型和阅读模式形态,并设计代表性书目的具体阅读教学案例,论证混合式学习在高中整本书阅读与研讨中的合理性与有效性。

"整本书阅读"由温儒敏教授主编的统编教材正式提出,其实在20世纪三四十年代,叶圣陶、蒋伯潜等现代语文教育先驱已经开始反思"文选式教科书"的不足,并提出了"整本书阅读"的概念。《普通高中语文课程标准(2017年版)》把"整本书阅读与研讨"作为学习任务群贯穿到高中语文学习的不同阶段,在必修阶段安排1学分,18课时,应完成一部长篇小说和一部学术著作的阅读,重在引导学生建构整本书的阅读经验与方法;在选择性必修和选修阶段要运用这些经验与方法阅读相关作品,不专门安排学分。

为了完成整本书阅读与研讨这一任务群的各项任务,我们该如何做好整本书阅读教学的统筹工作,如何用任务群的整体目标统摄不同的学习内容和学习活动呢?首先,我们要将阅读内容"任务化",让阅读形成体系,比如以"任务单"的形式合理地将每本书的阅读内容任务化,通过任务驱动的方式发挥学生的自主性,让学生依单寻知、依单解惑,并通过各种语言活动形式来完成任务。围绕当前的学习主题,基于已有的知识和经验,为新知识的学习和高阶能力的训练搭建必要的支架,提供必要的学习经验和解决学习困境的策略,这些任务连接着学生的学习和生活世界,他们是语文知识的加工和整合、内化和升华,是语文学习的根本路径,更是形成核心素养的最终渠道。其次,我们要灵活设置阅读反馈活动,让阅读评价和管理有据可凭。评价可以从教师、同伴和学生三个维度展开,教师可以就学生的阅读策略、赏析文本能力等进行多角度的考查;阅读活动评估贯穿整本书阅读始终,小组学习同伴参与评价;适时引进学生自我评估,进行整本书阅读效果的自评,三者相互弥补、配合,并在实践中不断调整比例。

美国学者迈克尔·霍恩和希瑟·斯特克这样界定混合式学习:混合式学习指的是一种正规的教育课程,学生至少进行部分在线学习,其间可自主控制学习的时间、地点、路径或进度,另外至少有一部分时间在家庭以外受监督的实体场所进行学习;它将学生在学习一门课程或科目时的各种模块结合起来,形成一种整合式的学习体验。混合式学习与整本书阅读的属性相契合,运用混合式学习模式的整本书阅读不只在课堂上进行阅读和讨论,还将阅读延展到家庭、社区等任意空间,且灵活采用线上线下相结合的学习方式,一部分是在线讨论、探究,一部分是在实体课堂上由教师介入指导的阅读学习,还有一部分是学生的自由自主阅读。课堂学习、在线互动、非课堂非在线自主阅读,这三个模块整合在一起,形成了完整的整本书阅读体验课程。

基于历史经验和现实需求,基于混合式学习的整本书阅读首先要引导学生通过阅读整本书,拓宽阅读视野,获得阅读整本书的经验,形成适合整本书阅读与研讨的读书方法,提升阅读鉴赏能力,养成良好的阅读习惯。其次要在教育建模理论的指导下,综合系统论、整体教育思想,对混合式学习在学生整本书阅读中的教学实践进行探索,并设计代表性教学案例,以检验阅读策略的可行性与合理性;通过学习方法评价问卷和数据测量和分析,探究适应当下实际的以素养为本位的学习观,为整本书阅读教学的评价和基于核心素养的学习方式研究提供理论和实践的依据。最后要在阅读过程中持续关注学生的学习过程和结果,注重信息技术与语文课程相融合,将技术与课程置于"人的发展"的目的之中。只有立足于学生的发展,才能最大限度地实现教育目的。以《乡土中国》为例,探索整本书阅读教学如何提升语文学科核心素养,培养信息时代创新型

人才,以及如何促进阅读教学研究与信息技术的深度融合,可以从以下方面进行拓展:

1.阅读理解活动:将《乡土中国》分成适当的章节或篇章,要求学生在课前阅读,并提供一些问题或指导性的阅读任务,引导学生深入理解和分析。在课堂上,可以组织小组讨论或全班讨论,让学生分享自己的观点和理解,以及对书中观点的质疑和思考。

2.观点分析与辩论:选取《乡土中国》中的一些重要观点,组织学生分组进行观点分析与辩论。每个小组可以针对一个观点,通过深入研究和辩论,展示对该观点的理解。这样的活动可以培养学生的批判思维和表达能力。

3.文学与艺术联动:将《乡土中国》与相关的文学作品、艺术作品进行联动,展示乡村题材作品的多样性和对乡村生活的描绘。通过对比分析,学生可以深入理解不同艺术形式对乡村社会的表达和表现。

4.实地调研:安排学生进行实地调研,选择一个真实的乡村社区进行田野调查。学生可以亲身体验乡村生活、与农民交流,并记录下他们的感受。回到课堂后,学生分享他们的调研成果,通过实地调研与书中描述内容的比较,深入理解和反思乡村变迁。

5.写作任务与创作:通过写作任务,如书评、读后感、议论文等,让学生进一步思考并表达对《乡土中国》的理解和观点。学生可以选择感兴趣的话题,展示对乡村社会的思考和看法,并用自己的语言表达出来。另外,也可以鼓励学生创作相关的短文、诗歌等,以提升他们的创作能力和情感表达能力。

通过这些方法和活动,教师可以帮助学生更全面地理解《乡土中国》这本书。这些活动不仅能够加深学生对乡村变迁的理解,还能培养学生的批判性思维、研究能力、表达能力和团队合作精神。同时,学生也能够通过这些活动与真实的乡村社会和农民进行互动,深入了解乡村社会的变迁和发展。

《乡土中国》的整本书阅读也可以通过项目式学习,在情境中开展活动,促使学生深度学习的发生,使学生亲身体验乡村生活,建构整本书阅读经验,同时结合生活实际理解《乡土中国》的现实意义和学术价值,培养学生思辨性阅读的能力。例如,情境一:一个人对自己"朋友圈"中朋友查看权限的不同设定,其依据可能是什么? 这反映了一种什么样的社会现象呢? 情境二:在中国传统社会中,为什么有人总是信奉"有个熟人好办事"的信条,直到今天,社会中还存在

"托人情,办事易"的现象,你想过为什么吗?

联系整本书阅读,可以设计拓展任务,比如:

任务一:"差序格局""家族"。

1.人们常说"不孝有三,无后为大",在祝贺人家生孩子时有"弄璋之喜"与"弄瓦之喜"的说法,请从《乡土中国》的角度出发分析以上说法。

补充:"弄璋之喜"意思是如果家里生了男孩子就把玉璋给他,因而也指恭贺人家家里生男孩。"弄瓦之喜"的意思是家里生了女孩,就把瓦给她。这里的"瓦"指的是纺车上的零件。

2.在《故乡》中,为何闰土长大后与迅哥儿之间有了一层"可悲的厚障壁"?请根据《乡土中国》相关内容进行分析。

任务二:"男女有别"。

《小二黑结婚》《孔雀东南飞》《梁山伯与祝英台》《牛郎织女》是我们熟悉的文学作品,为何在封建时期和残留封建思想的乡村社会,父母总是扮演棒打鸳鸯的角色,排斥子女自由恋爱?

任务三:"礼治秩序"。

1.鲁迅作为传统文化研究的大学者,却在新文化运动中批判儒家,大声呼吁青年们少读甚至不读中国书,借"狂人"之口指出中国历史就是一部吃人的历史,这是为什么? 如果你是孔子,来到鲁迅的时代,你会如何与他辩论?

2.当今社会上出现了很多离奇的婚闹形式,有的甚至伤风败俗,影响社会风气。各种婚闹不断出现在新闻中,形式五花八门,除了闹新娘,还要闹伴娘、闹新郎,甚至有些地方还闹公公婆婆,其间出现了猥亵、伤害的情况,有的甚至闹出了官司,闹出了人命。请从"礼治秩序"的角度进行评价。

任务四:实践分享。

用在《乡土中国》中所学的内容和方法,选取厦门或周边的某一村落进行文化调研,形成图文、视频、表格等媒体材料后,在班级交流分享。鼓励学生据此展开多媒介的乡土调查书写活动,推动阅读与媒介、与生活的连接,加深学生对乡土中国的理解。

学生可以自由选择任务,以小组为单位进行讨论,派代表发言。各小组互相争论,教师点评。也可以设计评价量表进行二次评价反馈,各组代表提交评价表,派代表总结评分;教师打分,并阐释理由;统计分数,评选最佳小组。最终,让学生在阅读整本书的基础上总结延伸,构建整本书阅读经验与应用体系。

在这个过程中,ChatGPT灵活的知识调度能力和生成能力使其能够成为学生知识学习的"脚手架"、合作探究的移动学伴。一是赋能适时资源供给。对于初入高中的学生来说,读懂《乡土中国》具有一定难度。作为一个即时的问答工具,ChatGPT可识别学生关于背景性知识的提问并生成相关的回答,这样的交互过程在一定程度上可以扫除学生的知识盲区。ChatGPT也能就学生感兴趣的主题推荐有关文献、学者观点,学生可按图索骥进行深入探究,针对书中抽象的概念,ChatGPT还可提供具体数据和案例,帮助学生从书本知识向实际情境迁移。二是赋能泛在知识学习。作为课程内容的《乡土中国》整本书阅读需要贯通课内外,实施一体化设计,随之而来的问题便是如何打通时空界限,对学生进行连续性指导。ChatGPT能突破时空限制,满足一体化设计需求,助力学生的泛在学习。学生可通过向ChatGPT提供个人阅读偏好、学习目标、阅读难点等数据,获得定制化的阅读策略推荐,从而更有规划地开展阅读活动。在缺乏教师指导的情况下,ChatGPT可根据学生的学习数据,提出改进意见并提供连续性的学习支持,促进学生自我反思,调整阅读策略。三是实现多任务群的同向同行。ChatGPT嵌入下的整本书阅读教学,应以"整本书阅读与研讨"为主,以"跨媒介阅读与交流"为辅,主任务群联结辅任务群,用"跨媒介"的形式推进整本书阅读形式的优化和阅读结果的深化。依据阅读目标展开ChatGPT的知识检索、资源推送和学习路径导航,并引导学生认知媒介语言;依据阅读实践任务生成活动方案,并通过追加提问进行调整,生成个性化表达;组成跨媒介学习共同体,对生成的内容进行集体研讨,协同生成跨媒介阅读成果。例如,以"中国大妈国外种菜"话题为例,可组织学生联系"乡土本色"章节进行讨论,再结合ChatGPT的生成得出"土地附着、自给自足、乡土情结"等关键词,并在此基础上,进一步拓展至舌尖上的中国、土地庙、乡村音乐节等更丰富的话题。

二 现当代文学中的"乡土中国"

乡村一直是现当代文学书写的重要场域,但如何切近乡土生活的内核也成为乡土文学的命门。鲁迅的文化启蒙、沈从文的牧歌情怀、赵树理的问题意识,奠定了乡土文学几种不同的基本范型,从文化、情感、政治历史等视角观照乡村。小说中的祠堂、社庙、村规、家谱,好比一个个祖先崇拜的家族伦理的文化隐喻,祠堂隐喻新文学作家眼中的"乡土中国",昏暗阴森,却如铁罩一般冷酷强大地屹立着,代表现代文明的"狂人"则势单力薄,难以撼动,最终还要成为它的祭品。上无片瓦寄居于土谷祠的阿Q突然想要"姓赵"了,似乎有认祖归宗的意思,更有可能是因为赵氏宗族在村里地位显赫。我们应该怎样理解阿Q、祥林嫂悲剧的成因和"主谋"?祥林嫂被逐出四叔家,还能苦苦支撑数年,为何最后却因为跟"我"的一场关于死后的对话而突然"老了"?赵太爷、假洋鬼子、吴妈这些次要人物对理解主要人物阿Q和祥林嫂有何帮助?他们自身又有哪些容易被忽视的特点?

《阿Q正传》是鲁迅对一般中国人精神形象和气质表现的一种典型创造,表达了冷嘲刻骨的沉郁悲凉情怀,或者也是对《狂人日记》主题的一种自觉、延伸的回应。在某种程度上可以说,鲁迅小说启蒙创作开始于《狂人日记》,而终结于《阿Q正传》。鲁迅曾写过《暴君的臣民》一文,发表在《新青年》杂志上:

暴君治下的臣民,大抵比暴君更暴……

暴君的臣民,只愿暴政暴在他人的头上,他却看着高兴,拿"残酷"做娱乐,拿"他人的苦"做赏玩,做慰安。

自己的本领只是"幸免"。

从"幸免"里又选出牺牲,供给暴君治下的臣民的渴血的欲望,但谁也不明白。死的说"阿呀",活的高兴着。

鲁迅关于奴隶形象的论述很多,小说《阿Q正传》将奴隶形象置于日光之下,并试图逼近奴隶的精神内核。从实质上看,精神胜利法反映了人类的普遍弱点,即在遭受失败后不能正视现实,以实际的行动转败为胜,而只能退缩到内心去,在精神求得虚幻的胜利,结果是一败再败,不可自拔。清朝末年,本来自以为处于世界中心的中国,遭遇到列强侵略、内部混乱的空前失败,于是精神胜利法这一人类的普遍弱点就从上到下弥漫起来了。阿Q的精神胜利法,究竟有何特殊的时代背景与超时代的民族自省意识?鲁迅为何会被尊为"民族魂",甚至在信仰淡化的二十世纪成为中国读书人替代性的精神皈依?其具体历史背景和超越的精神价值为何?鲁迅借用阿Q这个典型形象,做出了精神胜利法这一发人深省的概括,尖锐、深刻而又形象地点出了中国人的这个"穴位",至今令人深思。鲁迅是真正地深爱着中华民族的,直到生命的最后一刻,他都惦念着自己的同胞,正如他在临终前不久写的《"这也是生活"……》中所说,"无穷的远方,无数的人们,都和我有关"。抗拒为奴,争取思想之自由、精神之独立,这是鲁迅精神的本质。鲁迅以冷静、深刻、理性的"抗拒为奴"的精神为根基,既是对身处的具体社会历史环境中的奴役现象的抗拒,又是对自身奴性的抗拒。

《边城》是沈从文的作品,呈现了田园牧歌的历史维度。沈从文"重写湘西",发掘出了"有情"与"事功"这条具有高度的独创性、重要性的线索,"有情"暗含各个社会阶层的联动,蕴含对新社会非常"饱满"的感受。这引人思考,新的国家、社会如何在社会与个人情感之间建立关联?1952年1月,沈从文在一封家信中,主张放弃作风景画的旧方法,平平实实地把事件叙述下去,表达下乡(返乡)见闻和文学思考,同月,沈从文还提出了"有情"与"事功"这对概念。因此,可以将沈从文的这几次下乡(返乡)经历放在一起看待,从而更好地认识其思想和文学脉络的变化,理解他在创作中如何不断变换方式和方法展现湘西、如何在现代的历史进程中看待湘西的变动、如何将以往的作品情调、风景描写与湘西错综的历史结合在一起。

在1934年沈从文第一次回乡时,他所见不仅是山水,还有湘西社会的危机。"现代"来到湘西引发的种种现象,给他一种湘西社会正在解体的感受,这次回乡引发的种种思考使他的写作大获成功。1938年,沈从文第二次回乡,处在抗战带来大规模社会流动的背景下,他参与了地方会议,听闻了湘西政局的变化,在这新的见闻刺激下,他预备写一本大书。沈从文在20世纪30年代的思考,与20世纪40年代"重写湘西"的努力是有连续性的。他的"经典"重造,企图将讲故事、发议论、牧歌谐趣集于一身,实现文体的综合。这种文体杂糅的牧歌谐趣笔法,在《湘行散记》的创作过程中已有显露。而《长河》的叙事意图是通过消息来表现的,时代变化浮现在闲聊、对话、小道消息中,给人以一种破碎之感。

《边城》的故事发生在20世纪30年代,当时中国的大部分地区因为战乱变得千疮百孔,民不聊生。但在沈从文的笔下,湘西边境的一个名为"茶峒"的小山城,依然是那么安详、和谐。青翠的山、碧绿的水,悠悠来往的船只,还有与自然和谐共处的人们,一起构成了充溢着自然之美的"桃花源"。《边城》的题记中有一段话:

我这本书只预备给一些"本身已离开了学校,或始终就无从接近学校,还认识些中国文字,置身于文学理论、文学批评以及说谎造谣消息所达不到的那种职务上,在那个社会里生活,而且极关心全个民族在空间与时间下所有的好处与坏处"的人去看。他们真知道当前农村是什么,想知道过去农村是什么,他们必也愿意从这本书上同时还知道点世界一小角隅的农村与军人。我所写到的世界,即或在他们全然是一个陌生的世界,然而他们的宽容,他们向一本书去求取安慰与知识的热忱,却一定使他们能够把这本书很从容读下去的。我并不即此而止,还预备给他们一种对照的机会,将在另外一个作品里,来提到二十年来的内战,使一些首当其冲的农民,性格灵魂被大力所压,失去了原来的朴质、勤俭、和平、正直的型范以后,成了一个什么样子的新东西。他们受横征暴敛以及鸦片烟的毒害,变成了如何穷困与懒惰!我将把这个民族为历史所带走向一个不可知的命运中前进时,一些小人物在变动中的忧患,与由于营养不足所产生的"活下去"以及"怎样活下去"的观念和欲望,来作朴素的叙述。①

它说明20世纪40年代的沈从文出现了新的可能性,但还未能完成向新可能的转型。沈从文描绘的那个充满牧歌情调的边城已经广为人知,但他对世界和整个人类的"有情",对"历史是一条长河"的理解或许更值得探讨。1948年7月,沈从文携次子虎雏在颐和园霁清轩消夏,是夜,虎雏一边喝着柠檬水一边读着《湘行散记》,童言无忌地激励1934年就出版了自传和《边城》的沈从文:

"爸爸,人家说什么你是中国托尔斯泰。世界上读书人十个中就有一个知道托尔斯泰,你的名字可不知道,我想你不及他。"

"是的。我不如这个人。我因为结了婚,有个好太太,接着你们又来了,接着战争也来了,这十多年我都为生活不曾写什么东西。成绩不大好。比不上。"从文喏喏。

儿子又激励道:"那要赶赶才行。"

"是的,一定要努力。我正商量姆妈,要好好的来写些。写个一二十本。"从文允诺。

然而,时代并没有给沈从文太多机会。在1996年版《从文家书——从文兆和书信选》的后记中,张兆和说过:"我不理解他,不完全理解他。后来逐渐有了些理解,但是,真正懂得他的为人,懂得他一生承受的重压,是在整理编选他遗稿的现在。"

赵树理的小说《小二黑结婚》,取材于一个真实的案件,小二黑的原型岳冬至是个悲剧性角色,他和小芹的原型智英贤为了争取婚姻自主而遭到残酷的迫害,岳冬至被毒打致死,智英贤最后远嫁他乡。赵树理把一个悲剧性素材加工成一部戏剧性小说,让男女主人公最后喜结良缘。这部只有一万字的短篇小说,篇幅短、容量大,是通俗小说公认的经典,出版后,立即受到边区广大军民和

---

① 沈从文.边城[M].北京:中国妇女出版社,2018:5-6.

知识分子的热烈欢迎,很快加印,并传播到沦陷区和国统区,这是空间上的胜出;在随后的时间里,尤其是在新中国成立后,它的各种版本大量印行,并被改编成各种文艺形式,持续受到广大群众的欢迎和喜爱,这是时间上的胜出。也有人认为,文学经典应该有多义性,能让人们在持续阅读中不断发掘出新主题和新意蕴。随着时间的推移,针对《小二黑结婚》,人们解读出了更多的主题和意蕴,包括歌颂人民的斗争精神和新生政权为民办事的主题等,还有揭露人性缺陷、批判折中主义、反对落后保守、否定不负责任态度、弘扬真善美和鞭笞假丑恶等意蕴。一切文学经典都是当代的经典,当现实生活需要时,它们也会复活。《小二黑结婚》在空间和时间上的胜出说明其所展现的"农村问题"除了具有广泛的社会影响外,还具有很强的艺术再生性。

乡土中国的变迁不仅仅是表面上日新月异的巨变,还有深层的乡村生活精神面貌的变化。乡村旧的标准已经坍塌,新的秩序尚未建立,需要作家深入到乡村生活的世界中,对其精神图谱进行把握。随着时代的发展,风景画的描写已不再是以传统的方式,将画面与人物心理分割开来了,而是将风景、场景、人物、人物心理融为一体,具有了一种心理风景的意味。[①]心理风景中包含着对乡村生活内在精神特质的追踪和人性关照,是外在式乡村书写向内转变的重要承载。但是,作家与乡村生活的日渐疏离限制着文学作品重回乡土的亲和,莫言一直努力秉持作为老百姓写作的原则,却也坦言对生活的疏远与陌生是更可怕的创作危机。文化是精神的栖息地,在现代化的剧烈冲击之下,文化的失落是乡村世界的更大灾难,同时也是民族文化发展面临的巨大挑战。文学应该成为保存文化遗产的一种重要方式,这包括对民族生活的记录。

---

① 丁帆.论近期小说中乡土与都市的精神蜕变:以《黑猪毛白猪毛》和《瓦城上空的麦田》为考察对象[J].文学评论,2003(3):152.

第二节 基于素养测评的读写一体化

一 基于素养测评的思维训练

写作是复杂的非线性行为,需要学生调用多种高阶思维和认知行为,在真实情境、真实任务下开展真实的语言实践活动。依据传统的"作文试题"去评估学生的写作水平、成就以及行为,以一篇作文的分数为学生的写作水平盖棺定论,不仅缺乏有针对性的修改策略和发展效益,更存在极大的"假性测评"弊端。结合当前教育评价改革背景和写作教学发展趋势,聚焦学生素养的真实提升,关注学生在写作学习过程中的真正表现,注重培养学生在真实情境和任务中解决问题的思维、能力、情感等方面的素养,是撬动基于素养测评的读写一体化课程内容有效实施的支点。

基于素养测评的读写一体化的探索,是将写作看作一个学习的过程,充分利用写作,让学生展示自己的阅读思考,表达自己的阅读理解,以塑造自我,促进自我的成长,以读带写,以写促读,读写结合,读写互动,这也是单元教学设计安排的基本思路和模式。教学一般包括三个阶段:第一阶段是专题阅读,通过批注、表格等方式大量阅读,厘清思路,挖掘内涵;第二阶段是批判性思维,针对阅读中发现的问题,组织对话讨论,展开头脑风暴,以问题为驱动,让阅读和对话生发出丰富的创见;第三阶段是探索性写作,用写作展示自己的思考和创作,促进自我的成长。教学的模式和大致流程如下:专题阅读—给文本做批注—小组讨论—制作课件或海报(把小组讨论内容加进去)—学生写初稿—教师写评语—学生修改—学生交第二稿。一般以一个"学习季"(9周左右的时间)为读写单元,读一本书,写两篇文章,两篇文章文体上互相区别又互为补充,一篇是记叙类的,侧重想象和虚构的创作性写作;一篇是论说类的,侧重概括和议论的研究性写作,一学年四个学习季,周而复始。

批判性思维被视为取得成功所必需的关键学习和创新能力之一,是一种利用认知技能和策略从事有目的、符合逻辑和目标导向的工作的思维。第一阶段是分析阶段。第二阶段是思维评估。斯沃茨等人认为元认知过程可分几个层级，第一级涉及对正在进行某种思维活动的意识，第二级涉及从程序性视角描述思维过程是如何完成的，第三级涉及更具评价性的思维，因为学生会关注当前的思维方式是否有效，第四级涉及元认知主体计划在未来情境中怎样完成前述的思维过程。他们认为，这种刻意以元认知方式进行的思考，最终会使个体养成一种对自身思维进行自我纠正的稳定习惯，从而成为一位高明的思考者。基于批判性思维的教学，不仅有助于学生习得某些批判性的思维方式，同时也有助于培养学生的思维自主性以及持续的自我反思能力。

为了促进学生的技能迁移，批判性思维教学必须在不同学科和情境中进行。当然，跨情境的批判性思维并非仅存于不同的学科中，理想情况下，也可以扩展到学生的个人生活，以及他们所参与的社区与社会中。教学生批判性地思考自己在社区或生活中所面临的问题，可以鼓励他们找到解决问题的办法，并使他们能够有所作为。新近学科素养提倡者清晰地指出，教师应依据科学领域，如生物、化学、数学等学科的专家思维方式的固有差异，指导青少年对待阅读和写作任务的差异。在自然科学课堂，学生在建构和反驳解释时必须鉴别论点与论据；在社会研究课堂，必须学会用历史证据写出论文。在这个过程中，对话是一种关键工具，它有助于学生在思考和写作时学习判断某些诉求是否合理、怎样进行有证据支持的论证，以及如何更好地有效交流自己的想法。

培养学生的思辨能力，要切合思辨性阅读与表达任务群提出的要求，善用各类媒材，整合相关资讯，反思科技、资讯以及媒体伦理的议题，提出见解，激发思辨与批判能力。首先，利用一系列社会议题进行思辨能力的训练，比如通过以下议题，训练学生初阶的思辨能力：①你认为中小学生该不该穿"制服"上学？②人能否在生命的最后自行选择安乐死？③高中生该不该学文言文？④"爱心座"到底该不该特别设置？⑤对高中学校"让学生外出用餐"的看法？……通过从点、线到面的课程设计，让阅读、思辨、写作步骤化、系统化。在实践中注重落实学生阅读、写作和沟通的能力素养的训练和养成，也结合跨领域议题，如科普、社会等，帮助学生跨越阅读和表达之间的鸿沟，发展学生的思辨能力。

其次，进阶议题思辨。当学生具备一些初阶的思辨能力之后，教师就要指导学生通过时事、结合历史进行从阅读到思辨、到表达的训练。学生通过"历史教学""生命教育"及跨领域多元选修课程，鉴古今，思人性，拓宽思维的广度和深度,这就是进阶议题思辨。比如,教师通过《奥斯维辛没有什么新闻》和相关的电影等跨媒介多元工具,结合自己在波兰旅行、观察波兰历史古迹与文化生活的切身体验,发现了借助此事件挖掘学生思辨力的课程价值,此课程设计符合"借由语文课程,探究伦理道德的课题,培养公民意识"的课程目标,旨在通过这样一个议题,让语文教学不只有传统的语文教学思维。

除了引入社会议题之外,我们还希望学生能走出校园,进行实地考察。比如去天竺山实地考察,教师希望学生理解与关怀自己生活的这片土地,通过自己的手,书写对这片土地的认识和情感,思考人与自然、人文与现实之间的关系。引导学生关注公共议题并积极参与社会活动,关怀自然生态与人类未来的发展。总之,在跨领域阅读、思辨、表达这个方案的实施过程中,教师应在以学生为本位的课程设计之下,打破惯性思考的限制,并试着引导学生针对核心问题进行提问,指出学生思辨的盲点。同时,要引导学生发现思考脉络,比如怎样思考?要表达什么?学生在活动过程中,既能培养思辨能力,也能感同身受,培养同理心。

斯滕伯格将智慧纳入成功智力范畴,从而扩充了他的智慧、智力和创造力的整合理论(WICS),在学校实施与智慧相关的课程,有助于培养学生的批判性思维技能。在WICS模型中,分析能力等同于批判性思维技能,如前所述,提出新观点、新想法需要创造能力,评估这些观点和想法需要分析能力,实施并落实这些想法需要实践能力。智慧是必不可少的组成部分,它通过融入积极的伦理价值,为服务公共利益而确定能否以及怎样实现已有的想法。这类思维要求在短期和长期内平衡自身的、人际的以及自身以外的利益。根据布卢姆的分类学,评价是认知的最高层次,它是监控和批评的过程,根据一定的准则和标准做出判断。批判性思维的确需要高水平的认知,但正如最近人们对分类学的修订所表明的那样,它不一定是认知的顶点。修订后的分类学以创造为最高层级,它包括将认知元素组合在一起形成一个功能性整体,或者将元素重新组成一个新模型。如果没有经过必要的评价或批判性思维过程,最后一步就无法完成。批判性思维教学必须是达到更高级的目标的手段,而非目标本身。

因此,基于素养测评的读写一体化的探索,不仅包括学生在课堂中学习阅读、思考表达,也包括在校内外向教师、家长、社会学习如何做人、做事,而这整个的学习过程从根本上说都是一个不断进行逻辑思维的过程。因此,一个中学生逻辑思维的水平和能力的高低不仅会直接影响到当前学习各门基础学科的质量和效率,而且还将影响和制约着其他方面的能力,比如观察力、注意力、记忆力、想象力等,以及作为这些能力的综合表现的创新思维能力和自我深造能力等的发展,并最终将在不同程度上影响到未来的独立工作能力、为人处事的能力以及社会交往的能力。

英国哲学家、经济学家约翰·斯图尔特·穆勒说过:"进行推理,可谓是每个人生活中的大事。每个人在每一天、每一刻都会思考,并对自己并不能直接观察到的事物加以预测和推断,这样做并不是为了增加自己的知识,而是因为这些预测和判断的事情本身就具有重要性,可能关系到我们的利益或者职业。"[1]思维的实质就是推理过程,也就是从一件事情、一个事物推测和联想到另外一个有关的事物,形成新的概念或者信念。从本质上讲,这属于认识上的一次跳跃,从已经确定的事物跳跃到另一项未知的事物,而这份已知就成为推定的根据。系统推理的过程可以分为归纳和演绎,两种不同的思维运用完美体现了思维的双向性。归纳是由部分向整体的链接;演绎是由整体到部分的分析。在系统推理的过程中,通过归纳,有效地实现对不同事实的间接调控,通过正确的选择和试验,确定组成整体的哪些事实是有意义的,哪些事实是没有价值的;通过演绎,在推理的最后去检测,进行实验性观察,让推理的每一个细节都同演绎的结果相符,从而得到真正意义上的正确结论,这就构成了一个思维的完整过程。

推理的最终目的是判断,判断需要两个因素的共同作用才能真正得出确切的结论,这两个因素就是分析和综合,分析是整理和判断情绪的重要方法,综合是解释事实的意义的重要手段,它们是物质的部分和整体之间的关系,无论使用哪一种方法,对于判断而言都具有积极的作用和意义,这也是思维训练过程中的关键所在。分析和综合的作用就是一方面将那些需要强调的事实或者特征引出来,让这些事实和特征具有特殊或者明显的意义,也就是分析;另一方面对这些被选取的事实进行分析,并将其安置在它们的关系之上,让它们处在有意义的联结之中,也就是综合。因此,最理想的教育是:高尚的内容和优美的形式,带领学生思考形而上的问题,提高精神境界,使头脑有更强的思维能力。

从广泛意义上讲,逻辑是一个过程,这个过程包含了所有经过思维推理得出的结论。从最狭窄的意义上说,逻辑的含义只包含那些合乎逻辑的思维和推

---

[1] 约翰·杜威.我们如何正确思维[M].常春藤国际教育联盟,译.北京:现代出版社,2017:20.

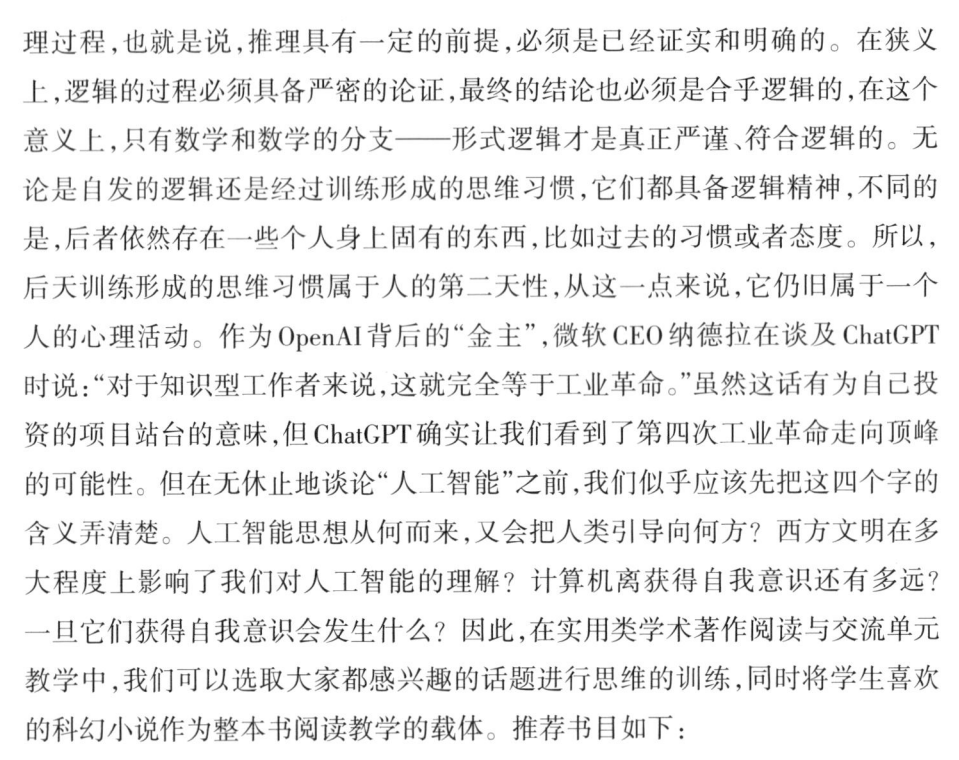

理过程,也就是说,推理具有一定的前提,必须是已经证实和明确的。在狭义上,逻辑的过程必须具备严密的论证,最终的结论也必须是合乎逻辑的,在这个意义上,只有数学和数学的分支——形式逻辑才是真正严谨、符合逻辑的。无论是自发的逻辑还是经过训练形成的思维习惯,它们都具备逻辑精神,不同的是,后者依然存在一些个人身上固有的东西,比如过去的习惯或者态度。所以,后天训练形成的思维习惯属于人的第二天性,从这一点来说,它仍旧属于一个人的心理活动。作为OpenAI背后的"金主",微软CEO纳德拉在谈及ChatGPT时说:"对于知识型工作者来说,这就完全等于工业革命。"虽然这话有为自己投资的项目站台的意味,但ChatGPT确实让我们看到了第四次工业革命走向顶峰的可能性。但在无休止地谈论"人工智能"之前,我们似乎应该先把这四个字的含义弄清楚。人工智能思想从何而来,又会把人类引导向何方？西方文明在多大程度上影响了我们对人工智能的理解？计算机离获得自我意识还有多远？一旦它们获得自我意识会发生什么？因此,在实用类学术著作阅读与交流单元教学中,我们可以选取大家都感兴趣的话题进行思维的训练,同时将学生喜欢的科幻小说作为整本书阅读教学的载体。推荐书目如下:

①《三体》。

刘慈欣的长篇代表作《三体》,获世界科幻大奖"雨果奖",被普遍认为是中国科幻文学的里程碑之作,已入选教育部《中小学生阅读指导目录(2020年版)》。

②《人类的终极命运》。

乔治·扎卡达基斯在书中探究了心智起源,探讨了人工智能发展的商业价值,以及人工智能带来的社会伦理、道德、法律层面的问题,用一种全新的、更为浪漫的方式审视人工智能,从文学、哲学和计算机科学三个方向探索了人工智能。

③《克拉拉与太阳》。

诺贝尔文学奖得主石黑一雄,从一个人工智能机器人的视角观察着处于急速变化之中的社会。通过这部温暖且有力的作品,他试图回答一些根本性的问题:什么是人心？什么是爱？

④《呼吸》。

这是华裔科幻奇才特德·姜作品的新结集。他是当代最优秀的科幻小说家之一,曾四获星云奖,四获雨果奖,三获轨迹奖,三获日本科幻大奖。他游走在科幻边缘,用全新的逻辑和符号,创造出一个个异世界,以一己之力开辟出科幻新领域。他的作品融科幻的诗意与哲学的浪漫于一体,充满对人性的反思和对价值观的拷问。

二 "写∞手"读写一体化活动

语文教学活动设计多以"阅读"为主线,但对学生来说,书写和表达的内容极为不足,学生读过的书和写作之间有一条鸿沟,这条鸿沟要通过情感的表达,或者知性的思辨之后,才可以让学生在口语或书面表达方面有比较完整的呈现。如何弥补? 根据大卫·库伯的体验学习圈理论,"体验学习要经历具体体验、反思观察、抽象概括和主动检验的持续过程"[1],教师期望通过教学行动与生活实践,更精致地呈现活动历程与学习相辅相成的关系,最终培养学生的书写表达能力,核心目标在于培养学生的阅读理解能力、思辨表达能力、创新实践能力、问题解决能力、反思沟通能力和人文关怀能力。

"写∞手:表达力的多元设计与实践"活动的阅读写作教学的尝试,重在写作与生活相联系,"写"就是"书写与表达","手"就是"做中学",其操作过程包括"以活动引领,引导学生运用文字,书写个人对生命的体会及省思"、"借由思辨训练,引导学生从个人感受推及对社会议题的反思"以及"结合文化创意,让文学应用、实践于生活"三个阶段,由浅入深、循序渐进,旨在培养学生的阅读理解能力、思辨表达能力、创新实践能力、问题解决能力、反思沟通能力和人文关怀能力。

把阅读理解为终生的过程,随着读者的发展,阅读的性质会发生变化,而且,这种跨越一生的阅读观,必然包含情境。因此,实质上阅读是嵌入读者的生活情境中的,而且是指向有意义的情境化目标的。我们将阅读描述为行为复合体,其在本质上是互动的、动态的和分层的:多因素相互作用(来自文本、语境和个人的因素的相互作用);动态(在这些系统和因素的内部及它们之间的连续调节与适应)多系统的分层(如知觉、认知和动机的作用)。因此,阅读是交际行为,是在交换思想和信息中主要以语言为基础的社会作用联系起来的行为,是

---

[1] 严奕峰,谢利民.体验教学如何进行:基于体验学习圈的视角[J].课程·教材·教法,2012(6):21.

读者所做的作为其生活的一部分的事情。

从一个观察者的角度去看,怎么才能把自己知道的,很好地教会给别人? 等到学生自己独立进行阅读时,虽然读的话题和老师的不一样,但方法一样,思路一样,可以将方法、思路对应地、直接迁移过去。教方法,让孩子学到方法,举一反三。

口头表达是沟通的重要形式这一。美国语文教育中,沟通向来都被看作是跟阅读和写作一样重要的语言能力,"沟通"成为重要的语文类科目在高中开设,便是很好的佐证。高中阶段对学生口头表达能力的训练又分为两种类型,一种是公共演讲。在小组或者全班范围内,在挑剔的观众面前,展现创意的公共演讲,一向被认为是展示口头表达能力的最好方式,许多职业都需要这种技能。另一种是辩论,苏格拉底提问法在高中阶段被反复使用。比方说,某个学生就某个问题整理自己的观点,然后进行口头表达,全组或者全班同学则针对此观点从各个角度反复提问,不断争辩,直到大家对双方的观点都了解透彻为止。这种方法不仅在英文课上使用,在其他课上也大量使用。在学生社团里,公共演讲和辩论这两个社团的队伍都十分庞大。高中生的演讲以及辩论比赛在美国社会里的受重视程度,丝毫不逊色于数、理、化、音乐之类的比赛,从学区内的校际比赛,到学区间、郡、州、全国,层层比上去,在未来申请大学的履历上,这些荣誉会成为亮点。

思辨能力的训练具体表现在两方面:一方面,是课堂表述和辩论,教师在课堂上提供足够的表述的机会,让学生针对某个问题各抒己见,发表自己的看法、谈谈自己的经历,或者跟别人辩论;另一方面,是用科学的方法进行最基本的训练,逻辑思维和辩论的科学方法训练,为学生今后的学习、研究打好基础。科学方法的第一步是提出问题和假设,第二步是根据提出的问题和假设去找数据,第三步是进行分析、检验假设的真伪,第四步是根据分析检验的结果做出解释,如果结论证伪了当初的假设,那么,为什么错了? 如果是验证了当初的假设,又是为什么? 第五步就是写报告等文章。

每个学期在语文课中组织1—2个"写∞手"读写一体化活动,通常可包括几方面的内容:第一,学生针对自己的兴趣选一个想研究了解的题目或课题;第二,查找资料,收集数据,进行研究;第三,整理资料,写一份作业报告;第四,给全班同学做5到15分钟的讲解。卡尔·尼根在《因为写作很重要》一书中指出:"不像在1874年的哈佛大学,写作对那些高高在上的知识精英来说,已经不是个问题了,在如今日益多元化的社会中,写作对于学术界、职场和全球化经济而言,都是个人通往成功的一道关卡;同时,它对集体的参与性民主发挥着重要作用。"①培养写作高手的六大要点:一是学生需要多写多练;二是学生需要教师提供优秀的写作示范;三是学生需要有机会阅读、分析和学习其他作者的作品;四是学生需要有机会自选作文话题;五是学生需要基于实际用途而写作,为真正的读者而写作;六是学生需要来自教师和同龄人的富有建设性的反馈。我们将以上六大要点视作建造一座建筑物的支柱,唯一不同的是我们"建造"的是一名写作高手,而不是一栋房屋,其中的每根支柱都起着重要作用,这座"建筑"并不会因为去掉一根支柱而倒塌,但其坚固性会有所削弱。最成功的写作活动要能为学生创造最具挑战性的认知学习经历,通过深度参与和激励思维的方式,促使学生发展自己的阐释能力并为之辩护。

信息时代,人们要把握各类媒介的本体元素,实现信息的准确获取、处理、应用。对学生而言,面对新的资讯,写作要将问题语境化、分析问题、解决问题、厘清思路、提出合情合理的阐释,而这些阐释本身是暂时性的,随着联系的增加,学生逐渐形成自己的理解、解释的方式,逐渐获得思维能力、认知能力、交流能力和写作能力的提升。课堂教学上我们可以在已有的媒介形态基础上,基于对媒介信息的准确获取,通过另一种媒介本体元素的组合,建构起一个新的媒介形态,体现阅读交流之"真",最终指向学生"语言建构与运用""审美鉴赏与创造"等核心素养的培养。比如以下这个跨媒介读写一体化教学案例:

任务一:学生发言,引入具体的生活情境,引导学生理性认知并积极主动地使用各种媒介,批判和运用传媒信息进行参与式、互动式交往的能力。仔细品味视频、海报和文字等不同媒介形态的基本元素和表现特点。

视频:西安奔驰车主维权。

海报:《三块广告牌》电影海报。

文字案例:1996年8月,被告人张某邻居王某新的三子王某军(时年17岁)因邻里纠纷将张某之母伤害致死。法院鉴于王某军犯罪时未满十八周岁、张母在案件起因上有一定过错等情节,以故意伤害罪判处王某军有期徒刑七年,赔偿张家经济损失。此后,两家未发生新的冲突,但张某对其母被王某军伤害致死始终心怀怨恨,加之工作、生活多年不如意,心理逐渐失衡。2018年春节前

---

① 凯利·盖勒格.人人皆可为优秀写作者[M].邓林,译.上海:上海教育出版,2020:6.

夕,张某发现王某军回村过年,决定进行报复。2018年2月15日,王某军兄弟二人祭祖返回时,守候在此的张某蒙面持刀袭击二人,致二人死亡,随后,闯入王家,袭击王某新,致其死亡。之后,张某逃离现场,于同月17日到公安机关投案。

任务二:在把握各类媒介特点的基础上,提升"跨媒介阅读与交流"中的批判性思维,具体表现为:对事实、真相的严谨判断,对相关信息的跨类整合,对思维过程客观、科学的不懈追求。

本案例提供的教学"支架"是学习运用高阶的逻辑思维方法(三大法则)①同一律:同一个概念在逻辑推理中内涵和外延不能发生变化。简言之,不要偷换概念和转移话题。②不矛盾律:在同一思维过程中,两个互相矛盾的思想不能同真,必有一假。简言之,不要自相矛盾。③排中律:在同一思维过程中,相互矛盾的思想不能同假,必有一真。简言之,总有一个正确结论。

斯坦福大学曾开展过一个项目,要求学生深度分析原始材料,把练习的重点从历史信息转向历史阐释,学生需要评估各种阐释的可信度,并以文献证据支撑自己的历史主张。写作植根于各种材料之中,在研究材料的可信度、出现的语境、材料之间的关联的过程中,我们应鼓励学生建构自己对历史事件的阐释。

比如,要求学生综合5篇文章的重要观点完成一篇"整合性的摘要",做出评述,要求使用文章或额外的信息解释和支持自己的观点。在某种程度上,我们从这些学生的文章中看到了教学的成果,他们呈现了我们这里提到的摘要写作以及之前提到的各种跨文本写作练习框架,这些框架培养了学生的专业知识及写作技能。这种方法不仅在认知上更具挑战性,而且要求学生对观点做出回应并解释自己的立场。这些学生写的正是历史学家、社会学家们写的那类文章,这些例子为我们提供了培养学生学习的路径——以写促学,即通过写作促进对社会、历史、政治类文章的学习。

高二年级议论写作的训练,可以结合时事新闻的概述与评述。每周阅读时事新闻,归纳每一篇文章的主要内容并评述,目的是鼓励学生追踪每天的新闻,构建一个不断更新的新闻知识库,养成读新闻的习惯,帮助学生写出短小精悍的文章,在分享自己观点时能够挑选适当的论点和论据。

写作,就是最终文字和思想的输出。写作不仅是写的过程,还是一个让思维变得清晰并固化的过程,思维需要输出去驱动和整理,因为大部分人的思维都是处在潜意识水平的,只有提升到词语水平,才能倒逼思维的清晰。所以,要想让思维变得清晰,没有比把它表达出来更好的途径了。清晰的思维与活跃的写作互相成就,写作是对思维的激活与整理,把潜意识状态的"想法"唤醒,用想法碰撞出更多的想法,让脑、手、口形成一种流畅协同状态,想到了,就能清晰地写出来,进而畅通地说出来。文字输出,是综合能力的体现。

  关注反思阅读与写作动机之间的关系,讨论关于写作的学习如何促进其他领域中的学习,这是一种质性研究的实例。一个人的价值观,正是在阅读、思考和写作中形成的,在阅读中跳出自己狭窄的生活世界,去与历史、未来、远方的声音、远古的智慧、远去的背影对话,思考那些自身利益之外的事,相信那些远方的声音最终会与自己相关,从而让自己具备同情、怜悯、善良、勇敢、利他的美德。

第三节 跨学科互文读写的专题研讨

一 古代诗文互文阅读专题研讨

唐代诗歌是中国古典诗歌发展的高潮,这与唐朝当时在政治、经济、文化上取得的大发展有关。唐玄宗天宝十三年(754年),统计在册的人口是5288万,加上隐户、佃农、奴婢、士兵、僧道等不统计人群,史学家估计全国人口应该有7000万人。即使人口众多,人均粮食却达到700斤,这是什么概念呢?改革开放之后,我国人均粮食占有量才达到这个水平。长安是个国际化大都市,面积四倍于紫禁城的大明宫处于长安城的东北方,约150米宽的朱雀大街纵贯皇城。也只有在这样的时代,在繁荣文艺的长安城中,诗词、歌赋、壁画等高端艺术才能被普通人津津乐道,反复玩味。

唐玄宗在执政中期,对权力逐渐失去兴趣,潜心钻研声乐歌舞,特别是遇到杨贵妃后,荒于朝政,加上奸臣乱政,天宝十四年,也就是公元755年,安禄山在范阳起兵,这就是历史上著名的"安史之乱"。虽然安史之乱最终被平定,但是它让曾经经济繁荣、人口众多的关中地区生灵涂炭、民不聊生,饥荒和战乱让这一地区的人口锐减,据粗略估计,人口损失约三千万,中华大地损失了近三分之一的人口。安史之乱像一个界碑,把唐代划分出两个全然不同的面貌,正如两位诗人:其中一个位人刚从那上山的路走上了山顶,一望四面辽阔壮丽,不禁"欲上青天揽明月";至于另一位诗人,却已隐约望见那下坡路的影子,等待他的或许是更不堪的将来,于是难免徘徊沉郁。这两个诗国的巨星,正是以完全不同的心情,面对着两个阶段的现实,并肩站立在时代的顶峰上,他们就是"诗仙"李白和"诗圣"杜甫。

那么盛唐的万千气象在两位诗人的作品中又有什么不同的表现呢?我们先来看看李白的《蜀道难》。开头一句石破天惊:"噫吁嚱,危乎高哉!蜀道之难,难于上青天!"但恰恰是这种常人无法承受的艰难,激起了诗人无与伦比的热情和大胆的想象。紧接着诗歌出现了第二次和第三次"蜀道之难"的惊叹,诗绪在想象中遨游,不仅写出蜀道自然环境的惊险动魄,而且点明社会人事的人心凶险。前两个层次形成了一种壮美和丑恶、高亢和低回的反衬,在情绪的节奏上构成了一种张力。在此基础上,第三次"蜀道之难"以"侧身西望长咨嗟"的喟叹作结。三次反复,吟咏喟叹,增强了诗歌的抒情性。李白诗歌常常是这样超越现实的,他驰骋于广阔的时空中,穿插以历史、神话、梦境、幻境,表现出飘逸不群的浪漫主义风格。这就是人们称李白为"诗仙"的原因。

杜甫善于刻画眼前真实具体的景物,表现内心感情的波澜起伏。以《登高》为例,这首诗歌被誉为古今七律第一,我们看到三四联对仗工整,一韵到底。前两联大笔勾勒,写出风急天高、飞鸟回旋、猿啸叶落、长江滚滚的秋景。后两联由眼前写景转入抒发之情,关键在"万里"和"百年"。远离故土自然会让人联想到安史之乱后诗人的颠沛流离,人到暮年的辛酸是杜甫毕生艰苦追求而始终怀才不遇的深沉感叹,在作客思乡的一般题材中,加进离乡万里、人在暮年的感叹和感时伤怀的悲郁情怀,构成了诗歌雄浑沉郁的风格。

对于李白和杜甫的诗歌风格,严羽的评价最中肯綮,"子美不能为太白之飘逸,太白不能为子美之沉郁"。"飘逸"与"沉郁"体现了两人创作态度和题材的差异,产生这种差异的原因是他们在经历教养和思想性格上的不同。李白比杜甫年长,盛唐之初他正当少年,蜀中文化给了他最早的启迪,蜀人善于辞赋,李白"十五观奇书,作赋凌相如",司马相如是他学习和超越的对象。出蜀之后,李白南游洞庭,东游金陵、扬州,后来回到江夏一带,定居于安陆,荆楚文化崇尚自然,耽于幻想的浪漫情调给年轻的李白留下了深刻的印象。而长江中下游是西曲与吴歌的发源地,南朝民歌的情调也影响了他的创作。此后他北游洛阳、太原,东游齐鲁,亲自体验了北方文化的贞刚之气。而他的生活也是大起大落的,他到过宫廷,受过玄宗的礼遇,可是后来又被流放夜郎。他好游仙,好游侠,也做过隐士,甚至还受过道箓,据说他在岷山之阳和东岩子一起巢居数年,"养奇禽千计,呼皆就掌取食,了无惊猜"。他那丰富的想象,解放的个性,青春与浪漫的气质,使他成为盛唐诗人中典型的代表。这些特质在《蜀道难》和《梦游天姥吟留别》等作品中表现突出。

天宝五年(746年),在李白离开长安后,34岁的杜甫怀揣着梦想到了长安,打算通过科举考试博取功名,但未能成功,之后父亲去世,家境随之变得窘困落魄。为了生计不得不去追随权贵的生活令他倍感屈辱。安史之乱爆发后,杜甫在兵乱中逃离了长安。在诗人生命的最后几年里,他几乎走遍了西南的广大地区,忠实地记录着战火和灾荒下人民的生活:中原的战乱、西部的边患、蜀中军阀的混战,以及民不聊生的现状。杜甫站在盛唐时代的终点,对盛唐诗歌做出了高度的总结,确立了他在诗歌史上无可取代的地位。

"沉郁"是情感的深沉,"顿挫"是笔意的跌宕,杜甫曾用"沉郁顿挫"四字评价扬雄、枚皋的辞赋,其实这也正是他自己的风格,尤其是他晚年的近体诗。代宗大历三年(768年),客居夔州两年后,杜甫又开始了他的南方漂泊,先到江陵,再到岳阳,又到潭州、衡州。此后两年,他一直来回漂泊,最终于大历五年(770年)病卒于船上。泰山卓立在齐鲁平原,洞庭湖的东南划分了吴楚的疆界,杜甫的诗散落其间,有如长幅的画卷一般,展示出秦川的云树、陇右的关山、蜀地的峰峦和江水,在这壮丽的大自然中他从不曾忽略动物界、植物界的景物。他的诗也反映了时代的重大事件和社会矛盾,记录了国家的灾难和人民的痛苦。其晚年所作的《登岳阳楼》融入了他一生的悲凉情感。

《岳阳风土记》中记载:"岳阳楼,城西门楼也。下瞰洞庭,景物宽阔。"《楚辞》的《九歌》中有"袅袅兮秋风,洞庭波兮木叶下",说明岳阳楼就在洞庭湖的边上。孟浩然的《望洞庭湖赠张丞相》中有"气蒸云梦泽,波撼岳阳城"一句,也提到洞庭湖所在的地理位置。春秋时期的吴国和楚国,大致位于今天的江苏及两湖一带。董斯张曰:"或疑洞庭楚地,何远及于吴?"考《荆州记》注:"君山在洞庭湖中,上有道通吴之包山。今吴之太湖亦有洞庭山,以潜通君山,故得名。"《拾遗记》注:"洞庭山浮于水中。方知杜句所云,皆是紧切洞庭,一语移动不得。"[1] "吴楚东南坼,乾坤日夜浮"承"昔闻洞庭水,今上岳阳楼",这两句气势非常雄伟,因为它笼罩了整个的空间——天和地都在它的描述之中了。写实中有象征,天地都在动荡之中,从而产生进一步的联想——自己的颠沛流离和整个国家的动荡不安。国家经历了多次战乱,而他自己也一生漂泊,至今没有止息,从他的诗歌《江畔独步寻花》中"行步欹危实怕春"一句,可以推知他在成都时腿脚就不好了。

生逢开元盛世,杜甫是幸运的,又是不幸的。两次应试都未中第,先后客居长安十年,生活常常陷于困窘,不得不奔走权贵之门,四处投献干谒。杜甫曾献三大礼赋,得到玄宗皇帝赏识,一时间宾客盈门,但此后久久没有当官的消息,

---

[1] 杜甫.杜诗镜铨[M].杨伦,笺注.2版.上海:上海古籍出版社,2019:952.

门前车马渐渐稀落下去,正值秋雨连绵,贫病交加,一位友人突然来访,他十分感动,写下一篇《秋述》:"秋,杜子卧病长安旅次,多雨生鱼,青苔及榻。常时车马之客,旧雨来,今雨不来。"①

杜甫在叙事上的细致说明他具有小说家的眼光,能抓住生活中最具有冲突性的场景,这是其他许多诗人都不曾拥有的能力。语言接近口语,描述的纯粹是个人的日常情绪,这实际上反映了一种思维模式的转变。自《诗经》以降,中国诗歌走过的是一条从整体意识向个体意识渐渐转变的道路,至杜甫终于达到了一个高峰。盛唐开始出现更多具有个性的人物,其标志之一,就是思维中的公共自我向私人自我转变,促成了诗歌感觉的个人化和诗歌题材的多样化。"沉郁顿挫"不仅是一种风格,更是一种观念,意识到表现日常生活的艰难也是一种美。清人袁枚评道:"人但知杜少陵每饭不忘君;而不知其于友朋、弟妹、夫妻、儿女间,何在不一往情深耶?"②这种"情深"要归于杜甫性格中的真诚,他就像生活在我们周围的一个普通人,常为日常生活的拮据而愁眉苦脸,内心却藏着一个丰富的情感世界。杜甫的博爱情怀源于他对"仁"的体认,也许他已经意识到,孔子将"德"转化为"仁",是因为天道不会对"德"做出现世回报,他在送别友人的诗中写道:"天意高难问,人情老易悲。"所以必须将外在的德行转变为内心的信念,或者说内化为一种人格,一种同理心。

由于唐代统治者的宽容、开放的心态以及在文化方面采取的兼收并蓄的开明政策,长安成为当时音乐文化交流的中心。而唐朝的诗人,大多是全能型的艺术人才,李白能歌善舞,琴艺甚佳;杜甫的兴趣也很广泛,他对绘画、书法、音乐、舞蹈都有很高的修养;白居易酷爱音乐,家有乐工、歌妓,同时,他还是一位杰出的音乐评论家。以《琵琶行》为例,首先,白居易非常注重诗歌的音乐性,把律诗的某些法则运用于七古之中,使七言歌行的音调更加和谐幽美。其次,诗歌所描写的音乐更是精彩绝伦,诗人从不断变化的音乐旋律中产生了对生活与艺术的丰富联想,又将这些联想化作精妙的比喻,形容音乐之美。再次,白居易和琵琶女更深层次的共鸣在于他们对音乐审美追求的高度一致上,从"岂无山歌与村笛,呕哑嘲哳难为听"一句可以推知,白居易在诗歌形式上虽然采用了适应当时音乐的新形式,但他却主张音乐要恢复古雅,将讽喻现实和时下音乐结

---

① 杜甫.杜诗镜铨[M].杨伦,笺注.2版.上海:上海古籍出版社,2019:1078.
② 袁枚.随园诗话[M].顾学颉,校点.2版.北京:人民文学出版社,1982:498.

合起来,这也是新乐府改革取得开创性成功的原因之一。

古代诗文的互文阅读专题研讨中,有文学与文学的融通,即各种文学样式间相互融合和比对。如果说李商隐的七律《马嵬》对杨贵妃和唐玄宗尚有同情的话,那么他的七绝《华清宫》和杜牧的《过华清宫》对杨贵妃则极尽讽刺之能事;杜甫的《哀江头》重在对细节场景的描写,饱含对杨妃的同情,而白居易的《长恨歌》通过人物故事艺术化,吸引着千百年来的读者。因此,在研讨过程中,首先要注意对诗歌语言的咀嚼和鉴赏,其次要注意博览群书,并且从中得到审美愉快和历史启示。比如,冯至的《杜甫传——长安十年》中记载了天宝十年(751年)正月,唐玄宗接连举行了三个盛典。趁这机会,杜甫写了歌颂这些活动的三篇礼赋进献,玄宗读后,十分赞赏,让他到集贤院,命宰相考他的文章,这让杜甫声名大噪,但是考试后却没有了下文,此事最终不了了之。这段经历是杜甫长安十年的高光时刻,也是他长安十年悲剧性的结局。

古代诗文的互文阅读专题研讨中,有文学与影视的融通,可以开展跨媒介的阅读与交流。比如马伯庸小说改编的电视剧《长安十二时辰》可以帮助我们更真实地了解李白和杜甫生活的长安;电视节目《经典咏流传》中张杰改编演唱的《蜀道难》,通过川剧的高腔和念白等,表现登临蜀道不畏艰难的昂扬咏叹,也是跨媒介多元融合的一个案例。

姚鼐的《登泰山记》也可以作为跨学科互文阅读的文本,比如设计"姚鼐的观物之道"专题研讨活动。

任务一:让学生画登泰山路线图,给学生提供"学习支架"。

①学生上网搜索相关资料,查阅地图。

②参考图册:清代嘉庆年间《泰山志》岱顶图、朱孝纯《岱岳全图》、泰山景区游览图、泰山图片、绘画等。

任务二:引导学生探究文本"语言形式"。

①作者详述京师至泰安的过程,语言形式有什么特点?

②为何要交代"泰山正南面有三谷"以及东谷这条"余所不至"之路?

③读登上泰山观日部分的文字,这个部分的语言形式有什么特点?末尾两段可删除吗?细读词性、句式,总结描写特点。

任务三:引导学生感受、探究文字背后作者的深沉情感。

跨学科互文阅读不仅体现在语文学科品味语言和地理学科绘制泰山图上,更体现在通过拓展阅读材料,引导学生阅读历史、文化相关文献,有自己的独立思考并形成自己的表达上。

在义理、考据、辞章三者之间,"义理"与"辞章"的结合,也就是"文以载道",其渊源于儒家功利诗学,通过唐宋古文运动而被明确建构,从宋代以来就成为共识和常识,而到了清代,伴随着"考据"学的勃兴才出现"考据"与"义理""辞章"的复杂纠结。实际上,戴震先于姚鼐提出了义理、考据、辞章"三结合"的思想,他认为:"古今学问之途,其大致有三:或事于理义,或事于制数,或事于文章。事于文章者,等而末者也。……足下好道,而肆力古文,必将求其本。求其本,更有所谓大本。大本既得矣,然后曰:是道也,非艺也。……圣人之道在《六经》。汉儒得其制数,失其义理;宋儒得其义理,失其制数。譬有人焉,履泰山之巅,可以言山;有人焉,跨北海之涯,可以言水。二人者不相谋,天地间之巨观,目不全收,其可哉?抑言山也、言水也,时或不尽山之奥、水之奇。"①

历史文献中姚鼐的个人经历也是很重要的互文阅读素材,《登泰山记》创作于他辞去京城官职之后,南归前夕。少具壮志的姚鼐科举之途并不十分顺畅,乾隆二十八年(1763年),六应礼部试方中进士,来之不易,这给"今者常参官中乃无一人"的家族带来了巨大希望,然而,此后姚鼐却浮沉部曹,久不得升擢。自乾隆三十六年(1771年),姚鼐先是被推荐为记名御史,后又入四库馆。正当升迁有望之际,姚鼐却毅然作别官场,辞京离去。姚鼐本人声称是"以疾归",而有人说他是"以养亲去",还有人说是因推荐他当御史的刘统勋突然逝世,他"乃决意去,遂乞养归里"。

姚鼐和好友朱孝纯的老师刘大櫆先生所作《朱子颖诗集序》,也是很好的互文阅读素材:

余与子颖别二十余年矣。忆昔与子颖游,子颖未及弱冠,余虽有一日之长,而与为嬉戏,异乎世俗之所谓师弟子者。然其情乃益深,而义顾弥笃。虽子颖上有两兄,皆从余受学,而其心相矜重,殊不逮子颖。

子颖,奇男子也。其胸中浩浩焉,常有担荷一世之心。文辞章句非其所措意,而其为诗、古文乃能高出昔贤之上。后数年,子颖偶以七言诗一轴示余。余置之座侧。友人姚君姬传过余邸舍,一见而心折,以为己莫能为也。遂往造其庐而定交焉。姬传以文章名一世而其爱慕子颖者如此。

姚鼐泰安之行意义重大、内容丰富,这使得他此行留下的优秀作品具有厚

---

① 戴震.戴震全书:六[M].合肥:黄山书社,1995:375-376.

重的认识意义和独特的美学价值，如《登泰山记》《晴雪楼记》《游灵岩记》《泰山道里记序》《新城道中书所见》《阜城作》《于朱子颖郡斋值仁和申改翁见示所作诗题赠一首》《岁除日与子颖登日观观日出作歌》《题子颖所作登日观图》《次韵子颖送别》等。姚鼐泰安之行中，其印象最深刻的应该是岁末雪中登泰山：他与好友朱孝纯不辞辛苦，在辞旧迎新之际、大寒天气里，畅游五岳之尊的泰山，心灵的震撼与感动促使他创作了厚重之作、千古名文《登泰山记》。多少年后，姚鼐还念念不忘此次登山的经历和感受，其《跋汪稼门提刑〈登岱诗〉刻》写道："昔乘积雪被青山，曾入天门缥缈间。日观沧溟犹在眼，白头明镜久惊颜。壮才许国朝天近，名岳裁诗拥传还。盛藻宜标千仞上，衰翁无力更追攀。"汪志伊出身桐城，官至总督，是嘉庆朝著名的"能吏"、干臣。姚鼐与这位年岁稍小于自己而官位却甚高的同乡有所过从，以此诗赞美了汪志伊的雄心抱负，并表示自己对当年登泰山所见之壮观景象记忆犹新。可以想见，姚鼐对《登泰山记》一文也应该印象十分深刻，从另一个角度来说，这亦证明姚鼐当时创作《登泰山记》的用心之良苦，其中寄托了姚鼐经历人生最大一次转折和波澜时复杂而深邃的人生感悟。

二 跨文化小说阅读的专题研讨

2023年，教育部等八部门印发《全国青少年学生读书行动实施方案》，强调阅读在提高青少年素质和促进社会进步中的重要作用，提出根据青少年学生身心发展特点，丰富学生阅读内容和形式，提供优质数字阅读资源。

统编高中语文教材中选择性必修上册第三单元的四篇课文都是外国长篇小说的节选，《大卫·科波菲尔》（狄更斯）和《复活》（列夫·托尔斯泰）分别是19世纪英国、俄国的现实主义小说，《老人与海》（海明威）、《百年孤独》（加西亚·马尔克斯）分别是美国、拉丁美洲的现代小说。它们分属于不同创作流派，艺术风格迥异，展现了不同时代、不同地域、不同民族和国家的社会生活和精神世界。"外国作家作品研习"作为高中语文学习任务群之一，其要旨是"引导学生研习外国文学名著名篇，了解若干国家和民族不同时期的社会文化面貌，感受人类精神世界的丰富,培养阅读外国经典作品的兴趣和开放的文化心态"①。

狄更斯是个视觉上的天才,你可以去观察他的每一幅肖像,青年时代的以及壮年时代的,引人注目的便是他奇特的眼睛:冰冷、阴郁,像钢一样发出凌厉的寒光。他的这双眼睛的记忆力是无与伦比的,他用它刚硬的刀锋割碎了童年的迷雾,在《大卫·科波菲尔》这部经过伪装的自传中,那个孩子对母亲和使女的记忆就像剪影一样被敏锐地从无意识的背景中剪裁出来。在狄更斯笔下不存在模糊的轮廓,他不给幻象以多种解读的可能性,他迫使一切都清楚明白。在开始文学创作之前,他做了多年的速记员,后来他也以这样的艺术手法对真实生活进行速记,他从各种各样的事实中提炼出观察的精华,用那双眼睛将一切现象以某种方式夸张为奇异的、漫画式的影像,然后折射到生活当中去。

狄更斯的童年是真正富有诗意的悲惨经历——在这段时间里,他创造愿望的种子沉入了可怕的、无言的苦痛王国,他想用他的小说帮助所有孤苦伶仃、为人遗忘的孩子,他进行写作的道德意图、内在的生命意志便是帮助弱者,他想在这里改善同代人的生活状况,他不去谴责它,他并不挺身去反抗国家的道德法则,他不发出威胁,不挥起愤怒的拳头去反对立法者和市民,而只是用手指小心翼翼地指着这里或那里的一处绽裂的"伤口"。他只想纠正改善,只想在社会不公现象露出过尖的刺以至伤人肌肤之处,将它磨平,变得柔和些,但从不想将它的根,它最内在的原因挖出捣烂。立于作品背后的创造者不是一个愤怒的神,而是一个满足的观察者,一个忠诚的市民。因此,狄更斯像所有伟大的艺术家一样夸张,却不是向着伟大,而是向着幽默的方向。

关于狄更斯我们可以说,他给这个世界增添了快乐,千百万双眼睛在读他的书时闪着盈盈的泪光,他在那些笑声早已枯萎或是已被掩埋的人的胸中重新植下了"笑"的种子。他的影响力远远超出了文学领域,富裕的人在读他的作品时有所感悟,从而献出了一份份捐助,冷酷的人也会受到触动,在英国,同情与善意通过狄更斯变得多起来了,许许多多穷困与不幸的人的命运变得和缓了。虽然,这些异常巨大的影响和一件艺术品的审美价值无直接关系,但也有间接影响,因为它们让人看到,一部伟大的作品在想象世界之外,在真实世界中也能造成改变。狄更斯为后世保留下了那个"可爱的老英国",那个介于拿破仑战争

---

① 中华人民共和国教育部.普通高中语文课程标准(2017年版2020年修订)[S].2版.北京:人民教育出版社,2020:24.

和帝国主义之间的快乐的英国。

晚年的列夫·托尔斯泰一直致力于"平民化",耕地、浇菜,从事体力劳动,并希望放弃私有财产和贵族特权,因而和妻子发生冲突,家庭关系紧张,他多次产生离家出走的想法,又受到各种羁绊。1910年,他毅然离家,途中受风寒,在车站逝世。从未有一个人以如此巨大的力量开始同不可名状的东西,同暂时的悲剧作斗争,坚定地以人类对他们命运的疑问来对抗命运对人类的提问。

《复活》中的聂赫留朵夫公爵,是他塑造的人物形象中最奇特的,身上深深隐藏着他的本质的理想形象,理想的托尔斯泰,他把他所有的意图和道德高尚的行动都给了这个形象。贵族聂赫留朵夫在出席法庭陪审时,发现被诬告杀人的玛丝洛娃正是他年轻时引诱、抛弃的姑娘,于是良心觉醒,开始悔罪。他极力为玛丝洛娃奔走申冤,并请求同她结婚,上诉失败后,又陪她流放西伯利亚,他的行为感动了玛丝洛娃,使她重新爱上了他,但为了不损害聂赫留朵夫的名誉和地位,玛丝洛娃没有和他结婚,而是接受了革命者西蒙松的求婚,最终两位主人公双双实现精神和道德的"复活"。

1879年,托尔斯泰将他"不知道的问题"写在一张纸上:①为什么活着?②我的存在和其他每个人的有哪些原因?③我的生活和其他每个人的有哪些目的?④那种善和恶上的分裂意味着什么,我在我身上感到哪些,为什么它会在那儿?⑤我应该怎样生活?⑥死亡是什么——怎样我才能救自己?这是托尔斯泰可怕的喊叫,在危机的利爪下它激烈地从他心中挣脱出来的,这一尖锐刺耳的叫喊从此就响了三十年。马克西姆·高尔基曾将列夫·托尔斯泰称为一个人类的人:托尔斯泰是上帝选出的模型,他将永恒的人的画像作为根本的毕生事业,在我们混杂的世界中间尽可能表现得完美——一种永远不能完成,永远不能完全实现并因而是加倍英勇的事业,他在极端的现象中借助一种无可比拟的自己良心的诚实寻找人,向下深入到人们只有伤害自己才能达到的深度。这个典型的道德高尚的天才以一种非常的严肃,一种无情的冷酷毫无保留地翻掘自己的灵魂,好使那种完美的典型从它世俗的外皮中解放出来并向整个人类展示它更高贵的面庞。

"外国作家作品研习"任务群的课程定位对任务群的学习目标和内容有明确表述。其一是阅读外国文学经典作品,认识所读作品的地位和价值。这里的"认识",不是简单了解和机械记忆,而是要经历作品的阅读理解过程,经历一个了解作品写作背景、把握作品思想内容、探究作品独特魅力和巨大影响力的过程。其二是撰写读书笔记,阅读作品后应写出内容提要和阅读感受,选择感兴趣的作家、作品或话题,撰写评论。这里的"阅读感受",不是初读作品的直觉感受,而是经过多次阅读、参读资料、反复思考、小组讨论、修改完善后形成的理解和看法;这里的"评论"也不是直觉性评点,而是要有个人视角和判断,有具体阐述,更要有材料支撑。其三是尝试探讨不同民族文学之间的共同话题和文化差异,尊重文化多样性,提升文化鉴别力。这里无论是"尊重文化多样性",还是"提升文化鉴别力",都要求调动相关阅读经验,在不同民族文学的视野中,将具体作品研习结合起来,都要通过阅读与鉴赏、表达与交流、梳理与探究的语文实践活动来实现。按此三项,"外国作家作品研习"任务群主要指向"文化传承与理解""审美鉴赏与创造"两类课程目标,即通过文学审美的鉴赏与创造,实现对不同民族文化的理解,其课程定位可归结为一句话:以作品的文学视角,理解不同民族的文化差异。

跨文化小说阅读要引导学生在专题研讨中选择感兴趣的作家、作品或话题,撰写评论。教师在专题阅读中需要提出目标,引导学生深入思考、讨论、交流,起到组织者的作用,并以自己的阅读经验,平等地参与交流、讨论、答疑。另外,学生的阅读评价是一个复杂的问题,必须把握好模糊与清晰、鞭策与鼓励的关系,评价可以从自我、同伴和教师三个维度展开,学生根据阅读计划、个人感受等进行自我评价,同伴根据评价对象的阅读积极性、扎实程度、合作情况等进行客观评价,教师根据课程目标、课堂表现、考核结果等进行综合评价。在学生完成小说阅读后,应有一个分享交流环节,可以用图画比如思维导图,或者幻灯片进行展示,甚至可以改编作品或者写评论性的文章,结合学校的校园综合活动,开展戏剧表演和角色扮演等活动。对话分享不仅是学生完成一项具体任务的策略,还是带着共同目标,借助各种媒介,调动各种资源,通过协作、倾听、理解、尊重、包容而实施的学习过程。

第二代认知科学在知觉现象学和发展心理学等相关理论基础上提出具身认知理念,其核心特征是"心智的具身性",其拥护者们认为,阅读作为一种认知活动,需实现具身转向。在新时代,人和技术的交融促使学界进一步思考阅读活动中身体的本体价值,有研究者提倡一种身体知觉与心灵意识共同参与的具身阅读,也有研究者在此基础上,强调阅读中的具身关系需通过沉浸式体验融入读者的生命经验中。海明威和马尔克斯作为当代的伟大小说家,他们的作品、文学创作方式和个人经历都可以成为学生撰写评论的优质素材。

第二次世界大战后,海明威因为小说《老人与海》,先后获普利策奖、诺贝尔文学奖,海明威的创作具有鲜明的个性特征,正如诺贝尔文学奖授奖词所言:"勇气是海明威作品的中心主题——具有勇气的人被置于各种环境中考验、锻炼,以便面对冷酷、残忍的世界,而不抱怨那个伟大而宽容的时代。"在创作《老人与海》的时候,他显然已经开始清楚而又朦胧地意识到,资本主义世界的内在危机在战后是愈见深重了,他唯一能引以自慰的,只是在无法避免的失败面前,他从未丧失过勇气,从未真正放弃过努力。小而言之,桑地亚哥是作者在艺术上的自我写照,是美国式天真与单纯的具体体现,大而言之,他是海明威所独创的一位当代"类人"的英雄。

海明威创作的文体风格简洁、含蓄,这种风格主要表现为对话的生动和语言的交锋。1932年,他在纪实性作品《午后之死》中,第一次把文学创作比作漂浮在大洋上的冰山,他说:"冰山在海里移动很是庄严宏伟,这是因为它只有八分之一露在水面上。""冰山原则"是海明威对自己多年创作经验的形象总结。

《百年孤独》是加西亚·马尔克斯定居于墨西哥城后,在那里写的小说。我们可以越过奥里诺科河,在想象中抵达他虚构的马孔多。这部关于马孔多百年沉浮的长篇小说,聚焦于布恩迪亚家族七代人的故事,重述了拉丁美洲的探索、建国、政治动荡以及艰难进入现代的整个历史。

开展跨文化小说阅读专题研讨时,还应特别重视以下几类文本间性:第一类,作品和背景之间的关系。教师可提供阅读书目或印发一些资料,最好是能反映创作背景、作家经历及风格流派特点的传记、访谈录等。比如《狄更斯传》(彼得·阿克罗伊德)、《托尔斯泰传》(罗曼·罗兰)、《八分之七的冰山:海明威传》(弗娜·卡莱)、《番石榴飘香》(加西亚·马尔克斯、P.A.门多萨),里面有学生感兴趣的趣闻轶事,能让学生比较轻松地走近作家、走进作品,了解那个时代的社会生活,为深入阅读课文形成一定的知识储备。第二类,作者之间的关系。《百年孤独》独创性的开头"多年以后,面对行刑队,奥雷里亚诺·布恩迪亚上校将会回想起父亲带他去见识冰块的那个遥远的下午",影响了我国当代很多作家作品,比如陈忠实的《白鹿原》、李锐的《旧址》、余华的《兄弟》等,仿佛是马尔克斯的经典语式引导他们找到了进入自己小说世界的路径与语调。在拓展性阅读中,学会参读这些不同作者之间的作品,不仅能更好地理解《百年孤独》,还可以看到它巨大的艺术魅力和跨国的影响力。

作为跨文化小说阅读专题研讨的学习成果,"自我成长"阅读小组讨论与分享的书目如下:《少年维特之烦恼》《麦田里的守望者》《牧羊少年奇幻之旅》《杀死一只知更鸟》《马人》《少年迈尔斯的海》《追风筝的人》《绝对小孩》《我在伊朗长大》《喜福会》等。阅读过程中可开展跨媒介阅读与交流学习活动,如欣赏电影作品《奇迹男孩》《寻梦奇遇记》《少年派的奇幻旅行》和朱德庸的漫画作品《绝对小孩》,以及其他相关的音乐作品,以开放的姿态充分激发读者的阅读潜能和兴趣。在"自我成长"的主题读书讨论和分享中,学生可在关于自我成长的话题中,感悟生命,体验成长,拥有多元开放的文化视野,学会宽容地理解他人和世界,逐步形成核心价值观。对所学知识的运用能力,强调独立思考、分析问题和解决问题、交流与合作等是学生适应未来不断变化和发展的社会至关重要的能力。数字化视听、多媒体交互等现代教学技术对教学手段和方式的变革产生了重大影响,是伴随着网络逐渐成长起来的学生喜闻乐见的教学辅助手段。在全球化和数字化时代背景下,我们应以兴趣和问题导问,突出学生阅读的选择性和主体性,在阅读活动中探寻由坚持问题导向、创设真实情境、建构合作关系、实施指导性探究构成的高效阅读方法。

我们应引导学生培养阅读古今中外各类小说的兴趣,从优秀的小说中汲取思想、感情和艺术的营养,丰富、深化对历史、社会和人生的认识,提高文学修养。《绿野仙踪》里的多萝西是怎样完成她的英雄之旅的呢?为什么柯南·道尔要从华生的角度来讲福尔摩斯的故事呢?《哈利·波特》里的世界与真实的英国社会有哪些不同的地方?阅读一部好的小说,收获的不仅是沉浸其中的愉悦感,还是一次探究自我、理解他人、提高创造力和想象力的成长旅程。正像雷夫所说的,"阅读不是一门科目,它是生活的基石,是所有和世界接轨的人们乐此不疲的一项活动"。

第六章

审美生活的生长
——一体教学

巴金先生说过,"文学的目的就是要人变得更好"。文学的核心,文学创作与文学阅读的出发点与归宿,都是人,是人的心灵,人的感情,人的精神。阅读文学作品的目的是陶冶我们的性情,开拓我们的精神空间,每一个民族、时代的精神的精华都凝聚于各类学科的名作经典中,借助这些人类所创造的最美好的精神食粮,我们才能培养更多如巴老所期待那样的更纯洁、更善良的具有美好心灵的健全的"人"。

第一节 诗、乐、舞融合的传唱诗文

一 《春江花月夜》：诗乐同体

中国是一个诗的国度，而诗又往往与乐和舞共生，追本溯源是揭示这些诗歌特点的必由之路。中国古代，诗歌与音乐相伴相生。公元112年，汉武帝正式设立"乐府"这一音乐机构，用来训练乐工、制定乐谱和采集歌词，采集了大量的民歌，这些乐工的任务是收集编纂各地民间音乐、整理改编与创作音乐、进行演唱及演奏等。后来，人们就把经由乐府编录、演唱的诗叫作"乐府诗"。可见，乐府诗本就是一种"歌诗"，一方面编制采用"诗"的体裁，另一方面又谱音乐以歌之，结合这两个条件，才叫作乐府诗。

乐府诗展现给文学研究者的是一个全息艺术品。乐府诗与音乐舞蹈相伴而生，它的许多特点都由此而来，要想准确把握乐府诗的特点，必须进入到音乐研究层面，回到音乐表演的情境当中，同时也要注意语言文字韵律节奏内在的乐性。首先，从研究层面上，不仅限于从内容、形式、风格等层面进行研究，要把这些作品当作乐舞歌词，和其所属音乐特性联系起来，而非纯粹的文学文本，这是尊重文学文本研究的原生态。其次，从研究角度而言，要从文献、音乐、文学三个层面进行全方位的研究，就某一具体作品而言，主要从曲名、曲调、本事、体式、风格五个要素的角度进行把握，使诗歌的发生、发展、变化情况和相关音乐特点，以及表现出来的文学特色得到尽可能清晰的描述。在文献、音乐、文学三个层面的研究中，文献研究是基础，音乐研究是核心，文学研究是目的，三者缺一不可。当然，如同我们不能把研究停留在文献研究上一样，音乐研究也必须对作品的文学特点予以说明，可见，文献研究和音乐研究都是为文学研究服务的。

张若虚《春江花月夜》一诗被称为"诗中的诗，顶峰上的顶峰"。而与其同名的民族器乐合奏曲《春江花月夜》也被称赞为"中国古典音乐名曲中的名曲，中国古典音乐经典中的经典"。①同题的诗歌和乐曲分别在其所属的艺术领域取得极高的审美境界和评价,这是一种巧合吗?还是因为二者之间有某些必然的联系呢?其中缘由,值得探究。

我们先来看看这首乐曲的几度演变。诗歌《春江花月夜》的曲调据说是陈后主所制,《乐府诗集》引《唐书·乐志》云:"《春江花月夜》《玉树后庭花》《堂堂》,并陈后主所作。后主常与宫中女学士及朝臣相和为诗,太常令何胥又善于文咏,采其尤艳丽者,以为此曲。"②然曲调业已失传。乐曲《春江花月夜》的曲调是根据琵琶曲《夕阳箫鼓》改编的,而《夕阳箫鼓》的来源主要有两种说法:一种说法是民间传谱;另一种说法是为琵琶演奏家宋珩所创,但都尚无足够的证据加以证实。有关《夕阳箫鼓》一曲的记载可以追溯到清代姚燮编写的音乐论著《今乐考证》,然而这本书虽然记载了它的曲名,但未记乐谱。浦东派琵琶宗师鞠士林所传的《闲叙幽音》记载,《夕阳箫鼓》共七段,无标题。陈子敬的《陈子敬琵琶谱》中收有《夕阳箫鼓》一曲,列出了七个标题,分别是"回风""却月""临水""登山""啸嚷""晚眺""归舟"。平湖派传人李芳园在《李氏谱》中对此曲进行了较大的改动,首先他附会白居易的《琵琶行》,将曲名改为《浔阳琵琶》,在结构上将原来的七段扩展为十段,每段都加了标题,如"花蕊散回风""关山临却月""箫声红树里"等,以表现文人的旨趣,流露出陶然自得的避尘情调。在曲调上他也精工雕琢,繁加花音,使其成为士大夫阶层所欣赏的乐曲,与原来民间传谱的面貌大不相同。之后,汪昱庭对李芳园的曲谱进行了较大的改编,曲名改为《浔阳夜月》,删掉了其中很多纤巧柔弱的繁音花指和长段捺音的弹法,使其变得较为朴素,风格也较为完整和统一,更接近于民间乐曲的原貌,最终流传下来,成为一首著名的琵琶独奏曲。20世纪20年代,其被柳尧章改编为琵琶领奏丝竹合奏曲,获得巨大成功,成为民族音乐作品中的经典。柳先生曾说:"古乐虽好,但曲高和寡,且古乐的挖掘、整理与编排也不容易。我认为,当时丝竹在上海十分盛行,应该利用丝竹的演奏形式编排合奏。"

从这首乐曲的演变中我们发现,一方面,音乐中"雅"的追求是必要的,为了普及而适当通俗化也同样重要,纵观我国数千年的音乐发展史,民间音乐的繁盛是推动整个音乐向前发展、进步的内在动力。乐志对乐曲《春江花月夜》作如

---

① 吴钊,刘东升.中国音乐史略[M].北京:人民音乐出版社,1993:406-408.
② 谭国清.中华藏典·传世文选:乐府诗集:二[M].北京:西苑出版社,2003:419.

此详细记载,但唐朝相关诗文集中却不见其诗,这说明在一定程度上,当时(隋、唐以至宋)此曲比之于配合演唱的诗,影响更为广泛而深远。之后,柳尧章改编此曲有意"雅乐俗化",即为克服古乐"曲高和寡"之弊,改编后此曲所获得的巨大成功也再一次说明:在一次次的雅俗之争中,俗乐以其生机勃勃的姿态,通俗率真、富于情感的特质为中国的音乐文化注入了新鲜的血液,使中国音乐的发展呈现出一股盎然的生机。另一方面,音乐审美的感受由感性出发,于审美情感的精神性体验中达到对自身的超越,并且在这种超越中肯定人在社会、自然、宇宙中的位置及生命价值,从中获得一种审美的和谐感,这可以说是音乐审美的最高境界。

从曲调演变过程中,我们同样可以看出乐境也一直处于变化之中,柳尧章改编该曲并由郑觐文定名为《春江花月夜》是一个重要的转折点。之前所传的《夕阳箫鼓》的乐境应是朴实而富于民间气息的,从李芳园的改动中可以看出乐境发生了显著变化,已由"朴实"之乐转而成为"曲高和寡"之乐,这使其成为士大夫阶层所欣赏的乐曲。汪昱庭的改编较之《李氏谱》的《夕阳箫鼓》而言朴素了许多,接近其原貌,但从他所拟的《浔阳夜月》这一曲名来看,其乐境或多或少地带有凄凉婉转的意味。柳尧章改编的初衷为克服古乐"曲高和寡"之弊,"雅乐俗化"是他有意而为之。如果把《春江花月夜》和《浔阳夜月》两个标题相比较,前者的凄婉之气显然减少了很多,而《春江花月夜》中"江楼钟鼓""月上东山""风回曲水"等小标题也印证了这种变化,这是改编者的有意识的创造。这些标题配合着富有江南水乡韵味的婉转曲调,使人进入了一幅淡雅清丽的山水画卷之中,表现出了对大自然美景的热爱,对自然山水的一种发自内心的"亲悦之情",同时也表现出了人与自然景色的和谐统一。乐曲旋律委婉流畅,配器细腻典雅,充满了中国传统音乐安详和谐的气质,全曲采用了散、慢、快、散的线性结构,移步换景,虚实相间,在统一中求对比,动中有静,静中有动,由远及近,由近及远。《春江花月夜》中使用的琵琶、筝、箫等均是丝竹乐器,均取材于自然,富有自然的灵性,其发出的音色在对自然山水景物的描摹上有着不可比拟的自然性,有着天生的与自然相亲悦的关系。欣赏者在欣赏过程中可以感受到一种"自然万物,浑然一体"物我两忘的境界,正如时人对该曲的评价:《春江花月夜》正是体现了"和"的精神,"线"的结构,"虚"的意境。

如果从诗歌的内容和抒情传统来考察,《春江花月夜》及其所涉的几首乐府诗,借由春江花月等自然物象,回归了以《诗经》为代表的民歌"春女思"的诗性特质与抒情传统,将得之于民歌传统的"春女思"主题扬升到具有强烈宇宙意识的人人共有之情,纯洁、神秘而又亲切。诗人之情,乃在于回归自然本质,对美好而难以捉摸的人与物一往情深,沉酣而不能自已,虽不得,亦不放弃。李泽厚的《美的历程》特别立了"青春、李白"一小节,有如下解读:春花春月,流水悠悠,面对无穷宇宙,深切感受到的是自己青春的短促和生命的有限。它是走向成熟期的青少年时代对人生、宇宙的初醒觉的"自我意识",对广大世界、自然美景和自身存在的深切感受和珍视,对自身存在的有限性的无可奈何的感伤、惆怅和留恋。是一种少年式的人生哲理和夹着感伤、惆怅的激励和欢愉。[①]其实就是这样的一种审美心理和艺术意境,使得诗人把向官僚体系与文人社群倾斜的"自觉"重新摆回无穷宇宙中,深切感受到流年似水、江月永恒,而青春无常,惆怅和欢愉交织成生命中最隽永的记忆。

从《春江花月夜》诗歌的形式演变中,我们可以看出,它是走着一条从与音乐密不可分到日渐脱离音乐的道路。当某种诗歌形式形成之初,作为歌词的诗往往是音乐曲调的附庸,其艺术效果主要来自音乐艺术的功能。后来的作家运用已经形成的诗歌形式时,主要是从语言方面进行创造。于是,越到后来,诗的艺术作用就越显得重要起来,而且从总体上看,语言艺术比之前更为精湛。其根本原因在于:在"诗乐是一"这种体制中,语言艺术远比已经形成固定音响形式的乐曲活跃很多,在其表现内容日益丰富、表现艺术水平日渐提高的过程中感受到了音乐形式对自己的发展的束缚,于是,语言艺术就要挣脱固定音乐形式的束缚,开创完全属于自己的新的天地了。《春江花月夜》诗歌七言三十六句形式的出现,正是努力挣脱乐曲的束缚的结果,五言变为七言这一关键性突破,就是张若虚吸取唐初七言诗成就的结果。七言诗兴盛于唐代,又与燕乐有关。而张若虚在诗歌上所开创的阔大气象和其所处的时代有很大的关系,初唐经南北朝后大一统,是真正的太平,故诗人有蓬勃之气,后人写诗多局限于小我,故不能大方,而其情感之冲动又多来自身经乱离后而生发的感慨。

纵观初唐诗歌发展历程,大体上是由两批诗人演绎着两大诗歌主题:一个是近体诗律在宫廷诗人主动适应歌诗传唱的过程中中走向定型;一个是诗歌内涵在廷外诗人精神境界提高的过程中不断扩大。两批诗人在声律与风骨、言情与言志、流俗与雅正等各个方面,都表现出不同的价值取向,最终又在相互借鉴

---

① 程千帆.张若虚《春江花月夜》的被理解和被误解[J].文学评论,1982(4):22.

和融合中走向统一。张若虚在音乐形式和语言艺术上既传承传统,又有意识地创新,被评价为"孤篇横绝,竟为大家"。只有既具有杰出的成就又具有深远影响的人,才配称为"大家",只靠一篇诗而被尊为"大家",这在文学史上是绝无仅有的。耐人寻味的是,张若虚虽与李杜同享文章盛名,却直到晚唐才见诸载籍,存诗二篇,其中的《春江花月夜》要到宋代才有著录,此中缘由,也恰恰证明了身处初唐的张若虚在音乐、语言艺术上所取得的开创性成就。经过盛唐的全面发展,到中晚唐发生变化时,人们才真正认识到《春江花月夜》的价值。

在我国,音乐与文学的"混生"状态一直持续了数千年,有关《春江花月夜》乐境的争论,正是因为参照了同名诗歌才产生的,而作为诗歌的《春江花月夜》文本,《乐府诗集》中就收录了多首,作者、内容与风格均不相同。诗歌诗境和乐曲乐境一直处于变化之中,足以说明演变本身的价值,即审美情趣和意境不断臻于化境。张若虚写的诗歌《春江花月夜》和民族器乐合奏曲《春江花月夜》因为均体现了"天人合一"的哲思而达到了审美艺术的最高境界,从这点上来说诗与乐是相通的,在相互参照、融会贯通中各自求得发展,因此《春江花月夜》是关于诗境和乐境结合的永恒话题,更是音乐文学史上一个绝无仅有的佳话。

二 《琵琶行》:新乐府的变革

由于唐代统治者的宽容、开放的心态以及在文化方面采取的兼收并蓄的开明政策,少数民族音乐,特别是胡乐传入中原地区,形成了一股势不可挡的"胡风",各民族音乐之间出现了大交流、大融合的发展局面。宫廷中,燕乐代表了当时唐乐的最高水平,民间的曲子、变文、说唱等艺术也取得了长足的进步,长安成为当时音乐文化交流的中心。储光羲《长安道》云:"西行一千里,暝色生寒树。暗闻歌吹声,知是长安路。"音乐的繁荣与普及,加之诗歌的盛行,当时出现了诗人写诗合乐、以诗配乐,乐工采诗入乐、以乐配诗的情形。而且唐朝的知识分子几乎个个是诗人,精通音律,能诗善乐,擅弹会奏,如李白能歌善舞,琴艺甚佳;王维通晓音律,善弹琵琶;白居易酷爱音乐,家有乐工、歌妓,不时演奏歌唱,同时,他还是一位杰出的音乐评论家。

在这样一个诗歌与音乐融合,民间和朝廷共襄诗乐盛举的大环境中,白居易、元稹等人提出了改革乐府的主张:音乐要恢复古雅,在形式上却采用适应当时音乐的新形式。白居易主张恢复《诗经》时期的传统,继承和发展《诗大序》中有关诗乐的理论。如在《策林六十九·采诗》中,白居易说:"大凡人之感于事,则必动于情,然后兴于嗟叹,发于吟咏,而形于歌诗矣。"这正是《诗大序》所说的"在心为志,发言为诗",然而《策林》只是向统治者建言的一套为政方针。当"采诗"制度式微之时,观风察政的精神便只能在较抽象的"乐"的层次上保存。唐人仍保留了"乐与政通"的古老观念。白居易诗歌理论也存续同样的理念,这样的文学观也见于其著作《与元九书》中:"圣人感人心而天下和平。感人心者,莫先乎情,莫始乎言,莫切乎声,莫深乎义。《诗》者,根情、苗言、华声、实义。上自圣贤,下至愚骏,微及豚鱼,幽及鬼神;群分而气同,形异而情一;未有声入而不应,情交而不感者。圣人知其然,因其言,经之以六义;缘其声,纬之以五音。音有韵,义有类;韵协则言顺,言顺则声易入。类举则情见,情见则感易交。"[①]他认为圣人有知情的作用,要"经之以六义""纬之以五音",因此诗要有"音""义",而音有五音之韵,有六义之类。总之,类协则言语顺,言语顺则音声易入,义类举,则感情可见,则人易感,人易感则自然意志融通,而能够得到所交之谊。

以《琵琶行》为例,诗歌在形式上采用整齐的律体,便于入乐,语音协谐和顺,朗朗上口。白居易把律诗的某些法则运用于七古之中,这样就使得七言歌行的音调更加和谐优美;音节响亮,有顿挫变化;韵律转折灵活,真如行云流水,把诗歌的文采、声音、情意三者结合得再好不过了。更重要的是诗歌所描写的音乐更是精彩绝伦。白居易之所以能描摹出音乐那种难以名状的美感,和他深厚的音乐素养有关。他在琴艺、歌调等方面有很好的素养与雅致的情趣。白居易曾写了一篇《醉吟先生传》,说自己酷爱音乐,擅长弹琴。他在《微之到通州日》中谈到了他与歌者阿软交往的故事,"偶助笑歌嘲阿软"说的就是他们一同唱歌的情景。与艺人同歌的情形在他们的生活中经常出现,《醉歌》云:"罢胡琴,掩秦瑟,玲珑再拜歌初毕。谁道使君不解歌?听唱黄鸡与白日。"诗中不仅写到了他"解歌",而且还写到了他歌唱的曲目。白居易作为官员,在歌舞娱乐时亲自参与到了歌唱中。诗人不仅与艺人同歌,有时还共同制作音乐作品,白居易的《霓裳羽衣歌》就曾叙述了他根据记忆和舞谱指导歌者排演《霓裳羽衣歌》的过程,苏杭二地有名有姓的歌伎有多人参与其中。在家妓当中,犹有善于歌唱的樊素常伴诗酒之宴。

[①] 白居易.白居易集[M].北京:中华书局,1979:960.

在《琵琶行》中,白居易对音乐的描述就很好地体现了他的音乐素养和功底。"霓裳""六幺"都是唐代音乐运用频繁的乐曲的名称。"转轴拨弦""轻拢慢捻抹复挑""收拨"等都是琵琶演奏的术语。琵琶在古代曾被写作"批把"或"枇杷",后来才从"琴"字头写成"琵琶"。"琵琶"的本义是乐器本身的演奏方法,刘熙《释名》中说道:"批把本出于胡中,马上所鼓也,推手前曰批,引手却曰把,象其鼓时,因以为名也。"唐代所谓的琵琶,一般是指西域传来的曲项琵琶。唐代琵琶在吸收以前琵琶的一些特点后,进行了较大的革新,保留了曲项琵琶梨形、曲项的形制和发音特点,改拨子弹奏为用手弹奏,演奏的姿势也由横弹改为竖弹。琵琶的演奏技巧很丰富,右手的弹拨有挑、轮、摇、扫、拂等技法,左手的按弦也有吟、推、打、注、擞等技法。

《琵琶行》中有关弹奏《霓裳》《六幺》两支名曲的描写非常动人:从琵琶女手指间流出的乐曲声,忽而如急风骤雨,忽而似切切私语;忽而如莺语花底,忽而似泉咽冰下;忽而如银瓶乍破,忽而似马嘶刀鸣;忽而如珠泻玉盘,忽而似锦帛撕裂。诗人从不断变化的音乐旋律中产生了对生活与艺术的丰富联想,又将这些联想化作精妙的比喻,反过来穷尽了音乐之美。琵琶具有丰富的表现色彩和高难度的演奏技巧,对于其不同的演奏效果,《华氏谱》中介绍如下:"间尝聆其音之微婉也,如闺中儿女枕畔言情,凄凄切切,徘徊欲绝也。其音之清越也,如花间好鸟,应声而鸣,啾啾喁喁,留连而不已也。其音之宏大也,如雄军百万,铁骑纵横,呼号震天,如雷而如霆也。其音之锐且疾也,如江涛怒飞,一泻千里,奔腾澎湃,惊心而动魄也。"据刘承华《中国音乐的神韵》介绍,琵琶的音色总体上既清脆又柔和,全部音域可分高中低三个音区,低音区余音较长,有抒情韵味,中音区发音清朗、柔美,高音区发音清脆、坚实。《琵琶行》中,诗人以一连串客观物体的声响作比喻,既富于生活气息,又绘声绘色地表现了琵琶女高超的演奏技巧,把曲调节奏的起伏、高低、大小、快慢、断续、错杂的变化、曲调的起始、高潮和结尾的不同特征,以及音乐的动感和境界,都极其生动地描绘了出来,使人如见其人,如见其声。可见,白居易诗歌对音乐的描写确实具有一种强大的、不可抗拒的感人力量。

歌唱是唐代诗歌传播的重要途径,在感动人心上,歌唱的作用是巨大的,而兴发感动也正是诗歌创作的必要心理条件。从情感兴发这一点上来说,《琵琶行》是音乐诗中的成功文本。首先,诗人描写了弹奏前的情形,"寻声暗问弹者谁,琵琶声停欲语迟""千呼万唤始出来,犹抱琵琶半遮面",生动地刻画出琵琶女犹豫矛盾的心理和惧生羞涩的情态。接着,诗人以简洁的诗句,描写了试弹时的情景,"转轴拨弦三两声,未成曲调先有情。弦弦掩抑声声思,似诉平生不得志。低眉信手续续弹,说尽心中无限事",诗人把曲调视为弹奏者在诉说"平生不得志"和"心中无限事",既表现了弹奏者初弹时的悲伤情思,又表现了诗人对弹奏者的深刻理解和情感上的共鸣。在琵琶女自述凄惨身世时,诗人感同身受,也述说自己的贬谪之悲,发出"莫辞更坐弹一曲,为君翻作《琵琶行》"的邀请,琵琶女"感我此言良久立,却坐促弦弦转急。凄凄不似向前声",座中泣下最多的是"长情"的诗人,"江州司马青衫湿"。作者将秋江送客、偶遇歌女、演奏琵琶、自叹身世等情节和送别时的难舍之情、琵琶的声情、歌女的伤情、诗人感伤落泪连接绾合,凸显了"同是天涯沦落人"的相惜相怜。陈寅恪先生曾经做出这样的解读:"既专为此长安故倡女感今伤昔而作,又连绾己身迁谪失路之怀。直将混合作此诗之人与诗所咏之人,二者为一体。真可谓能所双亡,主宾俱化,专一而更专一,感慨复加感慨。"[1]

阅读这首诗歌尤其不能忽视的是其中隐含的线索"以江月为文澜"。诗歌内容、描写、情节、感兴都是放在广袤而沉静的秋江上、孤寂而忧郁的月色下展开的,开篇的"别时茫茫江浸月"和收束的"唯见江心秋月白"都将作品的感情基调浸于秋江、秋月之中。诗歌小序部分交代了白居易创作《琵琶行》的缘起,事隔一年后的诗人已无初遭贬黜时的胆战心惊,而平添远离京师的沦落之感。诗人借偶遇歌者的故事来表达自己的政治感受,以及"同是天涯沦落人"和"江州司马青衫湿"的酸楚悲痛的心情。此时的诗人惊魂甫定,故敢于明白地表达自己的感受与心情。一方面,遭贬之事已远去,朝野对其关注程度不似初贬之时,政治环境相对缓和;另一方面,遭遇重大打击之时的不知所措已消失,想到当初的忠而被贬,此时的天涯沦落,诗人不禁"始觉有迁谪意"。郭明复的评价是:"白乐天流落浦溢,作《琵琶行》,其放怀适意,视忧患死生祸福得丧为何物,非深于道者能之乎?……两公犹有累乎世,未能如乐天逍遥自得也。"[2]因此,"东船西舫悄无言,唯见江心秋月白"这一景物描写不仅表现出了音乐高潮后的"空白"和无声之美,更表现出了抒情主人公和抒情对象的一意沉酣,诗言声情几近隐匿,和"秋江月白"浑然天成,用极为平浅质切的遣词用字,化约人人共有之

---

[1] 马军.千年茶香[J].月读,2018(5):79-80.
[2] 陈寅恪.陈寅恪集:元白诗笺证稿[M].北京:生活·读书·新知三联书店,2001.49.

情,兴发感叹情韵流长。

白居易和琵琶女"同是天涯沦落人,相逢何必曾相识"的相惜相怜,更深层次的共鸣在于他们对音乐审美追求的高度一致上。诗人云:"浔阳地僻无音乐,终岁不闻丝竹声。"对于地僻的浔阳来说,丝竹声可谓"雅乐"和"正声"。"岂无山歌与村笛,呕哑嘲哳难为听。"对追求古雅的诗人来说,山歌和俗乐是难以入耳的。李白在宫中作《清平调》《宫中行乐辞》,在当时传为美谈,但在元白看来,这属于典型的"嘲风雪,弄花草"的"乐府艳词"。从"五陵年少争缠头,一曲红绡不知数。钿头银篦击节碎,血色罗裙翻酒污"的音乐欣赏环境来看,即使琵琶女尚未年老色衰,也难遇真正欣赏她演奏技艺的知音,这一点,从元稹的长诗《琵琶歌》开头"玄宗偏许贺怀智,段师此艺还相匹。自后流传指拨衰,昆仑善才徒尔为"的描述中可以得到印证。唐人心目中的风雅是大雅颂声,于是写下大量缘饰盛世的"颂声";因为歌诗盛行,特别是胡乐流入中原后,宫廷清乐中也不乏纯粹娱乐的乐府艳词。白居易对朝廷现有音乐的反思结果就是:反对朝廷音乐中掺杂俗乐,严厉排斥那些纯粹娱乐的诗歌。因此,从《琵琶行》的创作上就可以看出,白居易的新乐府既是针对不理想的政治而发,同时也是针对不理想的风俗和文化而发的。他认为,现有诗歌没有起到他们希望起到的作用,他作新乐府就是要改变这种局面,具体做法是变雅颂为国风,变颂扬为警戒,变缘饰为讽喻。

白居易在诗歌形式上虽然采用了适应当时音乐的新形式,但他却主张音乐要恢复古雅,这就很好地处理了新乐府复与变的关系。盛唐以来,自元德秀开始,许多人试图对朝廷音乐进行改造,但这种改造从内容到形式都将当时的音乐排斥在外,走上了一味恢复古乐古诗的死胡同,一直没有成功。直到王建、张藉抛弃了这一思路,将讽喻现实和时下音乐结合起来,从而写出了有声有色的乐府歌诗,元稹、白居易进一步将其发扬光大,并在理论上进行了明确的阐发。从这个意义上来说,白居易不愧是唐代新乐府中清醒的改革者。

第二节 诗、书、画融合的文人意趣

一 书法:古代汉语文本的呈现方式

古代汉语文本的呈现与特殊书写工具笔墨培养起来的审美情趣有极大关联,喜文善书是中国传统文化人的基本身份标识,这也就使得古代汉语文本的解读有一个相当成熟的解读维度——书法。该维度的意义在于,它独立于通常的语义和语境,为文本所独有,其关乎性灵的审美以及深受该审美影响的表现形式与创作者当时的意识、情态息息相关。如果文本的语义解读和创作者的书写情态分析相一致,那么文本解读的部分边界会在书法的赏析中显得清晰。

以《兰亭集序》的一段解读公案为例。

1990年9月20日,中国现当代"百科全书式"的作家、翻译家、教育家和古典文学理论家施蛰存先生发表了《批〈兰亭序〉》一文,表达了与传统十分对立的观点,对"向之所欣,俯仰之间,已为陈迹,犹不能不以之兴怀,况修短随化,终期于尽!古人云:'死生亦大矣。'岂不痛哉!"一段犹存质疑:

"向之所欣,俯仰之间,已为陈迹,犹不能不以之兴怀"是说人生短促,一瞬之间,一切都过去了,使人不能不感伤。底下接着却说:"况修短随化,终期于尽!"这是说:何况寿命长短,都随大化(自然)决定,归根结底,都是同归于尽。这一节的思想是和上一节对立的,既然知道人寿长短,同归于尽,为什么还会感伤于人生之短促?这个"况"字怎么加得上去?再接下去,"古人云:'死生亦大矣。'岂不痛哉!"把'死生亦大矣'这一句的意义讲明白,就可以发现这一句写在"修短随化,终期于尽"之下,简直无法理解作者的思维逻辑。底下还加一句"岂不痛哉",我们竟不知道他"痛"的是什么。

另一种传统观点则认为,不管是"悟言一室之内"的静者,还是"放浪形骸之外"的躁者,他们虽都在一时一事上"快然自足",但是这些眼前的美景和人世的欢乐,"俯仰之间,已为陈迹",乐极而悲生,他们不得不面对严酷的现实:老之将至,终期于尽,人生苦短。至此,王羲之自然提出"死生亦大矣"这一主旨。本段末以"痛"字反诘作结,不仅是为了呼应上段的"乐",更是为了促使读者深思"死生"这一人生的重大问题。接着王羲之针对当时士大夫务清谈、鲜实效、无经济大略的社会风气,痛斥"一死生""齐彭殇"的老庄学说为"虚诞""妄作",从而表明了他积极进取的生死观。

就语义和语境的分析而言,虽然施蛰存先生和传统的理解谁也难以说服谁,但心手相连的书法呈现形式却露了端倪。

结合书艺,我们会注意到"及其所之既倦,情随事迁"的"倦"和"情"笔画突然细了,于前无关,于后难合,似可见书家之"倦","随""事"和"迁"三字,提了一口气,笔画俨然,至"感""慨",笔画爽利,"系""之""矣"又失心意,"向之"二字覆盖的字是"于今",此处改动与文义的需要"俯仰之间,已为陈迹"有矛盾处。从情感上说,"向之"在符合逻辑的同时也符合作者此时与过去诀别的心态,"向之"细查笔法应与"况修短随化,终期于尽"相仿,书家可能是写到此处回头去做的修改,笔意斩截,下笔粗重,与原来"于今"的俊逸大不相同,书家的心意在"舍""得"之间。古人云,笔法少乱,意在停又不能停地书写,笔是拖着走的,书家拖到"岂"字,到"不痛哉",下笔利落坚定,"痛"覆盖的原字虽然难以辨认点画,却并不拖沓,"不痛哉"三字形意谐和,接近完美。从书写的情境看,王羲之此时并没有预先的构思、设定的思路,文章的生成不过是情感推动的结果,所以内容比较含混。"当其欣于所遇,暂得于己,快然自足,不知老之将至;及其所之既倦,情随事迁,感慨系之矣。"心意在书写之前抵达"快然"的情绪,整行为"快然"二字重写,余字不复在意笔墨,至"不知老之将至"虽有意书写但意气已然不及前文,再到"情随事迁,感慨系之矣",大有意犹未尽、言止于此的落寞。"向之所欣,俯仰之间,已为陈迹,犹不能不以之兴怀,况修短随化,终期于尽!""向之所欣"直承前文"信可乐也","俯仰"一词直承前文"仰观宇宙之大,俯察品类之盛"。由外而内,书家感悟到了生命的无常、时势的无望,其内心已然感受到盛宴之后泪流满面的苍凉,也理性地意识到生命的无奈,当一切"已为陈迹"的时候却"犹不能不以之兴怀",也许生命的进程意义正在于此,但又如何甘心生命进程的意义竟止于此?"况修短随化,终期于尽",人过中年的诸多不甘终于在命运的无可抵抗面前有了认命一样的平静,但醒本身就是梦到黎明的嗟叹,悟本身就是悔到尽头的弃置,颖悟如羲之,如何能不在瞬间悟透:生的意义正在于回望的可堪回味,而不是回望之后的悔不当初。从书艺来看心迹,"岂"字神散,

"不""痛"皆笔笔送到,意足笔重,"哉"一字散荡,心迹渐平。

再看颜真卿的《祭侄文稿》,萧疏旷阔,气势雄奇,放诞不羁。此稿意不书而在天机自动,以篆法入行,如熔金出冶,随地流走,一泻千里,时出遒劲,杂以流丽。

《祭侄文稿》开头记祭悼的时日和祭者的身份,是祭文体例,行笔稍缓,行字中间有楷字,符合记叙的内容,隐约可见肃穆和强自镇定的情态。从"蒲州"二字开始,书家表述自己军事主管的身份,心情波涌,渐有激荡,浓墨新蘸,用笔庄严。书帖前面六行,像交响曲的第一乐章,像歌剧的序曲,缓缓述说主题,书法线条平铺直叙,仿佛在储蓄力量,娓娓道来事件的缘由。

紧接着是对侄子颜季明的评价:"惟尔挺生,凤标幼德。宗庙瑚琏,阶庭兰玉。每慰人心,方期戬穀。"用行书字体,字字独立,其间字斟句酌,或赞誉或缺憾,时有犹疑,见于毫末。"父陷子死,巢倾卵覆"是全文笔墨最重的部分,笔笔用力,如石坠高空,戛然于通篇,是哽咽啮齿、悲者无由的笔法,书法美学中沉着厚重、磅礴大气的力度也达到巅峰,力透纸背,有不可撼动的庄严。"承""天""移""牧"四字,"承"处忽然断去,"天"又另起,至结尾"魂而有知,无嗟久客。呜呼哀哉!尚飨",不复顾章法笔墨,随意走笔,水墨流转似大河决堤,一发不可收拾,行文有如泣如诉处,如控如檄处,裂肤之痛,悲愤之气,跃然行间。"方俟远日,卜尔幽宅"处,情绪的悲恸纠结,变成书法线条尖锐的高音。"魂而有知"处,笔触流动飞扬起来,与颜体正楷的方正稳重不同,线条似乎逼压出书家心里的剧痛。"呜呼哀哉"处,干笔飞白,轻细的墨色像一缕飞起的灰烟,仿佛书写也随魂魄而去。书法美学的千变万化,令人叹为观止。

天宝十四年(755年),安史之乱爆发,唐玄宗西逃,颜真卿与堂兄颜杲卿守在与敌人交锋的第一线,坚持不投降,为大唐军队整军备战赢得了时间。之后,常山被攻破,颜杲卿与其子颜季明宁死不屈,惨遭杀害。颜家在这次战役中牺牲了三十多人。颜真卿派人寻找到了侄子的尸骸,悲家国之痛,伤青春之逝,在极度悲愤之下,写下了这篇《祭侄文稿》。这是颜字墨迹中最可靠也最精彩的表现,被称为"天下行书第二"的名作,楷、行、草交互错杂,变化万千,虚如轻烟,实如巨山,动静之间,神奇莫测,如同一首完美的交响曲,初看没有章法,其实关注到了整体的大结构,狂草与正楷的相互激荡交融,比初唐的谨守法度有了更多变化。

元代陈绎曾考证颜书《祭侄文稿》,总结了其情感变化脉络和表现特征,并把字的性情与人的性情进行了对比:"前十二行甚遒婉,……逾五行,殊郁怒,真屋漏迹矣,……'吾承'至'尚飨'五行,沉痛切骨,天真烂然,使人动心骇目,有不可形容之妙,与《锲舒稿》哀乐虽异,其致一也。"言虽粗略,执论公允。明末清初书法家傅山在《作字示儿孙》中有赞:"未习鲁公书,先观鲁公诂。平原气在中,毛颖足吞虏。"特定的情感催生超越法度的书写,随笔涂改、章法参差、字非一体、墨杂浓淡,但苍穆横溢、义愤云布,全书笔走龙蛇合乎心意,墨色淋漓正似涕泗横流。史论鲁公文质相符,求之于书亦然。而能够在鲁公书迹里探得大义,傅山的气节、笔墨以及时势都是不能忽略的因素。

文成于思,可以沿逻辑之路走近作者;文发乎情,就必须走心拟境体悟作者,兰亭之争正在于施蛰存和传统都力求从理性的角度理解逸少的行文,殊不知"是日也,天朗气清,惠风和畅"之于逸少,不过是过眼云烟。《祭侄文稿》是颜真卿的伤心人别有怀抱之作,只从语义、语境上分析,可以得文字的是非,不能得情感的虚实,唯结合中国文人连心的第六根手指——毛笔,我们才能窥得其中曲折。所以,以解析诗歌为发端的西方新批评要面对中国古老汉字的文本,有可为有不可为,其可为处还需要我们心怀诚意做足功夫,其不可为处还需要我们立足传统另辟蹊径。

二 文人画:汉语书写者的意绪表达

诗歌与绘画是两个不同门类的艺术,诗学,是研究诗美创造的学问;画学,是研究绘画美创造的学问,它们有各自的起源以及发生、发展的轨迹和历程。然而,受到文艺发展规律的支配,诗学和画学日渐出现交会和整合,学科间的界限被打破,出现了双向性的流动和渗透。随着诗学和画学的不断成熟发展,它们之间的这种融通、渗透和结合也就愈来愈频繁和紧密,从而孕育出了题画诗和文人画这一华夏民族美学独特的艺术形态。诗美,画也美,诗画融通后呈现的艺术境界更美。更高层次的诗画融通,不再停留在描述画面、再现画境的层面上,而是对画境进行深入的理论探索,将视角投向审美理性的层面上。于是,画论不但用题跋形式写出,还用优美的诗歌语言写成,成了诗化的艺术见解和画学理念,形成诗画融通的最高形态,即诗化的画论,将诗画融通引领进艺术哲学的殿堂。

通过美术史,我们可以知道,王维既是大诗人,也是大画家,被称为"文人画宗师",他的诗歌中包含了20世纪英国诗人T·S·艾略特所强调的视觉想象力,与他的画作相互交融、渗透。据传,他的画作有《辋川图》《伏生授经图》等。王维对他自己的绘画才能是很自信的,曾以诗自陈:

宿世谬词客,前身应画师。

不能舍余习,偶被世人知。

杜甫对绘画的兴趣非常浓厚,有极高的鉴赏力,写过二十多首题画诗。苏轼在理论上揭示出"诗画融通"的艺术规律,曾言道:"味摩诘之诗,诗中有画;观摩诘之画,画中有诗。""诗画本一律"深入人心,从此以后,诗画融通已迈入自觉的时代。宋徽宗赵佶的"三自"(自画、自诗、自题)举措,开创了我国题画诗史的新纪元。元代画家钱选、赵孟頫、高克恭、黄公望、吴镇、倪瓒、王蒙等人,多才多艺,能诗善画,他们常在自己的画上题诗,倪瓒甚至"每作画,必题一诗",他们有力地推动了诗画艺术结合、融通的历史进程。

因此,以学习苏轼的《文与可画筼筜谷偃竹记》一文为例,教学设计如下:

任务一:读文章第一段了解画竹的方法,用自己的语言去复述。

"今画者乃节节而为之,叶叶而累之,岂复有竹乎?"一节一节地添加,一叶一叶地堆叠,是指当时流行的先用细笔勾勒,然后逐层上色的竹子画法。这种画法,依靠添枝加叶的方式而拼凑成竹子,显得支离破碎。"岂复有竹乎"就是说没有完整的竹子形象,与此相反的是水墨画法。

任务二:苏轼在另一首诗中描写的他在友人家喝酒后作画的过程是怎样的?

"空肠得酒芒角出,肝肺槎牙生竹石。森然欲作不可回,吐向君家雪色壁。"意思是说喝下一点酒后,情绪兴奋起来,引起了作画的兴致,好像肚子里生长了竹子、石头,横七竖八地往外冒,非表现出来不可,于是就把它们画在友人雪白的墙壁上。苏轼说:"与可之教予如此。予不能然也,而心识其所以然。"表示自己虽然懂得了文同所说的绘画道理,但在实践上还做不到。

苏轼曾画墨竹,从地一直起至顶,有人问他何不逐节分,他回道:"竹生时何尝逐节生?"运思清拔。他画竹喜用水墨泼成,不施彩色,而气势变化,颇类醉书狂草。他往往先酣酒畅饮,酒后耳热之际,用毛笔蘸饱水墨,乘意兴之所至,或以作书,或以作画,或以题诗,胸无定见,皆成文章。在此一切酒兴的背后,有一种优美的画学哲理:"形",即所绘物体的物质的外貌;"理",即物象内含的条理或精神;"意"即作家自身的概念,作中国画实不过为写出胸中的概念,故谓之"写意"。苏东坡说文与可习书甚久不见成功,后来一人独行山径,见二蛇相斗,他从相争斗的两条蛇身上的律动中获取了灵感,把蛇身上那种矫健动作融入笔画之中。运用在绘画上,线条杂乱而又和谐地律动,可谓中国艺术的印象派。士大夫画非为专门美术家的作品,而为文人学士消闲游戏之作,被称为"墨戏"。这些文人学士把毛笔运用熟了,洞悉笔性,将其充溢有余的精力发挥于绘画中,作为精神上愉快之调剂。米芾为士大夫画派的一大家,作画可以不用毛笔,有时用卷纸渲泼,有时用甘蔗莲梗挥抹,无不可为之事,因为他们具有把握住基本韵律的本领,此外的一切,都为气韵的附庸。

任务三:对于这两种完全不同的绘画方式,苏轼有什么评价?

"夫既心识其所以然而不能然者,内外不一,心手不相应,不学之过也。"这里,"内外不一"与"心手不相应"是一个意思。"内",指人的意念,心里所想的,懂得了某种道理;"外"指人的意念的表现,即手里所画的,按照理解了的原则去做,把通过观察、构思而形成的形象用笔墨再现。想的与做的统一不起来,就是"内外不一,心手不相应",其原因在于"不学",即缺乏锻炼与实践。这就是下文说的"操之不熟"。苏轼指出:"故凡有见于中而操之不熟者,平居自视了然,而临事忽焉丧之,岂独竹乎?""有见于中"指内心中有所理解,"操之不熟",指做起来不能运用自如。"有见于中而操之不熟",其结果必定是"平居自视了然,而临事忽焉丧之",平常自以为对某一事物了解得很清楚,但临到做起来时,却完全不能把握它,忽然什么也没有了。只要"不学",不实践,做任何事都会是这样的结果,岂止画竹呢!

苏轼在这里讲的实际上是艺术理论与艺术实践的关系,并且提到一般的认识论原理上来强调实践的重要性。这是上文"胸有成竹"一段议论的补充与深化,也是一位在诗、词、散文、书法、绘画各方面都有着极深造诣的艺术家的甘苦之言。苏轼从自己的方面指出由于"不学"而"内外不一,心手不相应",言外之意,还是在肯定文同的艺术理论的同时,进一步肯定其艺术实践的"操之"甚"熟",因而得心应手、挥洒如意。所以下面又引用一段旁人赞扬文同的话来加以印证:

子由为《墨竹赋》以遗与可曰:"庖丁,解牛者也,而养生者取之;轮扁,斫轮者也,而读书者与之。今夫夫子之托于斯竹也,而予以为有道者,则非耶?"

子由,是苏轼的弟弟苏辙的字,《墨竹赋》是苏辙为文同所画的墨竹而写赠文同的一篇赋。赋中以"客"的口吻,举了两个技艺高超的人的事例来说明,文同精于画墨竹是因为他懂得事物发展的普遍法则。苏轼引用苏辙这几句话,是把文同画竹的得心应手、挥洒如意提到"有道"的高度来认识,而不停留在绘画技巧本身。

任务四:紧扣追怀、悼念文同这一主旨,体会两人因艺术上的共同追求而产生的深厚情感。

文同,字与可,自号笑笑先生。善诗、文、篆、隶、行、草、飞白。他曾在洋州种植花木,修建园亭,写下《守居园池杂题》诗共三十首。苏轼也逐一和了诗,这就是《和文与可洋州园池三十首》,其中第二十四首为《筼筜谷》,即这里所引的诗,诗中扣着筼筜谷产竹,描写文同爱山爱竹。从文同与苏轼的诗文互酬中,可见两人因共同的艺术追求而引发的深厚情感,因此,文同的逝世对苏轼而言是难言的悲恸。苏轼在《祭文与可文》中写道:"呜呼哀哉!余闻赴之三日,夜不眠而坐喟。梦相从而惊觉,满茵席之濡泪。念有生之归尽,虽百年其必至。惟有文为不朽,与有子为不死。"

第三节 文、史、哲融合的文学传统

一 《史记》：司马迁的政治历史观

《史记》纪年，由黄帝轩辕氏始，首尾上下，包含三千年延宕历史，计一百三十篇，五十二万六千五百字。《史记》通过几种体例之间的相互配合和补充形成一个完整的系统，就像一座横亘古今潮流，贯通岁月长河的巍巍大桥，又像长城，逶迤绵延，一头连接于过去，一头伸展向未来，每一个构件，每一块"砖石"，组成了一个不可分离的整体，是史学与文学、科学与艺术的集合。

如此浩大的一部作品，司马迁是如何完成的呢？首先，要掌握极其丰富的史实资料。一是皇家藏书，皇家藏书到了汉武时期已经很丰富了，这也得力于司马谈、司马迁父子的大力搜罗。二是实地的考察，司马迁曾乘"传车"遍行天下，搜求古代诸侯的历史。他几乎漫游了大半个中国，实地参观考察了许多历史人物的遗迹，访问了众多的山野乡夫，搜罗了大量的古老传说，掌握了一手的史实材料。正是因为近距离地与遗迹接触，他才能跨越时间的长河，感受历史人物鲜活的面容，抓住历史跳动的脉搏，引发情感上的熨帖与共鸣。

掌握了丰富的资料，接着就要考虑如何处理这些材料。考信是科学的历史作品必不可少的一个基本原则，司马迁不仅审慎地鉴别史料，还忠实于那些可信的史料，坚持不歪曲、不夸张地按照历史事实的原本面貌进行记录，这一点受到了刘向、杨雄、班固等人的一致肯定。

对此，我们选取《项羽本纪》中关于项羽入（函谷）关的史载来进行解说。

章邯见项羽而流涕，为言赵高。项羽乃立章邯为雍王，置楚军中。使长史欣为上将军，将秦军为前行。到新安。诸侯吏卒异时故繇使屯戍过秦中，秦中吏卒遇之多无状，及秦军降诸侯，诸侯吏卒乘胜多奴虏使之，轻折辱秦吏卒。秦吏卒多窃言曰："章将军等诈吾属降诸侯，今能入关破秦，大善；即不能，诸侯虏吾属而东，秦必尽诛吾父母妻子。"诸将微闻其计，以告项羽。项羽乃召黥布、蒲将军计曰:"秦吏卒尚众,其心不服,至关中不听,事必危。不如击杀之,而独与章邯、长史欣、都尉翳入秦。"于是楚军夜击坑秦卒二十余万人新安城南。

司马迁用了"击""坑"两字,已经足够大家想象当时血腥惨烈的画面了。楚怀王身边的人认为项羽为人剽悍猾贼——这个评价在章邯投降以后获得了确凿的验证。无独有偶,鸿门宴之后,又发生了一件大事:

居数日,项羽引兵西屠咸阳,杀秦降王子婴,烧秦宫室,火三月不灭。收其货宝妇女而东。人或说项王曰:"关中阻山河,四塞,地肥饶,可都以霸。"项王见秦宫室皆以烧残破,又心怀思欲东归,曰:"富贵不归故乡,如衣绣夜行,谁知之者!"说者曰:"人言楚人沐猴而冠耳,果然。"项王闻之,烹说者。

在此司马迁借说者"沐猴而冠"的评价严厉地批评了项羽。在这些记载中,司马迁用他的叙述彰显了项羽辉煌而又令人感慨的英雄事业,但也罗列了项羽犯的种种错误。

《史记》中有相当一部分文章的写法类似今天的小说,如《项羽本纪》《高祖本纪》《廉颇蔺相如列传》《田单列传》《荆轲列传》《淮阴侯列传》等,它们都是详细地叙述故事、生动地描写情节场面、绘声绘色地表现人物个性化的语言。从某种意义上可以说,《史记》是悲剧英雄人物的画廊。尤其是司马迁的主观情感有时偏向失败者一方,如楚汉战争的胜利者是刘邦,但司马迁同情失败的项羽;又如汉武帝的伐匈奴,真正为汉王朝建立丰功伟业的是卫青与霍去病,而司马迁感情所凝注的却是没有打过什么胜仗的李广。

天道人性原本是一个永远值得叩问却永远无法解答的伦理问题,然而,司马迁的遭遇告诉我们,人的际遇有时无法选择,唯有达到超越是非善恶的境界,才能从精神崩溃的边缘向上一跃。忍受耻辱,不惜以生命的代价来坚决完成《史记》的司马迁,完成了自己的使命,实践了人性的超拔与崇高。

读了《史记·太史公自序》也并不一定看得懂司马迁,要走进他的内心,还要看《汉书·司马迁传》,特别是其中收录的《报任安书》。写《史记》时的司马迁是克制的,例如在《伍子胥列传》中,他写下这样一句话:"故隐忍就功名,非烈丈夫孰能致此哉?"这是夫子自道。在《报任安书》中,他不再遮遮掩掩,提笔在手,孤愤涌出:"事未易一二为俗人言也""此可为智者道,难为俗人言也""今虽欲自雕瑑,曼辞以自解,无益,于俗不信,只取辱耳"。一连用了三次"俗"字!世上多的是不能理解他的俗人,他无可奈何,能做的就是保持沉默,"是以独郁悒而谁与语",即使说出来,说给谁听呢?"谚曰:'谁为为之?孰令听之?'盖钟子期死,伯牙终身不复鼓琴。何则？士为知己者用，女为悦己者容。"可谓沉痛。读《史记》，翻阅文献资料和借助参考书目很重要，而且学生的视野和胸襟也会影响他们读《史记》的深度。

《史记》是司马谈、司马迁父子两代人的心血结晶，融合了经学、史学、诸子之学、谱牒之学等。刘歆撰写目录学著作《七略》的时候竟然只能把《史记》归到"春秋类"里面，可见这个四不像的庞然大物在当时是多么的与众不同。

司马迁不是纵横策士，不是章句之徒，不是书斋学者。《太史公自序》是一篇千古名文，被清代汤谐盛赞为"鸿裁伟论，拔地倚天"，其中最打动笔者的，是里面那个丰神俊朗、意气风发的青年司马迁：

迁生龙门，耕牧河山之阳。年十岁则诵古文。二十而南游江、淮，上会稽，探禹穴，窥九疑，浮于沅、湘；北涉汶、泗，讲业齐、鲁之都，观孔子之遗风，乡射邹、峄；厄困鄱、薛、彭城，过梁、楚以归。于是迁仕为郎中，奉使西征巴、蜀以南，南略邛、笮、昆明，还报命。

一个青年俊彦，他幼事生产、少读诗书、壮游山河、奉使能征，像这样的人物，他不该是凝重和忧伤的，他的性格深处必定充满着对世界探知的热爱，充满着忠事敬命的昂扬意志，他在精神上一定是幸福而充实的，亦如《论语》所谓"好之者不如乐之者"。只有这样，他才有可能接过父亲的班，为了"究天人之际，通古今之变，成一家之言"这个不合时宜的理想，以自己所有的的学问和见识，用一生去完成《史记》这件旷世杰作。

二、《红楼梦》：历史文化的全息图像

《红楼梦》这部伟大的巨著，不仅具有莎士比亚作品那样的丰富性，还具有卡夫卡作品那样的深度。就整个世界文化而言，此乃命运之作，就其所属的民族文化而言，它是该文化的一个精灵。人们过去虽然朦朦胧胧地感受到了它之于中国历史的某种终结意味，但很少领悟它之于中国历史的界分性质，它的问世，既标志着一种对以往历史的颠覆，又标志着一种人文精神的崛起。作为一个旷古的文化灵魂，它照亮了昔日的兴衰；作为一则"城堡"式的寓言，它启示了未来的存在。

《三国演义》《水浒传》《西游记》《红楼梦》四大名著各自以其独有的思想与

艺术魅力饮誉于世。如果把四大名著的文化价值取向联系起来加以审视，我们似乎可以发现一个惊人的轨迹：它们从下层市民所关心的社会政治问题入手，进而转入到对人生价值的思考，既显示出通俗文化的由俗到雅的走向，也证明了中国文化自我调节机制的效率。《红楼梦》通过四大家族的衰亡和贾宝玉的出家反映出封建社会外在的社会政治悲剧(贾府的腐化堕落)、内在的历史文化悲剧(主人公深受传统封建道德文化侵蚀而造成的厄运)和永恒的人生悲剧(贾宝玉参透人生而出家)三个层面，从而揭示出人生无所不在的悲剧性。这样一来，市民文化的关注焦点也就从外在的社会政治逐渐进入人的生命本质，完成了市民文化向高雅文化的过渡和转移。社会政治悲剧是从横向角度去解剖社会的弊端，历史文化悲剧是从纵向角度去反思民族的历史文化优劣，而人生悲剧则是从哲学的角度思考生命的本质。

《红楼梦》的另一个题名是《石头记》，此外还有一名便是《情僧录》，这三个题名分别揭示了解读该小说的三个关键着眼点：梦、石、情；而所谓石者，灵也，因为那块宝玉不叫通石宝玉而叫通灵宝玉。按照《红楼梦》开篇有关石头的叙说以及小说所展现的恢宏气势，其文化和历史的气脉不是出在二十四史，也不是源自孔孟老庄，而是直承《山海经》所记载的远古传说，女娲补天，开辟鸿蒙。如果说《红楼梦》是一个文化精灵的话，那么其灵气则源自最为始源的混沌时代，其灵魂系于人类起源和天地之初。它上通茫茫宇宙，下接浩浩尘世，吸纳天地之精气，沐浴四季之灵秀，兴衰际遇，世劫历历。在《红楼梦》呈现的梦、灵、情三层意境中，灵魂意象统领了整部《红楼梦》的总体结构和叙说风格。追问存在是由于存在面临着失落的威胁，敬奉灵魂是因为灵魂面临着寂灭的命运。两种抒写，一样深意。心灵的真正相通，不仅跨越时空，而且不拘形式，不限于所表达的语言方式和风格。

《红楼梦》版本较多，高中生进行"整本书阅读与研讨"的重点并不在于版本考证或甄别，而是为了学习前人的阅读经验，习得整本书阅读的方法，从而读懂文本，把握文本丰富的内涵和精髓，丰富自己的精神世界。为此，笔者根据学生的阅读特点和需求，推荐学生阅读人民文学出版社的《红楼梦》，其前八十回以曹雪芹创作的《石头记》庚辰本为底本，后四十回则认为是无名氏续写，由程伟元和高鹗整理。这个版本由中国艺术研究院红楼梦研究所校注，聘请了吴世昌、吴组缃、周汝昌、启功等红学家作为顾问，凝聚了冯其庸和众多工作人员的心血，已刊行多年，而且书页上对疑难字词及文化常识都有详细注释，这对学生读懂《红楼梦》,感受其丰厚的艺术魅力,有着不可小觑的作用。

《红楼梦》是章回体作品,其回目犹如小说的"眼睛",简练工整,精要地概括了各回的主要内容。在整本书阅读之前,我们可以引导学生掌握阅读回目以梳理整本书内容及主线的方法。可以选择含有贾府环境及运势变化和含有众女称呼及命运走向的回目,让学生品读关键词,从而把握小说的网状结构,厘清其主线:一是家道中落的纵向主线,小说以贾府为中心,叙述了四大家族由鼎盛走向衰败的过程;二是人物聚散的横向主线,小说以宝黛爱情悲剧为中心,叙述了众多女性的不幸命运。这样引导,既让学生掌握了阅读章回体作品的方法,也让学生在阅读文本的过程中自己去发现、获取信息。

《红楼梦》篇幅之长,情节之密,人物之众,常常让初读者摸不着头绪,我们可带着学生在通读基础之上,穿插"略读"和"精读"之法。"略读"也称为浏览或跳读,指迅速阅读相关章回,以引导学生筛选信息,整合内容。例如让学生迅速跳读第三十九回至四十二回,筛选"刘姥姥进大观园"这一情节中呈现的贾府吃、穿、住、行、娱乐等细节画面。"精读",即品读文本细节,圈点批注,品味鉴赏。例如选择"黛玉含酸""静日生香""共读西厢""钗黛探望被打的宝玉""黛亡钗嫁"等经典情节,紧扣人物语言、动作、神态,品味其情感纠葛中深藏的人物的个性、丰富的情感和深厚的社会内涵。

结合自身的阅读经验,笔者认为以下书目可以供学有余力的学生自主阅读:作者传记类,如周汝昌的《泣血红楼——曹雪芹传》、樊志斌的《曹雪芹传》;《红楼梦》其他版本类,如《周汝昌校订批点本石头记》;文本细读类,如王蒙的《红楼梦启示录》,白先勇的《白先勇细说红楼梦》,欧丽娟的《大观红楼》,蒋勋的《蒋勋说红楼梦》,蒋和森的《红楼梦论稿》。提供参读资料旨在帮助学生了解时代背景,借鉴名家观点,最终要鼓励学生读出自我。

混合式学习背景下的整部书阅读可为学生的个性化学习提供帮助。笔者所任教的两个班的学生,每个人都在完整的阅读学习过程中,完成了读书随笔、人物传记、阅读总论文,其间笔者还让学生根据阅读内容画出了思维导图。比如立足于"群读"的研读主题,即围绕或整合同一个主题进行群文阅读,以深入探讨其内涵,如专门组织与"甄士隐""贾雨村""贾宝玉""林黛玉""薛宝钗"等人物相关的主题研读;也可以情节为主题,如探讨"黛玉之死"场景描写的艺术优劣,并建议学生将"可卿之死""晴雯之死""尤三姐之死""尤二姐之死"等情节进行群文阅读;此外,还可以开展以黛玉的诗词、宝玉的读书观为主题的各类研读活动。学生将这些作品上传至网络空间,通过线上分享、互动,显著提升了教学效果。同时,混合式学习也为学生独立思考的思维训练与综合写作提供了支撑。学习展示与合作分享让学生不仅可以学会解决真实世界的问题,而且可以得到关于如何解决问题的有效指导。

借助混合式学习的整部书阅读,充分利用网络,指导学生进行《红楼梦》整部书阅读,选择并引导学生拓展阅读各类文献、评述和研究文章。阅读文、史、哲融合的文学传统作品,能够涵养学生精神,培养学生的辩证思维能力。理想状态是让学生进行冲破语文教学狭小格局的深度阅读、深度学习,同时随着混合式学习理论探索和实践应用的不断深化,为学生提供更多元的学习支架,引入更多文献资料,更重要的是让学生在阅读中学会审慎思考,读出这些作品的深层次意蕴。

作为清代长篇小说感伤之作的杰出代表,《红楼梦》在悲剧领域所取得的成就可以说已经达到中国悲剧作品的顶峰。受儒家乐天思想的影响,中国悲剧的悲中有喜的传统尽管可以给人以乐观的鼓舞,但缺少一种震撼人心的力量和对人生的激励作用。而《红楼梦》对中国传统悲剧意识的最大突破,就在于它彻底抛弃了那种自欺欺人,始终幻想喜从天降的浅薄悲剧意识,而是将人生无所不在的悲剧现象上升到哲学高度来认识其永恒的不幸。第一回中疯道人对甄士隐唱的《好了歌》和甄士隐回唱的对《好了歌》的解注可谓全书点题之笔。歌中指出人们对功名、金钱、妻妾、儿孙等诸多方面的痴心与追求必将以落空而告终,从而点出"世上万般,好便是了,了便是好。若不了,便不好;若要好,须是了"的主题思想。从全书的安排来看,无论是社会政治悲剧,还是历史文化悲剧,无不可以作为人生悲剧的注脚和例证。

王国维曾借用叔本华的悲剧理论,认为悲剧有三种。第一种是由坏人作恶造成的,第二种是由偶然的意外造成的。这两种悲剧尽管不幸,但毕竟不是无法躲避的。最可怕的是人无法躲避的人生悲剧,"第三种之悲剧,由于剧中之人物之位置及关系,而不得不然者;非必有蛇蝎之性质与意外之变故也"[1]。因此王国维认为《红楼梦》便正是第三种悲剧。他还就宝玉、黛玉的爱情悲剧举例说:

贾母爱宝钗之婉嫕,而惩黛玉之孤僻,又信金玉之邪说,而思压宝玉之病;

---

[1] 王国维.王国维自述[M].济南:泰山出版社,2022:143.

王夫人固亲于薛氏;凤姐以持家之故,忌黛玉之才,而虞其不便于己也;袭人惩尤二姐、香菱之事,闻黛玉'不是东风压倒西风,就是西风压倒东风'之语,惧祸之及,而自同于凤姐,亦自然之势也。宝玉之于黛玉,信誓旦旦,而不能言之于最爱之之祖母,则普通之道德使然;况黛玉一女子哉! 由此种种原因,而金玉以之合,木石以之离,又岂有蛇蝎之人物、非常之变故,行于其间哉? 不过通常之道德,通常之人情,通常之境遇为之而已。由此观之,《红楼梦》者,可谓悲剧中之悲剧也。[1]

---

[1] 王国维.王国维自述[M].济南:泰山出版社,2022:143-144.

第七章

"生活·语文"的活动单元

  教材的变化对教学提出了新要求，近几年高考试题的一些变化也与课程标准、教材的变化相呼应，特别是对阅读中的辩证思考能力、推理论证能力、词语梳理探究能力以及思辨写作能力等提出了更高要求，这些要求与教材的活动类单元教学关系密切。统编高中语文教材中的活动类单元共四个，包括"语言积累、梳理与探究"任务群的两个单元，即"词语积累与词语解释""逻辑的力量"，"当代文化参与"任务群的"家乡文化生活"，"跨媒介阅读与交流"任务群的"信息时代的语文生活"。对于活动类单元，受限于课时和教学经验，在课堂教学中开展比较困难，结合"创意与表达"来开展活动单元的学习，或许是一个不错的选择。

第一节 "文学短评"创意与表达

"生活·语文"特别强调学生积极的语文实践活动,这是一根主线,"创意与表达"这种积极的实践活动最重要的价值就是确立了学生的主体地位,涉及学生个体与群体、社会、自然界的关系。这与高中语文学习任务群的"任务"在内在的价值追求上是相统一的,强调自主、合作、探究的学习,强调开放的语文实践。

一 块茎思维的融通整合

高中语文学习任务群不仅指向完成任务,也包括学生获得的东西,这些东西从来都不是一个点,而一定是一个组块,一定是由多方面组成的。相对树状思维,现在有的学者提出一种块茎思维。什么叫块茎思维?就像马铃薯,向四面八方生根。我们这个时代的阅读生活,以碎片化阅读为主,即使是在体系化的语文学习中,也少不了碎片化的阅读。在我看来,语文这个学科就有块茎思维的特点,所有可以触及的东西都可以"生长"。当然,我们不仅要有块茎思维,而且要把树状思维和块茎思维融合起来,创新我们的语文教学。

语文学习任务群有学习方式的内在规定性。如果梳理一个基本的程序,我想应该是用核心素养去统领真实情境、任务驱动、语文实践、学业评价,这是一个基本的课堂教学框架。开放式学习任务设计有三个关键的要素。一是真实情境。这个情境不是以前我们讲的小情境,用一幅画、一首歌激发学生的兴趣,而是一个大情境,一个从头到尾贯穿整个单元任务群学习的大情境,同时又是一个真实的情境。二是项目化。学习任务可以分解成几个项目,体现在:①参与性,学生具有的不是过去的"旁观者知识观",而是"参与者知识观";②具身性,它强调身心如一,具身学习强调人与环境的互动,在真实情境中,人与人、人与环境双向互动和激荡,才有可能生成素养;③挑战性,学生的学习是在不断地接受挑战和战胜挑战的过程中进行的;④选择性,不同的个体、不同的小组有不同的选择空间；⑤连续性，这种项目化的学习应该是一个通盘考虑、连续安排、有组织、有设计的过程。三是融通整合。从群体出发，整体把握我们要完成的任务，从群体走向文本，经过文本的理解，再回到群体，群体的意识要加强，但是也不放弃对单篇以及某个组块的文本的阅读理解。有机整合阅读与鉴赏、表达与交流、梳理与探究这三种学习方式，任务群之间也是可以整合的。任务群之间可能有边界，但是这种边界应该被模糊，课内课外应当融通，应该向生活本身打开，引导学生走向高品质的语文生活。

以白居易的《琵琶行》为例，以诗歌中的"情""言""声""意"去呈现见解，让诗歌与音乐观念能有具体的表现，这是白居易的诗歌主张，也是他对文学的基本观念，即"文章合为时而著，歌诗合为事而作"，所以他希望诗歌能承继汉乐府"感于哀乐，缘事而发"之基础，去呈现社会现实的含义，具有认识社会的价值，最好能结合时事的动态，借以推动国家政策的改革，这是诗人在诗歌、音乐与社会现实、政治的关系问题上所作的透辟说明。元和十年(815年)，白居易被贬为江州司马。"白居易为左赞善大夫，盗杀武元衡，京都震扰，居易首上疏，请亟捕贼，刷朝廷耻，以必得为期。宰相嫌其出位，不悦，因是贬江州司马。"[1]忠而被黜，入世的积极性遭受打击，这是白居易仕宦生涯的一大转折，也是其思想的一次重大转折，甚至成为诗人"兼济"与"独善"思想的明显分界线。陈寅恪先生在《元白诗笺证稿》中评价《琵琶行》："乐天此诗自抒迁谪之怀，乃有真实情感之作。与微之之仅践宿诺，偿文债者，大有不同。"[2]

诗歌中琵琶女的一生坎坷颇多。"十三学得琵琶成，名属教坊第一部。"曾经的少年得意，已然成为现今的门庭冷落最刻骨铭心的对比和反差。"教坊"和"梨园"为宫廷管辖的音乐机构，"教坊"是宫廷中训练、培养乐工，传习、管理宫廷音乐的机构。全盛时期的教坊集中了唐代歌舞乐方面的人才精华。"曲罢曾教善才服，妆成每被秋娘妒。"由此可见，正因为才貌出众，招来嫉恨，琵琶女的青春遂成蹉跎，最终只能"弟走从军阿姨死""老大嫁作商人妇"。曹善才出身琵琶世家，技艺了得，李绅的《悲善才》记录了他两次听曹善才演奏琵琶的情景，诗中流露着对这位琵琶高手的深深的怀念，"闻道善才成朽骨，空余弟子奉音徽"。

如果以《琵琶行》这个文本来关涉语文学习任务群，可以开展文学类阅读与

---

[1] 洪迈.容斋随笔[M].夏祖尧，周洪武，点校.2版.长沙:岳麓书社，2006:702.
[2] 陈寅恪.陈寅恪集:元白诗笺证稿[M].北京:生活·读书·新知三联书店，2001.49.

表达、思辨性阅读与表达等活动,还可以开展跨媒介阅读和当代文化参与的创意设计等活动。例如以短视频的方式记录这段文学与音乐的伟大相遇,用镜头和音乐带领欣赏者跨越历史,回到历史现场,能使他们更深刻地理解白居易创作乐府诗的用心良苦。

鲁迅小说《祝福》叙述的时间会让人联想到1912年2月12日清帝逊位,那也是在除夕之前。《祝福》中的祥林嫂,就是在除夕极响的鞭炮声中,在一片氤氲的火药味道中,在人们一声声的祝福中,悲凄地死去的。至于辛亥革命的失败,也能在鲁迅的文章中读懂一二。张鸣先生在他的《重说中国近代史》一书中,引用了作为旁观者的齐如山的见闻:齐先生当时刚从法国留学归来,在北京遭遇哗变的士兵,兵士们正在街上抢劫,见到西装革履的齐先生,以为他是日本人,所以非常客气,还向齐先生请教劫来之物的真伪及成色。齐先生闲人记趣般的回忆其实具有较高的史料价值。刘知几讲到的史家三长中,为史识是非常重要的洞察能力,譬如能敏锐地感觉到齐如山的回忆录的重要性,并能从中辨识出准确的历史信息。

"反封建"和"反抗绝望"是解读《祝福》的两种通行思路。《祝福》的第二次"归乡书写"开启了鲁迅既批判传统又批判青年的精神历程,让鲁迅打破进化论的束缚,挣脱了"历史中间物"身上的"有罪感",以及由此导致的启蒙困境,开创了以"活的人"为立足点的现代中国"鲁迅思想"。"祥林嫂的故事"虽然在很长时间里压倒"我的故事"而成了焦点,但在结构上却只能算是"我的故事"的一部分,属于"故事中的故事"。一定要把小说归纳为"一个故事"的话,《祝福》讲述的其实是"我"的"归乡故事":"我"在旧历年底回到故乡鲁镇,又在现实经验的逼迫之下黯然离去。在这个"归来——离去"的"归乡故事"里,"我"既是讲述者,又是"故事里的人"。外在的异己的故事在被讲述的同时也内化到讲述者的心理与人格深处,潜移默化地铸造着"我"的人生哲学与情感方式,最终把"我"塑造成了一个苦苦思索和探求人生之路的"寻路者"形象。关于灵魂有无的"祥林嫂之问"对小说的意义不是点明了鲁镇无处不在的冷漠或者别的什么,而是猛然间打破了"我"的幻想,把"我"从"归乡者"变成了"寻路者"。

"旧历的年底"和"新历的年底",其实是两种不同的思想和价值标准。《祝福》写于1924年2月7日,而就在两个星期之前,鲁迅曾借"上海魁华书局印行"的一本错乱迭出、新时间里混杂着"宜沐浴剃头捕捉"之类旧习俗的日历,尖锐地批判过"奇怪的日历"背后的"昏谬"。①"旧历的年底毕竟最像年底"的诱惑，其实是"旧历社会"的思想和价值标准以"幻景故乡"的形式向"我"展现出来的诱惑。但"像"，也就意味着"不是"，在《社戏》里，"我"因为厌倦了北京剧场的喧闹，才有了对故乡经历的追忆和怀念。"旧历社会"的诱惑里，也潜含着"我"对"新历社会"和"现实之家"的厌倦，新历的年底"是"年底，但"不像"年底。旧历的年底"像"年底，却"不是"年底。第一次"归乡书写"的"幻景故乡"和"现实故乡"，在这里变成了"像"和"是"的纠缠。不同的是，这个时期的鲁迅对"幻景故乡"之"像"，已经有了清醒的自觉。正如他在《在酒楼上》中明确写道："北方固不是我的旧乡，但南来又只能算一个客子，无论那边的干雪怎样纷飞，这里的柔雪又怎样的依恋，于我都没有什么关系了。"②

1912年2月，鲁迅前往南京的中华民国临时政府教育部赴任。然而，能感受到"光明"的时间却十分短暂。辛亥革命爆发后，清政府任用袁世凯为内阁总理大臣，企图镇压革命。1913年3月，袁世凯暗杀了国民党的领袖宋教仁，镇压孙文等人发起的"二次革命"，同年10月，又迫使国会让他正式就任大总统，进而解散国会，实行法西斯独裁体制。鲁迅在教育部任职的15年里，教育部换了34位教育总长。虽然置身于频繁的轮换之中，但鲁迅参与了一系列留传后世的重要事业，包括历史博物馆的开设、京师图书馆的迁移、将热河文津阁藏本的《四库全书》转移至京师图书馆保管、通俗图书馆的设立，等等。辛亥革命后的变迁令鲁迅认识到，自己绝不是振臂一呼、应者云集的英雄。这种日复一日长大、如毒蛇一般缠住自己灵魂、挥之不去的感情，鲁迅将其命名为"寂寞"。1917年1月22日，鲁迅在日记中写道："旧历除夕也，夜独坐录碑，殊无换岁之感。"③

相对于诗学或叙述学中对说话人和话语的研究，声景研究对于声环境中各种因素之间的交互作用的认识、利用和处理，对于小说这样的体现为封闭形态、具备内部声响微环境生态的对象来说，具有显而易见的借鉴意义。声景研究本质上正是一种整全环境下的声学生态学处理方案和策略，其所运用的方式方法移用于其他人文对象同样是有效的，在文学研究上，更有望成为挖掘小说、戏剧、诗歌等类文本的内部张力结构、作用机制和微环境构成等的利器。

---

① 鲁迅.鲁迅全集：第八卷[M].北京：人民文学出版社，2005：159.
② 鲁迅.鲁迅全集：第二卷[M].北京：人民文学出版社，2005：25.
③ 鲁迅.鲁迅全集：第十五卷[M].北京：人民文学出版社，2005：273.

借助这些概念来看《祝福》,可以看到,作品构造了一个以"祥林嫂"为中心的声景,其中具备特定的声学生态学和权力关系。作品中以"鲁镇"为中心的社会环境加诸祥林嫂的侮辱(名字、嫌弃、利诱),酝酿出特定的声事件,一方面制造了一个对祥林嫂来说极为恶劣的声环境,将她压抑成为环境中的噪声,在残酷的系列暴力操作(抓捕、逼嫁、戏弄)中加以消音,淹没在作为环境主调的"祝福"之声中,成为这个环境的祭品;另一方面作品也呈现出祥林嫂在上述压抑力量作用下以其"肉身"对身体暴力的反抗和"肉声"对声音暴力的反抗,使作品成为反抗"礼教"和声学权力的见证,体现了声景再造的可能性。作品所呈现的这种以声景的造型为支点,充满了规训与反规训、权力与反权力的内在紧张的结构,在鲁迅笔下的"受苦人叙述"中比较常见,如阿Q、闰土、孔乙己、爱姑等,值得重视和再思。

课程需要不断丰富拓展与深化,这样就可以为文本、形象的学习研究与系统理论的阐述提供越来越多的选择。我们需要更深入地思考如何使更多的学生对学习过程进行自我反思。寻找认知的诠释途径就是开启教与学的活动,这一点无论在今天的自然科学、社会科学还是人文科学领域都表现得十分明显。当然,诠释的重点在于揭示特定领域、特定主题(或探究者、学生)的意义。这些意义也是主体间的意义,体现了人们作为共同体成员的愿景。这些意义在地方性、即时性与克利福德·格尔茨所说的"全球架构的全球性的最大彰显"之间不断游移,由此不断开拓越来越宽阔的社会背景。格尔茨强调多样性是"现代意识的标记",呼唤"探讨思想如何发生的民族志研究……它将从根本上更加深化我们现在思考方式的多样化意识,因为它将拓展我们对多样性的知觉……而进入道德存在的更大的框架中"。[1]

二 非线性思维的创造性

具象思维指具体的形象思维,它是人类对意识中的物象资料实施目的性明确的操作行动。目前,人类将具象思维活动现象分为两大派:一个派系将思维归纳为两种类型,即形象思维与逻辑思维,这种分类法被大多数人所接受;另一

---

[1] 玛克辛·格林.释放想象:教育、艺术与社会变革[M].郭芳,译.北京:北京师范大学出版社,2017:246-247.

个派系将思维概括为三种类型,即形象思维、逻辑思维和灵感思维。抽象思维是运用概念进行分辨与推理,它是人类特有的思维模式,可以分为经验思维和理论思维,人们凭借生活经验进行的思维叫作经验思维,而根据科学概念和理论进行的思维叫作理论思维。此外,抽象思维还可以分为形式逻辑思维与辩证逻辑思维,前者依靠概念和理论知识,是遵从形式逻辑的规律进行的思维;后者所仰仗的是概念和理论知识,是根据辩证逻辑的规律进行的思维。

文学与文化创意是息息相关的。将文学、文化与产业结合的文创能力,很多时候都是既体现形象思维的发展,也体现抽象思维的发展。很多文化创意的方案,如果融入了古典文学的元素,特别是极具想象和创造的古典诗歌的阅读与表达时,往往又具有了非逻辑性(非线性)思维的创造性了。形象思维法就是人们在达到预定目标的思维过程中,主动地在大脑汇总设想感性形象认识,并掌握被研究事物的基本特征,从而发挥主观能动性指导实践的一种科学思维方式。其有三个明显特征:第一,过程始终以形象为基准;第二,需要想象和虚构的维护;第三,永远包含着强烈的感性行为。创造性思维与常规思维最大的区别在于,后者一般都是逻辑性思维,而前者除了逻辑性思维外,还包括其他非逻辑性思维。创造性思维的前提是拥有深厚的文化水平,如果没有丰厚的知识,创造性思维的动力来源于好奇心,因为好奇心可以激发人类的兴趣,促使人们去思考和探索。

诗歌的艺术在于能充分发挥语言诗化的创造性。我们可以就诗歌语言的创造性,展开想象,用绘画、诗评、创作小小说或者录制小视频等多元方式开展创意阅读活动。例如"丛菊两开他日泪,孤舟一系故园心",漂泊西南期间,杜甫曾两度经秋,两见菊开,这是"实解";如果联系本诗为联章体组诗其一来看,"他日泪"的内涵可推衍至昔日可悲可泣之种种前尘往事。杜诗之妙,正在言外有触发读者之无限感喟处。又如"东船西舫悄无言,唯见江心秋月白",四周都沉浸在音乐声中,忽然琵琶声收了,这才发现一轮明月正在波心荡漾,这时候的印象是新鲜的。生活中的感觉是日常的、习惯性的,诗歌的艺术在于能充分发挥语言的创造性来获得最新鲜丰富的感受。

语言诗化的创造性过程,更重要的是丰富性。还可以尝试以现代诗歌、小说、剧本或其他的文学样式,进行二度创作,体会诗歌语言的精粹和丰富。比如"一去紫台连朔漠,独留青冢向黄昏",读到上句的"紫台"和"朔漠",人们自然就会联想到昭君离别汉宫,远嫁匈奴所过的一生;下句写昭君死后葬身塞外,笼罩四野的黄昏天幕,唯独一个墓草长青的青冢,依然"向"着汉中故土,传达给人一种天地无情、青冢有恨的沉重之感。"黄昏"在日常语言里指时间,在这里它似乎更主要是指空间,是那样阔大的黑暗好像能吞食所有的一切,和小小的青冢形成强烈的对比。

"座中泣下谁最多?江州司马青衫湿。"《旧唐书·舆服志》记载,"江州司马"官居"五品",当服"浅绯",诗中司马为什么着"青衫"呢?原来,唐代官员之服色不依职事官之品而视散官之品。白居易元和九年(814年)任太子左赞善大夫(正五品上),然其散官品阶却依然是文散官品阶之最末一级,应着"浅青"官服。"青衫湿"传达出的内容比词汇意义要丰富得多。白居易在他后期的仕途中,看清了自己的需求与尊严的价值。尽管后来穆宗爱他的才华,把他召回了长安,但白居易还是极力请求外放。

在《锦瑟》中,李商隐回顾了自己的生活经历,字面上只是说了"半辈子,梦,心,泪,热,早已知道"几个意思,可若没有了典故,哪里还有诗意呢?庄子梦蝶和望帝啼鹃是表示自己有一颗热切的心。沧海明珠则表示泪,因为一生空怀热心,只能流泪喟叹,犹如蓝田之玉在太阳照耀下袅袅生烟的哀愁。这四个意象不是独立的,而是隐含着和谐的联系,"月明"和"日暖"在时间上一早一晚,在空间上一海一陆,在色彩上冷暖交融,珠泪之悲和遇寒成烟,在联想上统一为可望而不可即的情调,同时它又照应了首联"思年华",又为尾联"成追忆"作铺垫。可见典故的修辞作用大于语法作用,它能把作者的内心更丰富地表现出来,有一种含蓄蕴藉的美感,这恰恰是李商隐诗歌最大的特色。

中国古代诗歌有个特点值得注意,纵使是抒情诗也和社会生活与时代的变化有密切的联系,其中还间或掺杂着叙事。至于鸟兽草木等自然景象,在我们古代的诗歌里主要是比兴作用,并不成为歌咏的对象,《诗经》《楚辞》中绝大部分的作品就是这样。

春秋时代献诗言志和赋诗言志的风气,季札使鲁观乐而知国政的记载,都可以说明《诗经》里的诗篇在当时所起的政治作用。对此,孔子用"诗,可以兴,可以观,可以群,可以怨"来概括;孟子读诗,也要求"知其人""论其世",这都是后代文学鉴赏者和批评者的准绳。

乾元二年(759年)岁暮,杜甫抵达成都,面对陌生的异乡景色与人事,写下了《成都府》一诗:

> 翳翳桑榆日,照我征衣裳。
> 我行山川异,忽在天一方。
> 但逢新人民,未卜见故乡。
> 大江东流去,游子日月长。
> 曾城填华屋,季冬树木苍。
> 喧然名都会,吹箫间笙簧。
> 信美无与适,侧身望川梁。
> 鸟雀夜各归,中原杳茫茫。
> 初月出不高,众星尚争光。
> 自古有羁旅,我何苦哀伤。

成都自秦以来一直为蜀郡治所。唐初改蜀郡为益州。天宝初又从益州改回蜀郡。安史之乱后,玄宗在成都驻跸,"至德二年十月,驾回西京,改蜀郡为成都府,长史为尹"(《旧唐书·地理志》)。蜀地开发很早,境内稻菽桑麻、盐、铁、水利资源都极其丰富。《汉书·地理志》说巴蜀"土地肥美,有江水沃野,山林竹木疏食果实之饶"。由于地理优势、战乱较少,巴蜀社会经济较稳定,人民生活相对安定富庶。安史之乱中,关陇、中原甚至江南地区均受到侵扰和破坏,只有蜀地为流亡的皇帝和朝廷百官,以及因战乱流离失所的百姓提供了一个避难的场所。在四方战乱之中,成都的繁荣和逸乐更让杜甫有种时空错置之感。杜甫的行程,是从北面抵成都,再折向城市西南方向。他的目光,也由远及近,从野外行至近郊,人烟渐渐稠密,看到许多风俗、语音都和关陇故乡完全不同的人民。"信美无与适",杜甫此时的心情,大概与汉末从战乱关中流落到南方荆州的王粲相似。杜甫流寓诗中常见与汉末王粲心意相通的叙写,此诗中亦自比王粲,意味当然是很深长的。但这首诗里最为值得注意的句子,莫过于"鸟雀夜各归,中原杳茫茫。初月出不高,众星尚争光",诗句乃实景兼比兴。所谓实景,当然指诗人在岁暮黄昏时分到成都所见到的景色。既有"月明星稀,乌鹊南飞。绕树三匝,何枝可依"的微意,也有岁暮"厉厉气遂严,纷纷飞鸟还"的况味。而比兴隐喻的内容,甚为深曲,涉及他流寓入蜀的一个微妙背景,即当时朝廷中玄宗和肃宗父子之间的权力斗争。

《蜀相》作于杜甫到成都之次年春季,作为其名篇流传千古,深情凭吊诸葛亮这位蜀汉名臣。然而,杜甫在描述与蜀相有关的古迹与景物时,也把非常隐微的政治情感融入其中,其深意有值得探究之处。

蜀相

丞相祠堂何处寻？锦官城外柏森森。

映阶碧草自春色，隔叶黄鹂空好音。

三顾频烦天下计，两朝开济老臣心。

出师未捷身先死，长使英雄泪满襟。

此诗首联指出，唐时武侯祠堂的所在地是在故锦官城之外。根据《华阳国志·蜀志》的记载，"郡更于夷里桥南岸道东边起文学，有女墙。其道西城，故锦官也。锦工织锦濯其中，则鲜明，濯他江则不好，故命曰'锦里'也"。由此可知锦官城的位置是在夷里桥南岸道路西边。《太平寰宇记》则记武侯祠是在先主庙西，而后者在"府南八里惠陵东七十步"。如此则武侯祠是紧邻惠陵，与今天武侯祠的位置相近。历史上，武侯祠的位置屡有变动，而其唐时位置，应该离草堂较近，杜甫前往凭吊也比较方便。所谓"柏森森"，明言诸葛祠旁植有柏树，陆游的《谒汉昭烈惠陵及诸葛公祠宇》"凄凉汉陵庙，衰草卧翁仲。……壤沃黄犊耕，柏密幽鸟哢"，也提到此处柏树浓密。传说此柏为武侯手植，后人始就柏立祠，以表缅怀之意。

颔联写凭吊时之实景，本是标准的律诗作法。但两句写景中也兼用典，其典故之微旨，古今鲜有留意。表面上，此处化用《小雅·出车》"春日迟迟，卉木萋萋。仓庚喈喈，采蘩祁祁"之句。《诗序》曰："《出车》，劳还率也。"孔颖达疏："言季春之日，迟迟然阳气舒缓之时，草之与木已萋萋然茂美，仓庚喈喈然和鸣，其在野已有采蘩菜之人，祁祁然众多。我将帅正以此时，生执戎狄之囚可言问者及所获之众，以此而来，我薄言还归于京师以献之也。说其事终，又美其功大。言赫赫昂盛之南仲，伐猃狁而平之于王，是将帅成功，故劳之也。"对于半生戎马操劳的诸葛亮而言，此古典自是非常切合。但值得注意的是，杜甫在这两句里用的"自"和"空"两个字，春色而"自"，好音而"空"，春景之中，隐有一层无奈而伤感的况味。《豳风·七月》中有"春日迟迟，采蘩祁祁。女心伤悲，殆及公子同归"的诗句，颇为哀婉。《楚辞·招隐士》中还有"王孙游兮不归，春草生兮萋萋"的感伤之句。综合分析可知，"映阶碧草"明用《小雅·出车》，暗用《楚辞》及《豳风·七月》之典，寓含伤悯逐臣之微意；而其下"隔叶黄鹂空好音"所用的典故也很值得注意，黄鹂即黄鸟，亦即仓庚，古诗中使用得非常多，《诗经》中的周南、小雅、秦风等都有涉及黄鸟之诗。而此处云"空好音"，可知除了"仓庚喈喈"的一般理解之外，其所暗用的古典为《邶风·凯风》"睍睆黄鸟，载好其音。有子七人，莫慰母心"句,《诗序》曰:"《凯风》,美孝子也。"此处用此典,有暗喻当时玄宗与肃宗之微妙关系,不无讽谏之微意。

颈联下句"两朝开济老臣心",亦是字面明言蜀汉先主后主两朝,而暗喻玄肃两朝。而当时的两朝老臣都是心怀忠义、勠力王室的良臣,然而他们许多人未能建功于两朝,长怀英雄之恨。因此,全诗的最后两句,怀古伤今,有如此悲怆的情调也就可以理解了。杜甫在阆州凭吊房琯时,曾作《别房太尉墓》诗:"他乡复行役,驻马别孤坟。近泪无干土,低空有断云。对棋陪谢傅,把剑觅徐君。唯见林花落,莺啼送客闻。"结合这首诗来读,《蜀相》末句中"泪满襟"的意指和哀恸显得更加明晰深切。总而言之,唐时成都有许多带有特殊地域文化色彩的人文历史遗迹,如蜀王传说、杜鹃崇拜、蜀汉遗迹等。这些古迹与传说有一些恰和杜甫内心所关注的政治时事有切近之处。因此,杜甫在一些吟咏蜀地文化风物的诗篇中,比物托类,投注了他内心的政治情感和关怀。这些古迹或传说,是他借以抒发某种政治情感现实关怀的载体。很多这类作品,都用比兴用典方式,把对蜀地历史文化的表述,变为对现实政治的关注。这是杜甫在成都的许多咏怀史迹甚至自然景物之作所寓含的深层内容所在,而这一点,也是后人解读杜诗的一大徐径。

确实,通过与人、文本、艺术作品、游戏、结构化学科的相遇,我们都会拥有自己的世界。如果我们是幸运的,我们就能够形成各种开放的能力——那些使我们自己能够从特定文本转向其他文本,接受其他表现模式的能力。因此我们应该鼓励学生通过各种各样的相遇,来确认他们自己生活的小世界,同时也要超越这些熟悉的小世界而进入他们尚未了解的地方。重要的是,无论我们选择阅读什么,我们都要具备仔细认真的态度,都要关注其完整性,都要既运用批判性的思维方式,也运用创造性的思维方式,都要坚持不懈,都要考虑应该如何参与到文本世界之中,这样的相遇能为学生掌握更广泛的知识提供原料,为学生进入自学的情境打下基础。

第二节 "多元媒介"创意与表达

《普通高中语文课程标准(2017年版)》中学习任务群3"跨媒介阅读与交流"贯串必修、选择性必修和选修三个阶段,旨在引导学生学习跨媒介的信息获取、呈现与表达,观察、思考不同媒介语言文字运用的现象,梳理、探究其特点和规律,提高跨媒介分享与交流的能力,提高理解、辨析、评判媒介传播内容的水平,以正确的价值观审视信息的思想内涵,培养求真求实的态度。

一 剧本游戏在中华传统文化经典研习中的实践探索

剧本游戏是舶来品,起源于欧美。从行业的发展来看,剧本游戏有两个显著特点:一是年轻人的参与度非常高,且人数一直呈上升趋势;二是不同于有固定规则的桌面游戏,它的内容千变万化,可以满足游戏设计和玩家不同的需求。基于线上线下混融的教学模式,笔者尝试把线上剧本游戏与线下中华传统文化经典研习结合起来。在游戏中,围绕某一主题,展开诸子思想探究、解决问题任务、设计剧情场景等活动,引导个体玩家角色体验的代入,并加入了阵营对抗的机制、玩法(简称"阵营本")。通过这种互动的新形式,让古代典籍里的先秦散文和诸子思想变成跌宕的剧本游戏中有温度的、鲜活的生命个体。成型作品是一部可多人参与、游戏时长为40分钟的剧本游戏。第一个要点就是"好玩",结合人物之间的矛盾冲突,增加了触发玩家多种情绪的延展体验;第二个要点是"通古",学生需要先通读一些先秦诸子文献,才能让体验和沉浸更加真实;第三个要点是"创意",完善人设,贴合诸子人物原型,设计剧情和场景,引导学生超越娱乐,关注本质。在游戏过程中,真人与剧本制造的角色之间会产生某些形式的对话,最终游戏会以特有的方式帮助玩家完成基于主题的探索与发现。

游戏机制是阵营本的灵魂所在,玩法、人物、故事都要围绕主机制展开,教师和学生选择在线上剧本游戏中所要构建的角色身份,以及儒、道、墨三家的思想主张,将"诸子立身处世之道"作为主游戏机制,引导学生在游戏中汲取古代智慧,体现继承和发扬优秀传统文化的要义。同时,将主游戏机制拆分到各个分幕,依次设定"仁""德""义""道"等四个分幕关键词,对应线下课堂同步学习单元节选篇章内容,帮助学生系统理解儒、道、墨三家思想,并思考诸子思想对修身养性的重要现实意义。

此外,先秦诸子的语言及表现方法对后代也有着很大影响,吕思勉在谈论诸子学与中国文学时说:"然诸子之文,各有其面貌性情,彼此不能相假;亦实为中国文学,立极于前。留心文学者,于此加以钻研,固胜徒读集部之书者甚远。"[①]因此,最终成型作品是玩法、人物、故事都围绕以思想阐发为问题,言语表现方式为任务的双线链条而展开的阵营本。(如图7-1)。

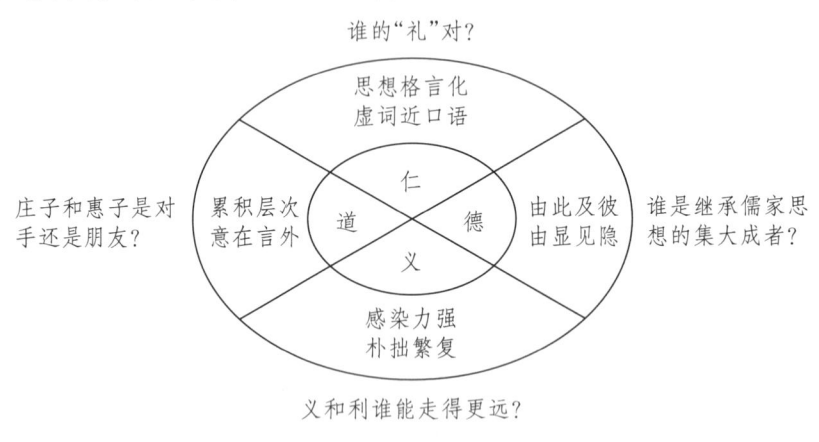

图7-1 阵营本

就有效学习的过程来说,学生需要游戏机制主导下的沉浸式学习体验,但是如果缺乏显性知识和阅读指导,他们也无法理解诸子思想的丰富内涵。因此,平衡及融合线下教授显性知识与线上虚拟游戏体验机制的关系是关键。首先,要寻找有效的、发人深省的"锚点"。以真实情境来组织问题链学习能让所有学生都参与到四个分幕问题链条之中,侧重问题解决或观念形成,并且能从一开始就吸引学生并保持他们的注意力(如表7-1)。用问题引导学生把不同篇章重组之后进行探究,获得新的发现,形成有价值的结论。其次,为学生提供必要的经验、工具、知识,以及技能来实现各子任务的表现性目标。在一个需要完成任务的真实情境中来组织子问题的学习探究,要持续关注哪些表现性任务可以帮助学生关键能力和必备品格的养成。比如学生为了解决问题,需要通过拓

---

① 吕思勉.为学十六法[M].北京:中华书局,2007:142-143.

展阅读相关的篇章内容,聚焦关键问题,互文对照,思考探究。一方面,降低了学生孤立阅读单元节选篇章内容的学习难度,为达到任务的表现性目标提供必要的知识和技能。另一方面,将真实的阅读情境与言语思维训练结合在一起,在完成传统文化的学习过程中也贯彻落实思辨性阅读与表达,使单元学习任务更多地体现出整合与实践的特征。最后,呈现逐层推进高阶思维的设计思路。线下课堂完成问题和任务组成的双线链条,也为围绕主机制展开的剧本杀阵营本而设计玩法、人物和故事,让所确立和认同的"主游戏机制"变得有趣、具体,并为学生实现深度理解提供大量机会,反思改进最终呈现的剧本杀阵营本的成果创意。

表7-1 问题设置

问题1	选文中的"子曰",大家认为都是"夫子曰",但是《论语》中还有"孔子曰""有子曰",请说说你的判断,并简述理由。
问题2	从前学塾中供孔子牌位旁边的四位是颜、曾、思、孟,你认为曾子的重要性何在?请简述理由。
问题3	如果遇上一个小孩落井,孟子和墨子会做出同样的选择吗?请结合文本简要阐述。
问题4	我们应该如何应对这个复杂而多变的世界?庄子和老子的阐述有什么区别?请结合文本简要阐述。

《普通高中语文课程标准(2017年版2020年修订)》设计"中华传统文化经典研习"学习任务群,旨在引导学生通过阅读中华传统文化经典作品,积累文言阅读经验,培养民族审美趣味,增进对中华优秀传统义化的理解,提升对中华民族文化的认同感、自豪感,增强文化自信,史好地继承和弘扬中华优秀传统文化。通过该任务群的学习,学生不仅可以进一步提高借助工具书和注释阅读古文的能力,也能扣合单元人文主题选择合适的方式开展研习活动。

首先,落实传统文化的学习。贯彻从必修到选择性必修教材"整本书阅读+篇章阅读"的架构理念,以"问题"为抓手,通过多文本与跨文本的拓展阅读,加深对传统文化之根的理解。比如,问题2引导学生进行"联系性拓展阅读",通过了解颜渊、曾子、子思和孟子等人的学说,把握儒家思想的学脉传承。问题4把《道德经》与《庄子》进行比较,从思想认识和表达方式上体会二者的异同,更有利于深入理解道家思想和两位代表人物的特点。

其次,强调思辨性阅读与表达。问题设置的学习情境,旨在与学生的真实生活建立联系或适度向外拓展,以"问题"带动学生进入深度学习,同时,为聚焦言说方式的"做任务"提供相应的学习支架。比如,学生在解决问题1时发现,孔门师生之间的语录在弟子及再传弟子的传播过程中形成了结构多元的思维程序,并大部分都保存着将思想格言化以便记忆的特点。一方面,喜欢平行排列的结构,用对偶、平行、正反的连句表达思想,例如,子曰:"人而不仁,如礼何?人而不仁,如乐何?"(《论语·八佾》);另一方面,也有逻辑层次结构的变式,引发对思想义理的深入探究,例如,子曰:"质胜文则野,文胜质则史。文质彬彬,然后君子。"(《论语·雍也》)

高一必修阶段注重基础性、综合性学习,高二选择性必修阶段侧重专题性(散点式)、选择性和适度的研究性学习。本单元是选择性必修教材中的中华传统文化经典研习单元之一,对先秦诸子的思想和言说方式提出了深入学习的要求(如表7-2)。

表7-2 学习任务

任务1	从孔门师生记录下来的言谈来看,孔子心目中的最佳学生是谁?
任务2	曾子和孔子的师承之处是什么?
任务3	孟子和墨子在论说的效果上有何不同?
任务4	老子与庄子在阐述思想学说的表达方式上有何不同?

一方面,任务设计要注重综合性与实践性。围绕"任务"选择课文中的支撑性学习内容开展语言实践活动,在专题研习诸子思想阐发的"解问题"和聚焦各家不同言说方式的"做任务"组合形成的双线链条结构中指向"提素养"的目标。比如任务2,曾子将"吾道一以贯之"这句话理解为"夫子之道,忠恕而已矣。"尽己之心以待人是"忠",推己之心以及人是"恕",忠恕之道也就是仁道,曾子说"唯",可见他体悟到了这种至高之德性,这也是他得孔子心传的表现。这种言说方式,体现了由显见隐,由此及彼的特点。学生聚焦于这种言说方式,在语言实践活动中探求发现,《论语》中这样的例子还有很多,"《诗》可以兴,可以观,可以群,可以怨。迩之事父,远之事君。多识于鸟兽草木之名。"这三件事如何联系得起来? 这也是由此及彼,用形象表达抽象,又转为另一形象表达,是符号化的语言和思想。另一方面,重视自主、合作开展各种体验性和探究性活动。学生在"做任务"的语言实践中通过角色扮演的方式,加强情感的代入,发现这些句子中"哉""矣""乎""为"等虚词,大多表示疑又不疑的询问、限定、感叹、加强

语气等,既保留了人物对话中生动的语气和情感,又形成了接近口语的语言风格,在后世流传中很普及。在做任务3和任务4时,学生还可以采用图表、思维导图和讲故事、演讲等口语表达形式,通过自主、合作的学习方式在体验性的探究活动中体会老子和庄子两者不同的思维方式和言说方式。(如图7-2)。

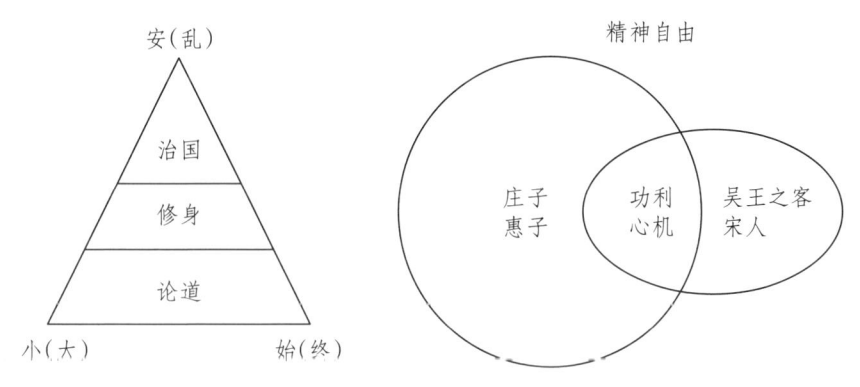

图7-2 老子和庄子分析图

阵营本补充人设,引导学生由点到面深入体会中华传统文化的精深和丰富。以设定的游戏主机制"诸子立身处世之道"为大观念内容,组织分幕"关键词"的观念层学习,在设计阵营本时,完善人设,聚焦"剧情和场景",生成具体生动的人物角色,匹配分幕"关键词"引发的持续理解,开展深度学习。比如设计阵营本"颜渊的葬礼应该要怎么操办?"是为了引导学生理解"礼"的内涵。古人丧葬有内棺外椁之说,颜渊死后,他的父亲请求用孔子的车置办颜渊的椁。孔子说,自己的儿子孔鲤死的时候,也是有棺而无椁。虽然老师不同意,但是门人还是厚葬了颜渊。在《礼记·檀弓》中也有记载,"称家之有亡……有,毋过礼。苟亡矣,敛首足形,还葬,县棺而封"。为什么父子师徒对"礼"的理解和做法如此不同? 作为玩家,你会选择哪个角色呢? 如何设计情节和场景?

阵营本的观念层学习,要贴合学生的关键能力和必备品格。游戏中,每个角色的技能均衡,相互制约,有效互动,玩家的乐趣是扮演某个角色,可以做抉择、做动作,并在游戏的"剧情和场景"中,学会比较评析、质疑反思,用历史和现代的观念进行审视,形成自己的价值判断。比如阵营本"孟子和苏秦,谁能走得更远?"孟子想实行仁义道德之治,是"大利",梁惠王的富国强兵是"小利"。由此可知,孟子需要的是一个比较长的时效,而苏秦、孙子等谋略家、兵法家,则提出了当时可以付诸实施的"合纵""连横"等具体办法,让梁惠王在短期内看到了成效。刘向在《战国策》序言中说:"故孟子、孙卿(荀卿)儒术之士,弃捐于世。

而游说权谋之徒,见贵于俗。"①

谁输谁赢?从历史的大局观出发,或许结果也就不一样了。正如《易经》所说,"吉凶悔吝者,生乎动者也",利与不利之间的辨别,需要从动用之间的关系来评价。比如阵营本"庄子和惠子,是对手还是朋友?"《庄子》中有多处涉及惠施。惠子属于名家,关注的是知识和形式逻辑,而庄子关注的则是精神和美学问题,这在那场濠梁之辩中体现得非常明显。惠施死后,庄子沉默多年。《说苑》记载:"惠施卒,而庄深瞑不言,见世莫可与语也。"②这两个人到底是对手还是朋友?正是庄子与惠子的争辩,使惠子的十大命题得以保存。尽管庄子认为惠子的观点"其于物也何庸",但还是欣赏他"遍为万物说"的善辩理论家的潇洒。

在阵营本的设计中,学生需要关联并思考现实世界的真实身份、角色身份和投射身份这三重身份。学生以真实身份设计某一个角色身份时,自然附带一个投射身份,因为学生会将自己的选择和价值观投射到某一虚拟角色中去,更重要的是,投射身份处于真实世界身份与虚拟身份之间的交界处,能超越虚拟身份及自己真实世界身份的局限性。比如设计阵营本"谁是继承儒家思想的集大成者?"《大学》相传为春秋战国时期曾子所作,南宋朱熹合编"四书",改订补充《大学》,从元朝开始,朱熹的学说被尊为儒学正统、官方哲学。儒家兴起在春秋战国,为何经由朱熹的集注才成官学?为什么朱熹学说在他生前和死后都曾被宣布为邪说,但是从元朝起,历经明朝和清朝,他都被尊为继承孔孟的大儒?以投射身份从现代的观念来审视历史,天下大一统是势所必至,《大学》讲的就是平天下之道,朱熹提出了具体方案和思想体系,以求解决当时所处世界中的迫切问题,学生在关联并思考这三重身份的游戏过程中,要深刻把握"诸子立身处世之道"这一大观念,也就是结束国家分裂,实现"天下大一统"。诸子百家的义理,有彼此相同的,也有差异不同。从表面上看,矛盾对立,但从深层次看,却又相反相成,互通互补,具有相当的开放性。可见,诸子百家的主要理念和对立面的不断转化共同成为中华传统文化的优秀基因,并且在新的历史发展中表现出与日俱增的生命活力。

作为中华传统文化经典研习单元教学的成果展示,配合线下课堂开展的研读经典,线上同步发起"诸子立身处世之道"剧本游戏的创意活动,设计赛道分

---

① 刘向.战国策笺证:上册[M].上海:上海古籍出版社,2006:2.
② 刘向.说苑:下[M].萧祥剑,等译注.北京:团结出版社,2021:582.

为阵营本文案设计和剧本游戏文创产品设计两种形式,鼓励创作富有个性化和创意性的产品,探索中华传统文化在现代设计领域的表现形式和应用价值。在最终的成果展示环节,采用SWOT分析图对学习成果进行评价(如图7-3),利用模板探究优势、劣势、表现形式和应用价值,讨论形成包括阵营角色设计的适合性、媒体表达的有效性和成果展示的美学效果在内的评价指标,让生生不息的中华优秀传统文化,以最合适、最有力的创新形式,达致更深更远的传承和传播。

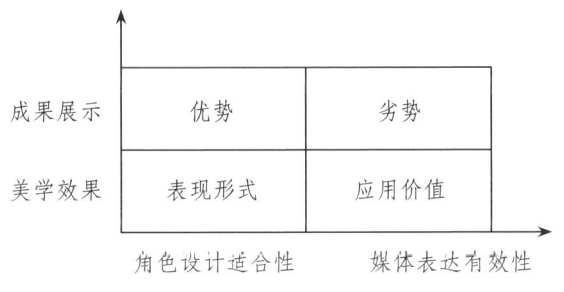

图7-3 学习成果SWOT分析图

二 多元媒介在线上线下融合教学模式中的实践探索

跨媒介阅读展现一种时代性,它也具备全球实验教育的特质:一是改变教学方式;二是科技工具的使用。它的优势是能引起学生学习兴趣并深度参与。多重感官的体验,让文字结合声音与影像,扩增学生思维的意境。但是,科技带来学习的便利性,也可能带来专注力涣散等危机。所以,语文教师要把握好这个度:信息融入教学,是信息辅助教学,而非取代教学,让科技融入教学,必须回归到语文教学的本质。

跨媒介阅读与交流是为了提升学生的"核心素养"。素养是指一个人接受教育后学习获得知识、能力与态度,而能积极地回应个人或社会生活需求的综合状态。我们应该以未来的眼光审视现在,而非用过去的经验框限未来。跨媒介阅读与交流正好给我们广阔的视角、开放的胸怀来观察世界的动向,迎接未知世界的挑战与考验。《教育信息化"十三五"规划》提出,要积极探索信息技术在"众创空间"、跨学科学习(STEAM教育)、创客教育等新的教育模式中的应用,着力提升学生的信息素养、创新意识和创新能力。STEAM由科学(Science)、技术(Technology)、工程(Engineering)、艺术(Art)和数学(Mathematics)组成,是一种能力和知识叠加的行动式学习,不是科学、技术、工程、数学和艺术知识的叠加,而是整合五科知识变成相互联系的统一整体,把学生的多科零碎知识转变为探究世界的联系、多角度看待世界的复杂事物。

打破"能力本位"或"学科本位"的框架,让各学科教师都能进入共备小组(社群)进行课程讨论与反馈,因此,学科学习进入图像化思考,让教学内容以有趣易懂的心智图方式呈现出来。文学密室闯关结合语文科、社会科、自然科教师的文本架构,以科技化、游戏化的元素,进行课程翻转。大规模开放式在线课程,通过预录影像使学生在课余能根据自己的学习进度预习、复习。多元评价的架设,让学生能在线发表学习心得、分享作业,让教师做到实时反馈。另外,阅读理解策略课程让自然课、数学课教师提供科普文章,分享科普学习方法,融入STEAM、创客等元素,推动走读课程、文学沙龙、TED讲堂、校园文艺季等。通过课程设计,可以让学生融合语文应用、历史探索、地理知识与公民思辨。从2015年PISA试题可知,数字时代强调多元跨界,在线合作式问题解决能力带来了跨媒介素养的思潮。高考现代文阅读在广度上拓展为3类文本和12种文体,3套全国卷文本话题所涉的学科领域也有所拓展,让人耳目一新。跨媒介教学引领教师实现了从设计到应用,从教学到评价的行动循环。因此,教师若能在课堂尝试结合行动载具,利用图片、视频、电子书等,使教学内容从实体到虚拟,从虚拟到实体,就能走出文本的限制,透过不同载具或媒体的展示,产生阅读的深化与转化。

语文课程本身就有跨界学科的内容,具有综合性。就阅读而言,大量非文学类的文本,就涉及社会科学和自然科学;就写作而言,大量的写作活动是非虚构写作,也是跨学科的。传统意义上的语文学习已经离不开跨界学习。现在我们所讲的跨界学习,是指基于社会的发展变化,基于学生适应未来的需要,整合跨学科、跨领域的课程资源,面向未来的学习。所以,必须意识到的是,语文课程并不是现在才提出跨媒介学习,跨媒介学习不是其他学科技能,而是一种综合性的语文能力。百度百科对"跨媒介"的释义是指信息在不同媒体之间的流布与互动,它至少包含两层含义:其一是指相互信息在不同媒体之间的交叉传播与整合;其二是指媒体之间的合作、共生、互动与协调。简单地说,"跨媒介"就是信息在不同媒介之间的传播、互动和整合。而"跨媒介技术"就是促成信息在不同媒介间传播、互动和整合的技术,比如视频制作技术、海报制作技术、舞台表演艺术、摄影技术、虚拟现实技术、互联网技术等。在信息时代,无论是从跟随潮流还是从促成有效教学角度看,语文学习都不可能拒绝跨媒介技术。其实早在民国时期,语文教学就已经有了跨媒介的因子,李叔同先生、丰子恺先生,他们教语文哪会只局限于听、说、读、写,音乐、绘画、书法都在他们的语文课中。

以统编高中语文教材必修下册第四单元学习活动三"辨识媒介信息"为例,分析如何进行教学设计,培养学生的辩证思考能力,应对高考提出的新要求。信息时代,自媒体大量介入,各种立场、观点,不同视角、背景的媒体复制传播了无限量的信息。辨识媒介信息的真伪,是学生必须具备的语文能力,这是时代变化提出的新要求。课程标准设计"跨媒介阅读与交流"任务群,教材设置"信息时代的语文生活"单元,就是为了培养学生在信息时代获取、甄别、运用信息的能力,这是传统阅读能力的延伸和拓展。在某年高考题中,文本显示了西方多家媒体对某一事件报道时传播的错误信息,要求考生指出这些信息的错误表现,并分析作者"采用哪些方法"证明"新闻报道结论"有误。命题者希望考生面对众多的信息源,在一定学科知识的支持下,对信息源进行比对、辨认、思考,判断信息正误,形成理性的、辩证的思维习惯,不偏听偏信。

第一次课主要是把新闻报道的组成要素(事实性知识)拎出来,然后从不同角度去寻找写作素材(程序性知识)。第二次课学生需要讨论:新闻报道的立场是什么? 新闻报道的客观性是什么?(概念性知识)是否存在新闻报道的真实性? 如何检测新闻报道的真实性? 什么是真理?(元认知知识)在这个过程中,其实教师也在获得实践性知识:如果他们只是盯着专家或者学者开发的知识,这是一种"为了实践的知识";如果他们只是依靠自己平时的经验,这是一种"实践中的知识";如果他们超越了理论和实践,与外部跨界的人一起合作,他们便获得了"实践性知识"。

我们可以活用课程内外资讯媒体,透过跨媒介应用使学生产生深度学习。我们可以规划一种从阅读到悦读,再到"越读"的高中生创意阅读课程。从校园内到校园外,从书本阅读到数位阅读,从认知到技能到情意,从观察空间到体验空间,到诠释空间,再到参与空间。入乎学科,出乎生活;入乎文化,出乎素养。结合数位平台、行动载具、数位资源等进入课程,以阅读为起点,设计一些特色活动,基于学生特质,结合本地特色,发展特色课程。

比如学习《沁园春·长沙》时,可以结合相关音乐作品辅助学习。音乐作品采用平行乐句的结构,这和诗歌并列关系的意象组合有异曲同工之妙。诗人以并置的手法将上阕"看"字所总领的一组意象组合在一起,中心意象应该是"独立寒秋"的"我",由此向四周"辐射"形成一个意象群。在音乐作品中,从"携来百侣曾游"到"粪土当年万户侯",乐句转向一段出人意料的音乐间奏,就是要让作者、歌者及听者的思绪、情感在音乐家留出的这个空间里一起自由飞扬,突出年轻的革命者奋发向上、敢作敢为的精神。诗歌与音乐内在统一的乐性,可以让学生在加深理解诗歌作品的思想内容、艺术表现的同时,学习鉴赏音乐语言的形式和特点,形成整合式的语文学习体验。朱光潜认为诗歌、音乐、舞蹈原来是混合的。艺术"混生"的跨媒介阅读,或许也是"诗性阅读"的最佳选择。

"语言积累、梳理与探究"学习任务群要贯穿在其他任务群学习之中。汉语作为一种语法结构形式简单、语义内涵十分丰富的词根语,它不仅涉及音乐、舞蹈等多种艺术形式,还包括历史、文化、审美等各个方面,阅读阐释的空间非常之大。阅读王昌耀的短诗《峨日朵雪峰之侧》,可以按照"由外而内"的次序得出两种彼此相关的阐释和解读:滑坡与落日的动势都是下坠的,与攀登者的动势正好相反,诗句从而转入自身状态的描述和登山勇士的生命体验。诗歌结语"与我一同默享着这大自然赐予的快慰"传达出舒缓、徐和的诗歌意绪,与全诗紧绷、深沉的诗歌意象形成深度对比。同时也有反讽的效果,在外部世界与内部心灵的叠映对照中,表现对生命的热爱、对生命力的赞颂。而小说中"有意味的语言形式",往往也是作者的创作匠心所在。比如《百合花》中,小通讯员衣服上撕破的大洞,前后多次描写,语言简洁而传神,不仅使行文前后呼应,而且能够以其丰富的内涵引导情节深入新的层面,增强文学作品的审美意味。"铅笔盒"这个意象在《哦,香雪》中也反复出现,尤其是对香雪独自夜行三十里终于换来"自动铅笔盒"的描写,极具诗意风格,深深地打上了20世纪80年代以启蒙为主导的文化语境的烙印。

另外,文学作品阅读需要发展学生多元解读、质疑思辨的能力,这也正是"思辨性阅读与表达"学习任务群的应有之义。比如茹志鹃创作于1958年的《百合花》,作者说,这个故事写的是没有爱情的爱情,但是新媳妇为什么要看上通讯员呢?难道是因为已经结了婚,所以怀着其他的希望?或者这个故事讲的是第一人称叙述者"我"的爱情?小说将死亡与爱情联系在一起,叙事风格宁静而细腻,是个人生命的真实表达还是解放战争的历史记录?《哦,香雪》中香雪形象与凤娇形象一雅一俗,作者叙述笔调的一扬一抑,对比相当鲜明。但是立足于现在,我们要质疑的是:从凤娇身上自然流露出来的物欲追求和世俗化追求是否也具有历史合理性呢?文学艺术的魅力就在于它超越停滞与静态的生活,创造新的拟像,生成对生活的一种新的表达式。这就要求读者不是对经典本身作简单的是非判断,也不是对经典的观点仅仅提出一些颠覆性的见解,而是在传承经典文学作品的文化滋养时,能够清晰理解自身的当下立场与文学经典依托的各自背景之间的差异。

阿莱斯·艾尔雅维茨指出,图像正成为我们最日常的文化现实,而且从学术史来说已经持续了半个多世纪的"语言学转向"正迅速地被"图像转向"所取代。如果说我们身处于后现代,那么后现代的特征就是图像统治。图像就是"符号",但它假称不是符号,装扮成自然的直接性和存在性,而语词则是它的"他者",是人类随心所欲的独断专行的产品。[1]图像在文学阅读中的价值,是以博物增识的形式,回到历史现场,感受历史厚重的呼吸,和呼吸背后的先民真实的生活样态。

线上线下融合教学模式的实践探索,采用一种混合融生的组合方式,不同"任务群"之间有纵横交错的交互关系,构成了多元互联、流转多变的共振域,在具体、真实的学习情境中共同促进语文学科核心素养形成。学习本质上是学生主动的行为,为了促进学生更好地学习,我们要以学生为中心设计真实的学习情境。在全球化和数字化的时代背景下,混合式学习情境就是充分利用网络优势,以"学习任务"作驱动,激发学生主动学习、合作学习的积极性。

首先,混合式学习情境由线上网络课堂和线下实体课堂共同组成。若干序列化的学习任务链组合,可以供学生根据自己的情况和状态自由选择学习顺序和内容:把握文学作品中"意象"的活泼灵动和意境的丰盈深邃;感受文学作品中塑造的艺术形象,体会艺术创造的审美价值;理解和鉴赏文学作品的语言表达和独特的艺术创造,力求有自己的发现;培养文学阅读的方法,通过写读书提要、记笔记和协作分享,把阅读方式转化为阅读习惯;将文学阅读与现实生活关照、自我反思联系起来,提升文学活动层次、思想境界和审美情趣。每个任务还可以再设置提出若干角度和问题,比如把握文学作品中"意象"的学习流程:①提供学习辅读支架,了解"意象"的内涵和种类。②结合选文把握诗歌中意象群的不同组合方式。③比较分析诗歌意象和小说意象的艺术表现形式。④专题阅

---

[1] 阿莱斯·艾尔雅维茨.图像时代[M].胡菊兰,张云鹏,译.长春:吉林人民出版社,2003:26.

读,体会意象所传达的审美价值。⑤回顾学习流程,梳理总结鉴赏意象的方法,写一则札记。线上网络课堂中介入的方式主要有设置学习任务链、线上回复和评价引导,突出学生的选择性和自主性;线下的实体课堂可以对学生进行分层导读,也可以根据学习进度适时进行点拨引导和分享答疑,还可以有针对性地就学生问题、学生反应进行学法梳理和专题总结。在极大满足学生个性化学习需求的同时,也激发学生积极主动地参与思考,以产生对任务更深刻的理解。

其次,混合式学习情境将学习延展到家庭、社区等任意空间,在虚拟和现实的"共同体学习"中,促使学生进行深度学习和合作学习。比如线上为学习《立在地球边上放号》时搭设辅读支架的资料包如下:

1. 老舍,《我所认识的沫若先生》;

2. 郭沫若,《中国古代社会研究》;

3. 闻一多,《女神》之时代精神;

4. 温儒敏、赵祖谟,"关于郭沫若的两极阅读现象",选自《中国现当代文学专题研究》;

5. 李辉,《太阳下的蜡烛》;

6. 王家新,《人与世界的相遇》。

学生在"共同体学习"中,通过连续阅读同一作者的各种著作和相类似的读物加深对作品的理解;通过阅读传记、历史、评论等补充读物,促进深度阅读和思考;在与共同体其他成员的会话讨论中,利用直播课堂的共享文档进行同步编辑思考、相互激励、举手分享,学习展示与协作分享能够将学生的隐性思维外显化,学生必须通过语言文字表达自己的思想和感受,"逼着"学生将自己的思考合理化和条理化。笔者通过课堂观察发现,随着学习任务难度的增大,学生的合作与研究意识也不断提升。例如,在开展如下单元教学时,就可以创设一个真实的、激励性的情境来帮助学生了解知识如何在实践中运用。本单元的人文主题是"青春岁月",旨在对身处青春期的自我作价值引领。可以尝试先让学生完成阅读选文的"青春图谱"(如表7-3),然后让学生以"青春论坛"读书分享会的形式,在思考探讨、讨论互动中分享对青春的价值的看法:不同年代的青春价值有何异同之处?青春理想的实现需要什么样的现实环境?我们如何为自己的青春代言?最后,本单元的诗歌创作也可以配合校团委、学生会,开展类似"等你来pick的青春专属限定诗"活动,入选的作品在学校公众号上投放,并且进行网络筛选投票。

表7-3 阅读选文的"青春图谱"

阅读选文	写作时间	艺术形象(年龄)	作品的社会历史背景
《沁园春·长沙》	1925年	"我"32岁	
《立在地球边上放号》	1919年	"我"27岁	
《红烛》	1923年	"我"23岁	
《峨日朵雪峰之侧》	1962年	"我"26岁	
《致云雀》	1820年	"我"28岁	
《百合花》	1958年	通讯员19岁	
《哦,香雪》	1982年	香雪17岁	

第三节 "文化参与"创意与表达

文化创意产业的发展离不开文学的影响力或作用力,这往往是因为文化创意产业的成功总是包含着文学心灵的创造,而成功的文化创意也包含着文学的精神创造成果。因此,希望让学生透过文学与创意的结合,对文化创意有更深入的了解,希望借由课堂的活动与教学,带领学生体会文学与文化之美,具备将文学、文化与产业结合的文创能力。

一 中国革命传统作品的创意与表达

在开展中国革命传统作品的任务群学习的过程中,不妨尝试通过鉴赏经典剧目体会革命情感的艺术化表达。作为当代文化艺术品类中大家熟悉且喜爱的影视、戏剧作品,中国革命传统作品具有很丰富的教育价值。革命题材的戏剧自诞生起距今已有百年,不同时期有不同的创作倾向。在新时期,革命戏剧的创作观念逐渐回归艺术本体,更加注重作品的审美意味和情感表达,即"软性的抒情"与"以情动人"。新时期革命剧目中的人物塑造,经历了从类型化向典型性过渡的过程,塑造真实、立体、饱满的人物,突出人物的真性情,打破"高大全"、"圣人"式的脸谱化形象塑造。比如芭蕾舞剧《闪闪的红星》、舞剧《永不消逝的电波》、芭蕾舞剧《红色娘子军》等,对经典剧目进行了传承与创新,备受观众喜爱,可以将其融入中国革命传统作品的创意与表达之中。

小说作为文学体裁中的一种重要形式,具有人物形象鲜明、结构精巧、情节紧凑的特点,通常被进行多种艺术形式的改编。革命题材的小说改编而成的影视剧、舞台剧、歌剧等不乏经典之作。在高中语文选择性必修中册第二单元中的三篇小说文本《荷花淀》《小二黑结婚》《党费》,均被改编成影视或连环画,其中《小二黑结婚》《党费》还有京剧、歌剧等形式。

艺术类媒介调动了视觉、听觉等多种感官的共同参与,要求一种多感官知觉甚至心智系统共同参与的共感知方式,即一种共感知性,具有真实性和外向性,隐含着理性认知的内容。例如《党费》改编为歌剧后更名为《党的女儿》,黄新更名为田玉梅,歌剧在小说的基础上增补了情节,立体地表现了黄新作为女性对"小家"满溢的"母性"和作为党员对"大家"坚守的"党性",人物更为饱满,心路历程更为清晰。教师可以将文本与艺术类媒介结合教学,让学生体会不同的表达方式对人物不同方面的塑造,以"互文"的方式扩展对人物的认识,以主旨的重复体悟强化对革命精神的理解。通过艺术媒介和作品文本的巧妙结合,实现学生内心的成长与人文素养的提升。在艺术媒介与文本的结合中,对学生的人文教育的唤醒要及时,发掘要适度。适度就是恰如其分,紧扣文本,既不能硬贴标签,也不宜过度阐释。要及时抓住培植情感的关键时机,恰逢其时地培养学生的人文情怀。

例如,针对中国革命传统作品的创意与表达,我们可以尝试成立临时剧组,一起来筹备革命小说《百合花》微电影的拍摄。

一个剧组需要研究细节和人物。假如你是编剧,在把《百合花》拍摄成电影之前,需要找出小说隐含的密码。我们可以分为环境场景、道具选择、演员形象(小通讯员、新媳妇)四组,小组讨论交流,再集体分享。

1. 环境场景

预设:"中秋圆月",庄稼清脆水绿,珠烁晶莹。

文本:

原来今天是中秋节了。

啊,中秋节,在我的故乡,现在一定又是家家门前放一张竹茶几,上面供一副香烛、几碟瓜果月饼。孩子们急切地盼那炷香快些焚尽,好早些分摊给月亮娘娘享用过的东西,他们在茶几旁边跳着唱着:"月亮堂堂,敲锣买糖……"或是唱着:"月亮嬷嬷,照你照我……"我想到这里,又想起我那个小同乡,那个拖毛竹的小伙,也许,几年以前,他还唱过这些歌吧!……我咬了一口美味的家做月饼,想起那个小同乡大概现在正趴在工事里,也许在团指挥所,或者是在那些弯弯曲曲的交通沟里走着哩!……一会儿,我们的炮响了,天空划过几颗红色的信号弹,攻击开始了。不久,断断续续地有几个伤员下来,包扎所的空气立即紧张起来。

分析:这是一段抒情,看似闲笔,跟情节的进展没关系,但是正缓和了情节上的急促。从情绪上来说,下面接着就是通讯员的牺牲,在紧张的悲剧到来之前,插一点美好的抒情,情节上好像有些中断,但也构成了一种情绪的起伏。为什么把故事放到中秋佳节?——团圆与战争、牺牲形成反差。本该家家团圆的日子,却弥漫着战争硝烟。此处充满了诗情画意,舒缓了紧张气氛,呈现了残酷战斗开始前的生机勃勃和温馨美好,烘托了人物的革命乐观主义精神,表达了对战争的批判。

2.道具选择

预设:"野菊花""枪""百合花被子"。

文本:

①肩上的步枪筒里,稀疏地插了几根树枝,这要说是伪装,倒不如算作装饰点缀。

②我走过去拿起那两个干硬的馒头,看见他背的枪筒里不知在什么时候又多了一枝野菊花,跟那些树枝一起,在他耳边抖抖地颤动着。

分析:步枪是战斗工具,是对生命产生巨大威胁的武器;树枝和野菊花代表着对无忧无虑的向往以及自我蓬勃生长的强大生命力。看似矛盾交织,实则暗藏人物的精神品格。枪械是战争强加给小通讯员的武器,他无法选择。但步枪筒插着树枝与菊花,象征着小通讯员内心依然渴望着的自然的生命力,并且他相信蓬勃的生命力必会战胜残酷的战争。这是他内心对生活、对生命的热爱,也是青春活力的体现。通讯员在能射出杀人子弹的枪筒里,插着带有旺盛生命力的树枝与菊花,也让我们感受到战争与和平的强烈冲突,拓展了战争小说的审美边界。

文本:

①这一次,她不笑了,一边听着,一边不断向房里瞅着。我说完了,她看看我,看看通讯员,好像在掂量我刚才那些话的斤两。半晌,她转身进去抱被子了。

②这原来是一条里外全新的花被子,被面是假洋缎的,枣红底,上面撒满白色百合花。她好像是在故意气通讯员,把被子朝我面前一送,说:"抱去吧。"

③新媳妇却像什么也没看见,什么也没听到,依然拿着针,细细地、密密地缝着那个破洞⋯⋯她却对我异样地瞟了一眼,低下头,还是一针一针地缝。⋯⋯卫生员让人抬了一口棺材来,动手揭掉他身上的被子,要把他放进棺材去。新媳妇这时脸发白,劈手夺过被子,狠狠地瞪了他们一眼。自己动手把半条被子平展展地铺在棺材底,半条盖在他身上。卫生员为难地说:"被子⋯⋯是借老

百姓的。""是我的——"她气汹汹地嚷了半句,就扭过脸去。

分析:百合花被子,新媳妇唯一的嫁妆,最后盖在通讯员身上,表达新媳妇的善良和对革命英雄的崇敬与热爱。它象征纯洁的人性美,人情美。

3.演员形象

预设:通讯员、新媳妇。

文本:

①我走快,他在前面大踏步向前;我走慢,他在前面就摇摇摆摆。奇怪的是,我从没见他回头看我一次,我不禁对这通讯员产生了兴趣。

②他见我挨他坐下,立即张皇起来,好像他身边埋下了一颗定时炸弹,局促不安,掉过脸去不好,不掉过去又不行,想站起来又不好意思。我拼命忍住笑,随便地问他是哪里人。他没回答,脸涨得像个关公,讷讷半晌,才说清自己是天目山人。

③他飞红了脸,更加忸怩起来,两只手不停地数摸着皮腰带上的扣眼。半晌他才低下了头,憨憨地笑了一下,摇了摇头。

④走不几步,他又想起了什么,在自己挂包里掏了一阵,摸出两个馒头,朝我扬了扬,顺手放在路边石头上,说:"给你开饭啦!"说完就脚不点地地走了。……我想拉开她,我想推开这沉重的氛围,我想看见他坐起来,看见他羞涩地笑。但我无意中碰到了身边一个什么东西,伸手一摸,是他给我开的饭,两个干硬的馒头……

通讯员形象:①腼腆羞涩,善良:总与"我"保持距离;"飞红了脸",临走时掏出两个馒头,朝"我"扬了扬,表面不善言谈,内心火一般热忱。②单纯质朴、充满朝气,热爱生活:"我走慢,他在前面摇摇摆摆";"我"故作严肃,"他"认真为难。③执拗但政治觉悟高:尽管在借被子时受挫,但考虑到有可能造成的不良影响,毅然带"我"去见新媳妇。④舍己为人,对革命和人民群众无限忠诚:飞身扑在手榴弹上。

文本:

①这媳妇长得很好看,高高的鼻梁,弯弯的眉,额前一溜蓬松松的刘海。穿的虽是粗布,倒都是新的。我看她头上已硬绕绕地挽了髻,便大嫂长大嫂短地向她道歉,说刚才这个同志来,说话不好别见怪等等。她听着,脸扭向里面,尽咬着嘴唇笑。我说完了,她也不作声,还是低头咬着嘴唇,好像忍了一肚子的笑料没笑完。

②只见新媳妇端着水站在床前,短促地"啊"了一声。我急拨开他们上前一看,我看见了一张十分年轻稚气的圆脸,原来棕红的脸色,现已变得灰黄。他安详地合着眼,军装的肩头上露着那个大洞,一片布还挂在那里。……新媳妇又短促地"啊"了一声。

③在月光下,我看见她眼里晶莹发亮,我也看见那条枣红底色上洒满白色百合花的被子,这象征纯洁与感情的花,盖上了这位平常的、拖毛竹的青年人的脸。

新媳妇形象:①漂亮、娴静、开朗、俏皮:刚刚结婚,还沉浸在幸福之中。②识大体、深明大义,关心革命:看到通讯员被抬下来,短促地"啊"了一声,听完担架员的叙述,她又短促地"啊"了一声。前者是意外而惊讶,后者是敬佩和悲痛。通讯员受重伤,她就当作自己的亲人来对待了,羞涩全无,庄严而虔诚地给他拭着身子,一针一线地缝着肩上的破洞,似乎是在弥补当时未能及时缝补的缺憾。当卫生员为难地说"被子……是借老百姓的"的时候,她气汹汹地嚷了半句"是我的——",接着就流下了眼泪,这都是悲痛到极点的表现,或许还有一点自责在里面。

虽然战争总让我们想到马革裹尸、金戈铁马的壮怀激烈,伏尸百万、流血千里的残酷惨烈,《百合花》却在宏大的战争背景中借助容易令人忽视的小道具来表现了人性之美。所以我们关注革命传统小说,除了关注人物的细节之外,更重要的理解工具就是文本中容易令人忽视的小道具,这能够帮助我们更加深刻地理解革命文学作品中英雄烈士们为了新中国的建立而做出的巨大牺牲,进而更加明白这种伟大崇高的品格的内涵。

革命先烈如同革命历史的长河中的点点星光,照亮了中国的未来。在福建这片革命的故土上曾涌现过许多革命先烈。梳理他们的感人事迹,通过以任务为导向、以学生自主研习为出发点的学习方式,让学生带着对家乡的自然亲近感,将先辈们投身革命、英勇付出的故事整理成文,我们可以充分发挥红色资源"可亲、可敬、可学"的优势,提升学生语言建构与运用能力,深化学生对革命先辈的认识。对于革命英雄故事的整理,可以运用文献法、访谈法等方法。

任务一:

学生通过查阅文献、搜集网络资料、阅读相关著作、走访英烈家属等方式,了解两位或两位以上自己家乡革命先烈的故事,将成果整理为细节生动、故事真实的文字性材料,可以附上革命先烈的照片、书信、文章或实地走访的图片视频材料。

任务二：

学生可以利用红色记忆多媒体资源库等查询自己家乡的英雄人物、确定记录对象，再拟定活动计划，深入了解人物。教师可提供文献查询平台或相关专著名称供学生参考。如："学习强国"学习平台、红色基因传承网；《闽西革命根据地史》《上杭革命基点村简史》《福建革命根据地文学史料》《初心永恒——革命先烈的信仰与追求》等。

任务三：

将全班文字性材料整理成册，进行印制或发表在班级微信公众号。在这一学习活动中，学生是学习的主体，在活动中生成自己特有的革命体验。学生在信息的搜集、筛选中，提升媒介素养；在阅读相关材料与整理写作中，积累言语经验；在完成任务的过程中，近距离地感受革命先烈坚毅果敢、乐观昂扬、奋斗不息的革命精神。

任务四：

福建有众多革命先辈故居，革命旧址，与革命相关的纪念馆、博物馆，如福州林觉民故居、古田会议旧址、长汀县博物馆等。这些资源都可以作为革命传统作品的学习材料或教学空间的拓展场所，借此，我们获取与革命传统作品有关的真实资料，加深学生对革命活动背景以及革命英雄人物思想情感的深刻理解，让学生在历史记忆的追寻中体会革命历程的艰辛感，在实践体验中提高思想水平，提高口头交流、现场记录、资料整理和写作的能力。在重访革命旧址或参观革命纪念馆的活动设计中，教师可以以地理空间的革命意义、革命时间顺序为线索；也可以以追寻某位革命先烈的踪迹为主题，进行路线规划，将红色资源与学习内容结合，体现出红色资源的言语性、情境性以及与革命传统文本之间的互文性。

以革命圣地延安为例，教师可以以时间为经，革命作品为纬，设计"重走延安路，解读革命作品"学习活动，用延安红色资源与革命传统作品形成互文性解读。例如，把延安吴起革命旧址作为《长征胜利万岁》的学习资源；在杨家岭革命旧址解读延安文艺座谈会精神，研读《改造我们的学习》和《反对党八股》；在延安鲁艺文化园区了解这一时期的文艺创作倾向，解读《小二黑结婚》，延伸阅读同时期的《太阳照在桑干河上》《白杨礼赞》等作品。将延安红色资源与革命传统作品的契合进行梳理，进行任务群专题学习的教学设计，以下为示例：

任务:参观延安鲁艺文化园区,解读《小二黑结婚》和同时期其他文艺作品。

延安,开启了人民文艺新时代。全面抗战后,全国各地的大批文艺人才集聚延安,促进了延安文艺的发展。中国共产党在此契机下创办了鲁迅艺术学院。1938年4月10日,鲁迅艺术学院(简称"鲁艺")正式成立,这里培养了众多抗日文艺工作者和党的文艺干部。在抗日战争和解放战争中,鲁艺人用枪和笔践行革命文艺战士的信念——将中华民族的独立解放进行到底。在延安精神的指引下,鲁艺人深入生活、贴近群众,创作出了一批反映现实生活、群众喜闻乐见的经典作品,如《白毛女》《南泥湾》等,赵树理的《小二黑结婚》也是这一时期的作品。目前,鲁艺文化园区已成为社会科学普及基地、中小学生课堂实践基地,发挥着传播鲁艺精神、助力教育教学的重要作用。鲁艺文化园区由多个模块组成,其中延安文艺纪念馆展出了大量图片、实物、多媒体资料等,可以全方位地帮助学生了解全面抗战时期延安革命文艺作品的面貌,学生可以在馆内展出资料中梳理这一时期革命传统作品,对照任务群作品,找寻作品背景故事,加深对作品情感的体会。革命文艺家馆区有多个革命文艺家个体馆(茅盾、丁玲、冼星海等),学生通过参观可以形成对文艺家立体的认识,更好地研读作家作品,如《丁玲文集》《太阳照在桑干河上》《白杨礼赞》等。

在这一学习活动中,众多红色资源成了言语学习材料、成了会发声的"背景知识",能够让学生在亲身体验中具象对革命历程的认识,深化对革命作品创作意义的认知,深入学习任务群中相关作品的研习。这一教学模式的探索,可以使语文教学由"教课本"转向"教语文"。在这一教学场景中,学生不仅能更好地分析革命传统作品的人物形象、品读语言、体悟主旨,还能够促进知识的迁移。在开放性的、有生命力的学习氛围中,学生能够有更高的学习动机,达成更优的知识习得效果。

二 自媒体时代校园活动创意与表达

当代文化参与可以采用自媒体时代校园和社会中的活动形式,让学生在真实的模联比赛、选秀节目、创新作文大赛、各级各类的辩论、演讲和说故事中收获知识。辩论是促进阅读、思考和表达的主动学习之道。首先,辩论是探寻学习见解的过程,需要围绕立论,寻找知识、案例、素材;其次,辩论是知识、思想和语言的交锋,需要思辨和表达能力的综合提升;再次,辩论是解决问题的沟通之道,需要聆听对方,换位思考,坚定说服;最后,辩论是自信心的培养,需要在紧张情境中,谦和又坚定地表达自己。

辩论作为西方教育体系中最有价值的课外学术活动之一,受到众多师生的青睐,是学生提升综合竞争力、应对未来挑战的关键技能。在辩论比赛中,我们总能听到不同角度的观点。同一句话放在不同的情境中,也会有不同的含义。这个道理在比赛以外的日常生活中也是一样的。因此,习惯思辨的人,总能想别人所不能想,不经意间拓宽了思维的边界。面对随机抽中的题目,辩手、演讲者们随时都可能要站在自己内心的"反方",去重新观察、研究,比较其中的利弊。在这个过程中,学生可以逐渐学会换位思考。辩论赛的核心词汇就为一个"辩"字,双方都有自己的论点和论据,双方的观点都不能完全主观地评判谁对谁错,二者都有道理,双方的辩手需要凭借自己的能言善辩,凭借自己的思维能力和相关知识,争取这场辩论赛的胜利。

辩论的核心在于输出的观点是否有价值、有逻辑论证,既能和人共情,也能让人的思想共鸣。更深远地讲,辩论中成体系的方法、实战的训练,能让学生建立自己思辨的方法和增强思辨的能力,在日后的成长中摸索形成自己的独立思想。

比如模拟联合国活动,顾名思义,是模仿联合国会议形式,涵盖联合国组织相关的各个委员会、理事会和国际组织机构,可以模仿探讨既往国际命题,也可以根据未来可能的发展方向设置未来性问题。参加此项活动的学生,需要具备国际化视野、较强的阅读能力、得体的语言沟通能力、流畅严谨的文字表达能力、懂得妥协和达成一致的思维能力,同时,还需要有热情、爱心、决断力、远见、思辨等多项综合素养。通过这样的活动,我们可以引导学生全方位关注我们所生活的世界,培养责任感,树立主人翁意识,切身体会命运共同体担当,从而多角度、多方面、多元化地提升学生的整体素质。

传统的学习方式是"获得模式",由外来专家灌输经实践改进的理论性知识。后来兴起的"参与模式",则过分强调学生自己在实践中积累的经验性知识。而"当代文化参与"能够形成"拓展学习",在不同的各类横向文化艺术活动系统之间建立联系,各方通过协商意义,建构新的学习客体,进而产生新的学习结果。人们不一定要具备温格等人所提出的实践共同体三要素(相互的投入、共同的事业、共享的经验库)才能行动。在有了一定合作意愿的前提下,各方可以先行动起来,在过程中进行意义协商,转换视角,大家一起来重构实践。开展跨界合作的条件有三个:第一,各方都有一种拥有感,认为这个事情自己是愿意做的,对自己有意义;第二,能够平等公开地对话;第三,各方都有效地行动。因此,我们将上述实践共同体的三要素修改为跨界合作实践共同体的三要素:协商的事业、反思性对话、交互的技艺。当代文化参与不仅能够形成"第三空间",为不同活动系统的人们彰显主体性、挖掘实践性知识,而且能够改变学生的学习方式。

总之,在教育教学中,我们都在历险。在过程中处理矛盾和探讨意义,转换视角和身份,重构行动和结果,这就回归了教育的本意。因为只有在开放的不确定性中创造有教育意义的事件,才会开启高阶认知的学习之门,教育生活才会更加丰富多彩、启迪心灵。

第八章

"生活·语文"的教学实践应用和评价

从根本上讲,学习是一个作为生理上和遗传上发展起来的物种的人与其所发展的社会性结构之间的中介过程。学习发展了知识、能力、理解、情感、态度和社会性,这些是社会(存在与发展)的条件和初始原料的重要组成部分,但社会性环境也发展出了独立的结构,这种结构有着既定框架的特征,它设定了知识、能力、理解、情感、态度和社会性所能够显示的条件。在这种视角中,学习在大多数主题中是一种重要的中介性连接,这些主题包括人的素质是否能够符合和应对当前的社会结构,同时,人的学习能力是否已成为推动社会发展的刺激点。

第一节 "生活·语文"教学实践应用

一 提出背景:现代教育向"生活世界"回归

党的十八大以来,党中央对深化教育领域综合改革做出一系列战略部署。党的十九大进一步提出深化教育改革,加快教育现代化,办好人民满意的教育。党的二十大报告更是明确指出"深化教育领域综合改革"[1]。党的二十届三中全会审议通过的《中共中央关于进一步全面深化改革 推进中国式现代化的决定》(简称《决定》)指出,教育、科技、人才是中国式现代化的基础性、战略性支撑,并对深化教育综合改革做出系列部署。[2]在深化课程教学改革方面,2019年,中共中央、国务院印发《关于深化教育教学改革全面提高义务教育质量的意见》。2022年,教育部印发《义务教育课程方案和课程标准(2022年版)》。2023年,教育部组织实施"基础教育课程教学改革深化行动",指出要落实课程方案和课程标准,遴选一批国家级基础教育教学改革实验区、实验校,实施优秀教学成果推广应用计划,总结发现一批教学方式改革成果显著、有效落实育人要求的教育教学案例。

国家现代化进程是满足人民对美好生活和优质教育追求的基本前提与保障,而教育现代化事实上具有双重属性:国家与个人、国计与民生,即教育置身社会主义现代化建设之中,促进人的全面发展。无论是社会主义现代化还是教育现代化,在中国的发展进程中价值逻辑一直都是人民中心与人民立场。《中国教育现代化2035》中,教育现代化的理念指向了人。党的二十大报告提出"坚持人民至上"。由此可见,在中国,教育现代化的实质和根本目的在于"促进人的

---

[1] 习近平.高举中国特色社会主义伟大旗帜 为全面建设社会主义现代化国家而团结奋斗——在中国共产党第二十次全国代表大会上的报告[M].北京:人民出版社,2022:34.
[2] 中共中央关于进一步全面深化改革 推进中国式现代化的决定[N].人民日报,2024-07-22(1).

现代化"。如今,从"中国特色"到"中国式"提法的变化,是由"特征"向"特质"的转化与提升,中国现代化一旦具有了自身现代化元素、路径或体系,就意味着中国现代化将转型为一种新的"样态"。构建具有独特样式的中国教育的现代化,其底色就是中国国情与中国担当。中国文化传统具有天然人文主义倾向,如中国文化主流的儒家思想,始终强调人伦与入世,推崇天人合一的和谐思想。从历史文化传承来看,中华文明切实做到了以"人"为出发点,以"人的力量"为发展源泉,不断探索与自我更新,这为中国教育现代化确立"人"的主体立场提供了历史可能性与传统承续性。

"培养什么人、怎样培养人、为谁培养人"始终是教育的根本问题。全面贯彻党的教育方针,落实立德树人根本任务,构建德智体美劳全面发展的教育体系是教育综合改革的核心目标。"综"在《说文解字》中的意思是"织缕也",即织布时将丝线交织的过程,强调了综合、整理和组织;"合"则是指多方聚合、聚集、联络、结合。可见,新时期新阶段的教育综合改革具有更加突出和更加鲜明的复杂性、系统性、整体性和协同性特点。因此,教学综合改革要紧扣高标准课程建设的育人需求,以"五育"融合为重点,促进全体学生全面而有个性的发展。但是,在现代化的进程中,人们往往停留在后现代主义所批评的宏大叙事之中,而把构成我们每个人生存之文化根基的日常生活世界置于身外。现代教育的非生活化和生活世界的非教育化带来的是信仰危机、价值沦落、人的原子化,以及现代教育内部的道德教育软弱、课业负担过重等一系列问题。其原因在于,现代教育还没有将人的品质的培育置于人的生活世界之中,还没有让社会所期待的品质、知识结构、思维能力、动作技能、体格体能等都成为人的真实的生活智慧与生活精神,去增强人的活力,改善人的生活状态。

胡塞尔在《欧洲科学的危机与先验现象学》中提出了"生活世界"的概念,称之为"原则上可直观到的事物的总体",它是具体的、现实的和历史的,因而也是丰富的。胡塞尔称"科学世界"为"原则上无法直观到的、'逻辑的'亚建筑",人们运用理性的逻辑之网超越生活世界的主观相对性和直观自明性,达到客观性。凯恩和黑尔德曾在这个意义上合理地对胡塞尔的"生活世界"概念做出说明:"尽管客观科学的逻辑亚建筑超越了直观的主观生活世界,但它却只能在回溯到生活世界的明证性时,才具有它的真理性。"①这是对"生活世界"与"科学世界"相互关系的一个十分恰当的概括。简言之,在科学世界里,人可以获得理智方面的长足发展,但这些发展只有回溯到现实的生活世界才会对人生产生意义,也只有回溯到生活世界,理性才能作为理性显现出来。因此,生活既是教育的起点,又是教育的归宿。教育过程内含于生活进程之中,教育把人引向人的真实生活,引向人与世界的关联,使外在于人的世界通过关联而内化为个人的生活世界。

好生活才是教育的根本目的,培育人的品质只是教育过程中的目标,教育力求面向生活的完整性,建构人的完整的生活经验,为个人获得走向好生活的真正全面的"力量"奠定了基础。正如怀特海所言,"教育只有一种教材,那就是生活的一切方面"②。教育过程作为"特殊的生活过程",乃是受教育引导的个人生活展开的过程,指向当下的个人的生活并将成为充实、饱满的生活过程。由于教育与人的生活世界的重合,由教育者、受教育者和教育影响所构成的环路不再是一个封闭结构,而是时刻保持着对生活世界的开放性,一方面不断接受生活世界对教育可能产生的影响和响应其对教育的需求;另一方面又不断丰富生活世界的内涵,把人引向与世界的交流中,拓展人的生活世界的空间,引导人积极理解人与世界的关系,在此关系中获得生活的智慧。在回归生活的教育中,教育中的人与生活中的人有机统一,人在教育中不仅仅是在学习知识、提高技能,还是在充盈、完善当下的生活,获得全面的生活的力量,真正地走向全面发展。教育应成为一种探索方式,使人理解人生的意义和目的,找到正确的生活方式。

二 范式转变:语文教学扎根于"生活世界"

"科学世界"的教育分为前学校教育和学校教育两个不同的发展阶段。在前学校教育阶段,尽管理性与非理性的直接统一已经破裂,但两者仍然处于直

---

① 倪梁康.现象学及其效应:胡塞尔与当代德国哲学[M].北京:生活·读书·新知三联书店,2005:135.
② 华东师范大学教育系,杭州大学教育系.现代西方资产阶级教育思想流派论著选[M].北京:人民教育出版社,1980:116.

观的辩证统一之中。这个阶段的教育对人的理性发展的作用是全面的，它十分强调人的教养，讲求认知，更重视陶冶。而在学校教育阶段，"科学理性"蜕变成一种"认知意志"，形成了现代学校教育中的"知识中心主义"。从此"教学"取代了"教养"，正如胡塞尔批评的那样，这样的科学世界的教育排斥对"人生意义"之类问题的回答，遗失了人类自身的生活意义基础，对现代人的成长形成了极其深刻的影响。

新时代学生的生活现状大致具有如下几个特征：首先，疏离化生活遮蔽了真实的生活世界。当代人都"生活在别处"，一方面，虽然生产力的发展，交通的便捷使得人们的"生活边界"不断拓展，但是个体与生活世界的交互频次越显稀少，生活的人工化与标准化也使人们无法获得个体生活的异质性体验；另一方面，人口的迁移与住房条件的改善，甚至使村落与社区这种邻里关系也不断地瓦解，人们越来越疏离真实的生活世界。其次，碎片化生活缺失了完整的生命体验。在加速时代的教育生活中，"起跑线""倒计时"等教育的过度竞争现象，使学生自然而完整的生命成长在时间和空间上都受到了挤压，家庭、社会甚至都窄化成同质化的"学校"，学生逐渐丧失了对自然生命、社会生活完整而统一的体验。最后，智能化生活颠覆了本能的学习主体。以ChatGPT、Sora等为代表的人工智能技术，不只是学生的工具，而且是学习伙伴，一旦"脑机接口"真正变为现实，各种知识和信息得以通过电脑直接输入人脑，势必将完全颠覆基于"人"本能的学习。教育是指向生成的、未来的，人类智能如何在与人工智能的交互中学习与发展？学习的主体该如何实现与技术的关系进化，如何在与过去、当下的联结中创造未来？这里的"未来"，是方向和目标，也是素养与能力。

面向全球化、信息化和知识经济的21世纪，青年一代应该具备哪些关键能力？近10年来，联合国教科文组织、欧盟和美国国家研究理事会分别展开了对关键能力的研究，其研究结果非常接近：其一，都把关键能力视为应对未来风险社会的必要选择；其二，关键能力都涉及人与世界、人与社会及他人、人与自我的关系；其三，学业水平标准设计是基于关键能力培养要求的，二者的发展具有一致性。由此，学业水平评估不是简单针对学科知识内容掌握程度的评估，而是对学科关键能力发展的评估。用公式表示，就是"关键能力=(认知水平×学科内容)×问题情境(类型)"，用三大维度来定位和考量，它是一个长期累积的过程，是知识、技能和态度的整合，表现为解决真实情境问题的能力，并可通过这种问题解决达成目标。关键能力并不是人类能力的全部，而是人类能力最重要的、基础性的部分。欧盟提出的"关键能力"概念,国内翻译为"核心素养"。

《义务教育课程方案(2022年版)》强调课程综合性和实践性,要求"推动育人方式变革,着力发展学生核心素养"。从实践效果看,课程改革在加强"五育"融合、构建高质量课程体系、推行"双减"政策以培育全面和谐发展的人,以及完善教育评价体系以促进教育生态系统改革等方面具有重要意义。展望未来,中国教育改革的目标是通过丰富课程内容,建立学生的全球视野和综合思维,培养学生的道德品质。教育应建立知识世界和生活世界的联系,实现"家庭—学校—社会—自然"的融通,遵循融通整合构建的基本逻辑,以学生对学科知识的深度理解与综合运用为目标,实现学生在问题解决过程中高阶思维能力的提升,实现多主体间的融通和协同育人,有效促进学生核心素养的多元生成与综合发展。

《普通高中语文课程标准(2017年版2020年修订)》也明确指出,"语文学科核心素养是学生在积极的语言实践活动中积累和建构起来,并在真实的语言运用情境中表现出来的语言能力及其品质"。"生活"是现实、经验世界,"语文"是学科、知识世界。"生活·语文"教学范式就是要让语文扎根生活世界,在育人目标的统领下,较好地整合生活与学科、经验与知识、知与行,强调知识学习的逻辑,从学科到生活,从理解到应用,知行合一,匹配语文学科核心素养所具有的具身性、整体性、协同性等多维度诉求。"生活·语文"强调:要将培养具有思维力、情感力和行动力的时代新人作为语文教育的根本目的;要构建开放和有活力的课程体系,不仅包括对课程资源、知识内容的整合,还包括对学校教育与现实生活的整合;要重视学生在生活世界中的"语言建构与运用",把"思维发展与提升""审美鉴赏与创造""文化传承与理解"放在生活真实场域中去认识、体验、运用,进而培养学生在真实生活中自主解决问题的能力;要聚焦学生全面而个性化的发展,强化读写策略,落实高阶思维的培养,将对学生核心素养的培育落实到生活实践中。

"生活·语文"教学范式旨在培养具有思维力、情感力和行动力的时代新人。思维力,即经合组织所倡导的核心素养中的认知能力,包括好奇心、想象力、语言、批判性思维等;情感力,即与他人交流互动的同理心、共情力和幸福感;行动力,即主动学习、主动生活、主动实践的意识和能力。在教学实践方面,知识技能掌握与人力开发是当代教育的核心,当我们要转换主知教育时,并不是排斥知识技能掌握与智力、体力、心力的开发,而是在此基础上引导学生去"理解"生活,去"体验"生活,使生活自然地整合教育的影响,使教育及时而有效地充盈生活与人生,把人力的开发转换成意义的生发,把知识教育提升为生活的教育。"生活·语文"的生生不息,一方面在于面向未来的发展,让学生拥有充分的应对未来可能发生的危机的能力;另一方面在于回归生活,从实践场域出发进行教学,促进学生全面和个性化的发展。

"生活·语文"教学范式注重学生的课程体验。首先,主体多元。把分科性课程、综合性课程、活动类课程融为一体,既发挥各类课程的育人功能,又体现综合育人、活动育人、全课程育人的价值。其次,空间多元。打通了学校第一课堂(语文课堂教学)、校内外第二课堂(语文活动和社会实践)、泛在第三课堂(线上线下混融),把学校、社会、泛在学习空间联系在一起,根据学生身心发展和教育规律,结合区位优势和学生发展需要,以陶行知生活教育理论为指导,以使学生会生活为目的,搜集、挖掘社会生活中的教育资源,开展具有生活教育特质的语文课程。总之,"生活·语文"教学范式具有如下两个特征:

第一,对国家课程进行生活化的"二度开发"。从横向上,对国家课程进行创造性串联和统整,开发了"我和我的家乡"文学阅读与写作课程、"我和我的祖国"中国革命传统作品研习、"科学与文化"实用性阅读与交流课程、"我的世界观"思辨性阅读与表达课程、"我的阅读史"作家作品研习与跨文化研讨等课程。鲜活的生活产生鲜活的教育,鲜活的教育诠释鲜活的生活,让学生在真实的学习情境中,以经验的形式获得真知,以体验的形式升华情感,以独立思考产生真知灼见,把学习过程变成自我教育的实践。用社会生活拓展教育的资源,丰富教育的内涵,激发学生的学习兴趣,培养学生解决具体问题的能力,凸显"生活·语文"教学的价值。

第二,活动类课程引导学生扎根"生活世界"。活动类课程也叫经验课程,相对于系统的学科知识而言,它侧重于学生的直接经验,以增强学生的社会责任感、探究精神、实践能力为目的导向。这类课程的特点在于动手做,手脑并用,直接融入社会生活,引导学生体验生活、探究自然、了解社会,着重培养学生的综合思维和全球视野。例如"方块乾坤——汉字汉语专题研讨"活动课程,让学生体会汉字、汉语和中华传统文化的关系以及汉语言表达的独特魅力;"缅怀校主——嘉庚精神探源"活动课程,把当代文化参与融入校园文化探源的人物访谈和社会调查中;"青春之歌——讲好身边的故事"活动课程,开展跨媒界阅读与交流活动,发掘身边的榜样力量,讲好自己的故事;"只有《红楼梦》——戏剧角色串演"活动课程把整本书阅读与研讨和戏剧教学结合在一起,让学生在活动中体验人物角色;"剧本游戏——中华传统文化经典研习"活动课程,把剧本游戏和中华传统文化经典研习相融合,寻求创新形式的文化传承和理解。学生在活动中激发语文学习的探索欲望,在语文学习活动中热爱和拥抱生活。

中共中央办公厅、国务院办公厅印发的《关于深化教育体制机制改革的意见》,也提出了培养支撑终身发展、适应时代要求的四大关键能力:一是认知能力,引导学生具备独立思考、逻辑推理、信息加工、学会学习、语言表达和文字写作的素养,养成终身学习的意识和能力;二是合作能力,引导学生学会处理好个人与社会的关系,遵守、履行道德准则和行为规范;三是创新能力,激发学生好奇心、想象力和创新思维,养成创新人格,鼓励学生勇于探索、大胆尝试、创新创造;四是职业能力,引导学生践行知行合一,积极动手实践和解决实际问题。可见,教育要培养人的各种能力、品质,然而,能力、品质并非教育的根本目的,教育的根本目的是人的"有目的生活"。

三　实践路径:"生活·语文"重构教学生态

实践的目的有时就是实践活动自身。活动的内在目的是活动自身所具有的、其他任何活动都不能代替的目的。"生活·语文"教学范式的实践路径就是通过实践探究教育规律,进行教学活动和研究,既为解决教育实践活动中的现实问题提供理论依据,也为改进教育实践提供最优化的行动策略,是有目的、有计划的一种实践行动,是在行动中探索和发现新知识的过程。同时,实践也彰显了语文课程的活动方式。实践是连接课程与学生素养的"桥梁",以生活实践为基本立场的知识观,将知识视为实践活动的集合,重建知识和活动的内在关联,以期在综合运用知识的身心交互实践中发展人性、寻求生命的意义。杜威提出的实用主义教育理论,在教育史上具有里程碑式的意义。在他看来,学校教育一定要与生活相连,建立经验和知识的关联,从经验中学习,即"做中学"。

从实践路径来看,"生活·语文"教学范式特别强调以下两个方面。

一是以学生为中心的教学。《2017年平线报告(基础教育中文版)》建议:教育范式要从被动学习转变为主动学习,教师必须承认学生先前的经验,帮助学生将知识整合和转移到新的情境中,支持学生对自己的学习能力有充分的认识,获得解决问题的信心。[①]今天我们处在一个数字时代,知识是分布在整个网络中的,由网络联结而成,并以不同的形式进行存储。因此以学生为中心的教学,首先,强调学习是多渠道、多层面、多主体的;其次,强调建立学习社区,利用教育者及社区成员的专业知识,构建区域知识网络、合作体系;再次,强调学生的反思性和元认知能力,以学习体验为视角,注重学生探究与体验反馈,包括基于情境的认知体验、基于协作的社会性体验、基于动机的主体性体验。

哈佛大学教授戴维·珀金斯在《为未知而教,为未来而学》一书中指出:"教育的任务不仅仅是传递'已经打开的盒子'里面的内容,更应当是培养学生对'尚未打开的盒子'和'即将打开的盒子'里面内容的好奇心。"[②]我们应倡导用完整的学科培育完整的人,建设以主体呈现为中心的学校课程体系,弥合分科教学对知识的割裂,让教育回归自然,让学习自然发生。语文教学应将语言学习、美术、社会实践统一起来,使文字符号变得生动有趣,让学生从教室走进社会、走进自然,讲述一个个图文并茂的可视化故事。而学生的学习关键能力是通过"行动导向"的学习获得的,也就是说,在学习过程中,个性能力培养和认知能力培养应该在与外部环境的行动(或者说是行为)作用的基础上进行。行动导向教学强调"做"在学习中的作用,它的前提是建立在"为什么"的深度理解基础上,即原理先于技能学习。

学习理解过程中的行动优先,反映在教学论层面上,是把真实的或实际的经验情境或行动情境作为语言化模型设计的基础。基于探究与设计的方法为帮助学生应对更加复杂、多元联通的未来世界提供了一个良好的研究视角,这一方法为教与学的改革提供了可能。探究式学习的实施是具有挑战性的,这一方法的实施高度依赖教师的知识与技能,需要结构化的程序设计、大量的"脚手架"、不断的评价和调整。同时,教师需要时间和团队来支持其对活动的组织与维持,教师要保持对"通过做来理解",而非"为做而做"的关注。关注学习过程与关注学习内容一样重要,如果学生可以将课堂知识应用到现实世界中,学生的学习就会更深入。基于探究与设计的方法是促进学生沟通、合作、创新和深度思考的重要途径。

---

① 白晓晶,张春华,季瑞芳,等.新技术驱动教学创新的趋势、挑战与策略——2017地平线报告(基础教育中文版)[J].中国现代教育装备,2017(18):4.
② 戴维·珀金斯.为未知而教,为未来而学[M].杨彦捷,译.杭州:浙江人民出版社,2015:18.

二是促进协作学习的环境。学习的协作本质与强调学习社会性的情境理论密切相关,有效学习不是个体的单独行动,而是涉及学生个体,学习环境中的他人、资源、技术以及可用工具的分布式学习。21世纪的学习环境是学生能够积极地投入到学习任务中、与同伴交互的学习环境。合作学习提供了一种已被证明切实可行的方式,来营造激动人心的,具有社会性、互动性的课堂环境,它能帮助学生在掌握传统技能和知识的同时,提升当今经济和社会发展所需的创新和交往技能。因此,学习的环境涉及技术、同伴和社会,学习的场所也不再局限于校园,学习也可以发生在博物馆和科技馆中,学生在丰富多彩的实践活动中开展学习,与真实世界建立起联结。强调社区服务或把社区作为理论学习资源会改变学生在学习过程中所扮演的角色:学生变成了知识的生产者,而不仅仅是知识的接受者;学生在学习上变得更加积极,而不被动;学生将更多地提供帮助,而不只是接受帮助。

建构主义教育哲学认为,当教学过程是一个学生积极发现的过程时,学生就会全面地内化知识。服务学习创造了一种这样的学习氛围——学生利用自身的社区经历来应对生活中真实的问题,这就需要学生去开展有意义的、与理论学习相关的活动,这些活动在服务社区的同时也有利于学生自身的发展。与专注于寻找正确答案不同,在整个服务学习过程中,学生要与社区中的同伴和成人协作来探索多样的选择、视角和切实可行的策略。同时,学生也要建构和实施他们认为最有效的策略。学习既是个体认知的过程,又具有社会性,学习中的合作、协作可以提高学生的参与度,并加强具有多样背景的同伴之间的联系。因此,服务学习真正的价值在于能够整合多种有效教学实践,以此促进学生的学习和积极健康的发展。服务学习为重新思考中小学生的教育提供了一种新的思路,比如学生通过服务学习来解决社会问题,本身就是跨学科的。除了能促进学生学习理论知识和提高公民意识,研究者发现,服务学习还在道德、职业、个性和社会性发展等方面对学生有益。

党的二十大报告进一步强调了教育的基础性作用。实际上,科技、人才、创新都与教育密切相关,教育应该比其他社会活动更加关注个体生活,以个体生活为源头,关注每个人的生活世界以及生活中人们的各种活动与思考。教育关注学生个体的生活、生命、生存,同时也关注整个世界的实践与创新,这为学生的发展提供了整体思路,即不仅要利用各种教育方式,促进学生的全面发展,更要将学生的全面发展置于整个世界的历史进程中,使学生能够适应世界未来之变化。《中国教育现代化2035》提出要建成服务全民终身学习的现代教育体系，同时要求各级各类教育纵向衔接、横向沟通，学校教育与社会教育、家庭教育密切配合、良性互动，形成网络化、数字化、个性化、终身化的教育体系。教育体系结构和人才培养结构更加合理，才能形成全社会共同参与的教育治理新格局，最终建成人人皆学、处处能学、时时可学的学习型社会。教育应与社会现代化同频共振，二者互为共生关系，彼此支持，互相促进，这也为我们建设学习大国指明了方向。

第二节 "生活·语文"教学评一体化

无论是从国家层面出台的文件、政策来看,还是从近些年社会对教育评价的批评、期待来看,教育评价,尤其是有关学生学业的评价,将会成为未来教育教学改革与发展的重点、难点和新的事业发展点。

一 针对核心素养开展的评价

近年来,中共中央、教育部等陆续出台了一系列有关教育评价的文件:2014年,国务院发布考试招生制度改革文件《国务院关于深化考试招生制度改革的实施意见》;2016年,教育部出台中考改革文件《关于进一步推进高中阶段学校考试招生制度改革的指导意见》;2019年,中共中央、国务院印发《中共中央 国务院关于深化教育教学改革全面提高义务教育质量的意见》;2020年,中共中央、国务院印发《深化新时代教育评价改革总体方案》;2021年,教育部等六部门印发《义务教育质量评价指南》。这一系列的文件,表明国家高度重视学校的教育评价能力。

2022年,修订的义务教育课程方案和课程标准颁布,标志着我国义务教育正式步入核心素养时代。这一版课程标准(以下称"新课标")以核心素养为纲,回答了课程性质、课程理念、课程目标、课程内容、学业质量、课程实施六大问题。新课标的突破之一,是每门学科超越原先课标的内容要求,内容要求通过以核心素养为统领的课程目标、课程内容与学业质量来呈现,特别是总体刻画学业成就表现的学业质量,这是新课标在评价理论上的重大突破。新课标之所以强调推进评价改革,是因为评价关系到培养目标(教育目的)是否且如何得以实现。如何将"想得到的美丽"(培养目标)落实为"看得见的风景"(课程标准),再分解为"走得到的景点"(教学目标),教育评价致力于探寻这些问题的答案。

核心素养是指学生完成课程学习之后养成的正确价值观、必备品格与关键能力,具有整体性、情境性与反思性的特征。整体性,意味着核心素养是在特定情境下应用或运用所学知识解决实际问题的综合表现,核心素养尽管可以分开说,但各个素养是协同发挥作用的,任何由某个知识点或技能发挥作用的单一素养都无法满足真实情境中解决复杂问题的需求。情境性,意味着核心素养的表现或作用发挥都离不开真实情境,换句话说,脱离真实情境而解决了问题或完成了任务,这不能算是现在想培育的关键能力、必备品格和价值观念。反思性,意味着核心素养是目标概念而不是内容概念,是学生发挥主体性、能动性的产物,是通过学生的反思"悟"出来的,而不是教会的,更不能直接"施教或传递"。核心素养的这三个特征决定了素养导向的教育评价不仅要考虑所学知识的理解、掌握,还要重视真实情境下知识的建构与综合运用能力以及问题解决能力,更要强调学后反思;不仅要收集学习结果的信息,还要收集学习过程的证据,更要收集真实的、深刻的、聚焦反思结果的信息。

核心素养主要是指真实情境下的问题解决能力,通俗地说,核心素养就是能做事,关键能力是指能做成事,必备品格是指愿意或习惯做正确的事,价值观念是指坚持把事做正确。因此,真正与素养测评匹配的方式不是纸笔测试,而是表现性评价,即通过评分规则,评估学生在特定情境中运用所学知识去解决实际问题的过程与结果表现,得出学生学业质量达成情况,来推论其核心素养水平。研究表明,表现性评价大致可以分为三大类:第一类是构答反应,包括图解、概念图、流程图、图形或表格等;第二类是作品,包括短文、研究论文、日志或日记、试验报告、诗歌、艺术展览等;第三类是行为表现,包括口头汇报、舞蹈或运动、演示、小组讨论等。不同的评价方式对应着不同的素养目标,我们需要根据实际情况选择不同的评价方式。那么,指向核心素养的表现性评价应如何设计?首先,建立一个指向核心素养的表现性评价体系。如美国新罕布什尔州将表现性评价与州问责体系紧密地联系起来,开发和实施表现性评价体系,此体系由共同表现性评价、智慧平衡评价以及其他测验(如学校表现性评价)组成,通过在各个地区、各个学校落实表现性评价以促进核心素养的落地。其次,具体化核心素养。核心素养作为教育目的与学习中介之间的桥梁,需要采用专业技术,在二者之间设置层级,保证每一层级的目标可理解、可实施、可评价。再次,设计聚焦核心概念的表现性任务。指向核心素养的表现性评价要为学生提供指向素养的真实任务,这里的任务不是依靠简单地回忆琐碎的信息来完成的,而是需要学生深度理解知识,并在真实情境中应用知识,以达到对核心概念的深度理解。最后,创建高质量的表现性任务库。任务库中的表现性任务有以下质量要求:一是聚焦核心问题或关键概念且与教学一致;二是注重学生参与并强调课程的重要内容,同时注重解决教室外的真实问题并为学生提供解决机会;三是注重公平,评价条件对所有学生都是相同的,不存在任何偏见。此外,也要制定与表现性任务相匹配的高质量的评分规则。评分规则要描述的是可观察和测评的行为表现,各个维度要聚焦且表现水平的表述要清晰。

二 探索技术支持的过程评价

人工智能、大数据等信息技术的发展推动了评价理念和方式的变革,我们可以利用技术对评价对象进行全方位监测,采集过程数据,实现数据的全过程采集和及时反馈。过程数据是评价与技术融合的新方向之一。具体来说,首先,评价与技术的融合将评价逐渐扩展到"难以测量的素养"。譬如PISA测评引入计算机虚拟技术测评学生在真实情境中的问题解决能力,为评价如何扩展到"难以测量的素养"提供了有力借鉴。其次,评价与技术的融合将评价逐渐转向"过程视角",使得评价与技术的融合不仅可以获得阶段性的总结,还可以获得过程数据。利用技术对数据进行全过程、全方位的采集以及自动化分析,评价学生的学习特征与优势潜能,有利于为每位学生建立数据库并提供分析报告,满足学生的个性化发展需求。新高考改革提出将综合素质评价作为高校录取参考。然而,综合素质评价作为高校录取参考在实施过程中还存在许多问题,如评价过程缺乏监督、流于形式、评分不具有可比性等。鉴于此,可以利用技术手段优化综合素质评价,为每个学生建立综合素质评价数据库,并为每个学生做好画像,让学生清楚自己的优势特长。同时,尽可能保证分数的客观性与可比性,以更好地发挥综合素质评价的作用。最后,评价与技术的融合将评价逐渐转向多维度的综合素质评价。以前,我们大多采用心理量表来评价学生的个性、品格等,但是这一评价方式的数据解释力不足。如今,人工智能、大数据等信息技术的发展为学生心理品质的测评提供了新思路,如收集网络痕迹来全方位评价学生的性格、兴趣等。评价与技术深入融合,考试分数不再是唯一一把衡量学生学习质量的尺子,必备品格(如兴趣)、价值观念(如道德感)等成为教育评价的主要内容。这有利于对学生实行差异化评价,促进学生的个性化发展。总之,创新人才培养,首先需要创新教育评价,如果评价没有创新,评价方式、评价目标、评价技术没有创新,那创新人才培养也就成了一句口号。

例如,美国的核心素养评价以形成性评价为主,总结性评价为辅。评价方式除了标准化测试外,还有表现性评价、档案袋、自我评价、同伴评价、学生应答系统等;评价任务体现出了复杂性、真实性、开放性、思维性;通常每半年或每年一次来评价学校或学区的学业成绩。以西弗吉尼亚州为例,州教育局设计了一个超越总结性评价的、综合且平衡的评价体系,包括标准参照考试、基准评价、预测性的大学准备评价、写作评价、课堂形成性评价等,还对核心素养实施过程进行监测与评估,为实施过程中的每一个关键因素设置量表,以界定每一个因素实施核心素养的发展水平。州和地方教育领导等核心的利益相关者会定期审查量表,以诊断下一步的变革需求。

再如,芬兰每年针对小学和初中阶段2—3门学科有抽样性的全国学业测试;针对高中生,每3—4年会进行一次国家测试,随机选择某个年龄段10%的学生进行测试。芬兰没有固定统一、频繁的学业测试,这给学校和课堂中核心素养的评价留有很大空间,核心素养的评价方式主要有口头评价、同伴评价、自评、与家长讨论、数值评估等。对不同年龄段的学生会采取不同的评价方式。比如,1—7年级的学生可使用口头评估,而数值评估最迟从8年级开始,具体开始年级由地方政府决定。芬兰国家教育委员会负责对改革实施的情况进行全国性评估,分析地方课程在多大程度上达到了国家课程目标,评估结果不用于对学校进行排名,而是提供给地方教育当局和学校来完善进一步的改革与发展。大量研究表明,与直接教学和分科教学相比,以学生为中心、项目式学习、跨学科教学、形成性评价等策略更加有利于发展学生的核心素养,学校的创新文化以及采用的项目式学习、跨学科教学和充分利用技术等策略使得美国和芬兰学校的核心素养培育能够更有效地实施。[①]

2014年12月,《教育部关于加强和改进普通高中学生综合素质评价的意见》强调,"综合素质评价是对学生全面发展状况的观察、记录、分析,是发现和培育学生良好个性的重要手段",要"关注成长过程,激发每一个学生的潜能优势……如实记录学生成长过程中的突出表现,真实反映学生的发展状况";并要遵循写实记录、整理遴选、公示审核、形成档案、材料使用这一评价程序。中共

---

① 邓莉,詹森云.谁更可能成功?中国、美国和芬兰基于核心素养的教育改革比较[J].华东师范大学学报(教育科学版),2022(12):43.

中央、国务院印发的《深化新时代教育评价改革总体方案》指出要"创新德智体美劳过程性评价办法,完善综合素质评价体系,切实引导学生坚定理想信念、厚植爱国主义情怀、加强品德修养、增长知识见识、培养奋斗精神、增强综合素质"。从这些表述中能看出与仅关注和预设目标的结果评价不同,综合素质评价强调对学生成长发展过程的关注。

从制度设计、功能定位、实践操作等层面看,综合素质评价是一种过程性评价。它导向学生发展过程,强调评价指导学生未来发展,促进学生与教育情境的互动。从长远看,如果评价只对当前的学习情况进行反馈,就没有多大意义,更重要的是指导未来发展。

综合素质评价是持续的教学和学习过程的一部分,应对学生进一步学习发展进行追踪、提供反馈、给出建议。一是追踪进步。重点关注个体某一类行为发生频率的增加,如学生参加社会志愿服务或劳动实践的次数在增加、持续时间在变长;某一兴趣、能力、问题解决策略更加复杂与深化,如学生对某一活动从感兴趣到参与再到组织,阅读学习中从定位、提取再到反思与评价等阅读认知能力的提升;某一兴趣、能力或策略迁移到不同学科、活动或情境中。二是提供反馈。教师如何反馈以及在反馈中做出的决定,反映着教师的教育教学理念。除主体间的对话反馈、双向反馈外,教师可运用多种反馈形式和方法提高反馈效果,避免"为了反馈而反馈""单向反馈""弱反馈"等。如针对特定任务进行反馈并提供改进建议,"你写作文的角度非常独特,在选材和遣词造句上别具风格。如果观察和思考再细致一些,积累再多一些,能写出更优秀的作文。"三是给出建议与计划。反馈的核心是"矫正",教师要提供处方式建议、制订计划,可与学生共同制订改进方案和未来发展计划,包括激发兴趣和参与意愿、提升某一能力、设置项目任务等计划,以及职业规划和生涯规划。

学生是一个"行动中的学习者"。与知识本位的传统学生评价不同,综合素质评价更加强调学生情感、态度、价值观等方面的发展,而人的价值观、品质和能力离开了具体情境,就很难得到准确的解释说明,对学生综合素质的评价需结合事件发展脉络和特定情境进行全景解读。因此,综合素质评价强调评价的情境性,其实施能促进学生与教育情境中的人、事、物的互动。首先,作为综合素质评价实施的重要一环,写实记录要求观察和记录学生学习成长中的典型事件和关键行为,而这些典型事件和关键行为的发生需依托于活动、平台、课程体系及教育情境等时空条件,这就要求学校和教师去反思什么样的环境能激发和支持学生产生这些典型事件和关键行为。在反思、创设支持性环境的过程中,学生与环境就被紧密联系起来。其次,评价主体积极将学生、家长、社会等引入评价,发挥学生自我评价、同伴评价的作用,倡导多主体共同参与,力求从不同角度来解读和评价学生。在多主体参与协商过程中,学生与教师、家长、社会第三方(如社区人员、社会实践活动基地人员)间会产生互动。最后,评价改进功能的发挥促使学生、教师以及学校发展之间保持一致性联系。教师依据日常记录和阶段性评价结果,能够了解和反思学生学习发展和自身教育教学实践,并确定未来行动方向。在指导学生改进的同时,教师可以不断建构和深化自己对教育的理解,促进自身专业成长,而这些会促进学校管理模式、环境氛围等的改善。

参考文献

[1]拉尔夫·泰勒.课程与教学的基本原理[M].施良方,译.北京:人民教育出版社,1994.

[2]列夫·维果茨基.思维与语言[M].李维,译.北京:北京大学出版社,2010.

[3]施良方.学习论[M].2版.北京:人民教育出版社,2001.

[4]李杏保,顾黄初.中国现代语文教育史[M].2版.成都:四川教育出版社,2000.

[5]格兰特·威金思,杰伊·麦克泰格.追求理解的教学设计[M].闫寒冰,宋雪莲,赖平,译.2版.上海:华东师范大学出版社,2017.

[6]檀传宝.教育思想的花园:教育基本理论前沿讲座[M].北京:教育科学出版社,2020.

[7]詹姆斯·贝兰卡,罗恩·勃兰特.21世纪学习的愿景[M].安桂清,译.上海:华东师范大学出版社,2020.

[8]常生龙.核心素养与学习的变革[M].上海:上海教育出版社,2020.

[9]约翰·怀特.儿童幸福与学校教育[M].杨杏芳,赵显通,译.北京:教育科学出版社,2021.

[10]丁钢.中国教育文化的阐释[M].北京:教育科学出版社,2021.

[11]J.S.布鲁纳.教育的适合性[M].邵瑞珍,译.北京:人民教育出版社,2021.

[12]王保星,张斌贤.外国教育史学科地图[M].北京:北京大学出版社,2021.

[13]北本正章.儿童观的社会史:近代英国的共同体、家庭和儿童[M].方明生,译.上海:上海教育出版社,2020.

[14]琳恩·梅尔策.教育中的执行功能:从理论到实践[M].周加仙,主译.上海:上海教育出版社,2020.

后记

"生活"是什么？一方面，生活永远是真实生动、丰富活泼的；另一方面，生活又是不断向前、变化发展的。学生个体就在生活中发现，在生活中成长，因此，生活就是教育的本体。我看到过一组教育海报，简单明了地阐释了一个教育观点：给孩子适度的爱，犹如给花浇水，如此一来，孩子就会像获得了雨水阳光的花草一样，身心健康、欣欣向荣。因此，我提出"生活·语文"的教学主张，即联系生活，扎实、活泼地进行语文学习活动，使语文学习更接近真实的语文实践生活。

有人可能会问：我们不就处于生活之中吗？我们的教学不也就是立足于生活的吗？为什么还要提倡"生活·语文"的教学主张呢？回顾新时代学生的生活样态：其一是疏离化生活引起真实世界的遮蔽；其二是碎片化生活引发整体经验的缺失；其三是智能化生活导致主体交往的消弭。针对当代学生的生活样态，我们的语文教学应该追求具身性、整体性和情感性。

我曾教过一个物理类的实验班，当时部编版新语文教材增加了背诵的篇目，对不少学生来说，这是个学习难点。其中有一个学生，他的默写分数大部分都为零。我说让我们一起努力试一试从0突破到1，用1小时的时间挑战背诵《逍遥游》。首先，我让他用思维导图画出"鲲"化而为"鹏"，从南冥飞上高空的轨迹，这是浪漫主义的做法，需要想象力。然后，我用他擅长的物理和化学知识来解释这种现象，比较分析"小大之辩"的局限性。最后，我让他用表格的方式梳理文章的三段内容，探究文章的写作目的：如何达到"逍遥游"的境界？这个学生认为：联系生活实际，让枯燥难懂的古文变得简单有趣；运用跨学科知识来解释大鹏飞翔的原理，能让他更深刻地理解文章中"小大之辩"的局限性；借助表格数据进行学习，让背诵变得更轻松、更高效。因此，我认为，生活和语文之间的关系是：生活是个人经验，语文是学科知识，我们通过语文实践活动，强调知行合一，整合学科内和不同学科的知识，培养学生在真实情境中解决问题的核心素养。

在课程内容的选择和设计上,我的策略是:从生活中来,到生活中去,向未来生活。首先,要为学生提供、构建更多的教育教学场景,比如把优秀的戏剧作品从剧院引入校园、开展大中小学一体化校园学习活动,从而体现语文教学的具身性,丰富学生的学习体验。其次,要开展项目式学习活动,注重培养学生在真实情境中解决问题的素养,体现教学的整体性和情感性。例如,我曾开展关于中国传统文化的系列化项目式学习活动,在线上课程"月圆·回家"中和学生一起探究"月亮"的多重文化意蕴。

如何增强语文学习的情境性和趣味性,加强学习内容与现代生活的联系,是我从教20多年来一直思考和探索的问题。在2022—2024年,我有幸参与了厦门市首期卓越教师培育项目,在西南大学教育学部聆听了很多专家教授的讲座,得到了王大平教授的系统指导,学习伙伴们也给了我很大的启发和帮助,我们共同提炼了"生活·语文"的教学主张。在此基础上,我又先后主持了两个课题——"混合式学习在高中整本书阅读中的实践研究""基于OMO教学模式的高中生数字阅读素养提升路径研究",并开发了"我们这样学唐诗宋词""剧本游戏在中华传统经典研习中的实践探索"等系列课程。

"生活·语文"的教学探索是面向未来生活的,要基于对未来学习的设想,以语文学习科学为基础,融合现代教育技术和创新学习方式,让学生的语文学习变得更科学、更快乐、更有效。